序

岳海翔

对于魏成春先生，我是先读其文后见其人。2013年杭州会议（全国第十三届公文学术研讨会）以前，我在相关杂志上读过他的不少文章，感觉他是一个非常勤奋上进的学界同人。杭州会议上，我们一见如故，此后交往也就逐渐增多，相互之间也就有了越来越深的挚情。2019年国庆节期间，魏先生与我联系，谈及编写了一部新形态教材《应用写作实用教程》，拟交北京大学出版社出版，并邀我为之作序。我深知古人所讲的"忌为人序"的训诫，但因为友人热情难却，更因为我拜读了全部书稿之后，这部书稿对我产生了前所未有的冲击力和感染力，所以我欣然应允，将我阅读的感受与广大读者分享。

党的十八大以来，中国特色社会主义进入新时代，这是我国发展新的历史方位。党的十九大胜利召开，为全党、全军和全国各族人民指明了前进的方向，也为各级各类单位的公务活动以及私务交往提出了新的、更高的标准和要求。高效率、快节奏的党务、政务管理工作，各种社会组织机构之间日益重要和频繁的信息交流，公民之间的各种私务往来，都需要具有高素质和较强应用写作能力的专门性人才。这是时代赋予应用写作教育与培训的重任，需要全体应用文写作人员的共同努力和不懈奋斗。为此，我们必须寻求切实有效的应用写作教育与培训的新路径，而其中的一个非常重要的环节就是要全面加强教材建设，要编写出紧密结合各种公务、私务活动实践，具有应用写作特定的知识架构和理论体系的教材，以适应应用写作人才培养的迫切需要。

现阶段应用写作方面教材的版本很多，据粗略统计不下几百种。这些教材，既有适合于各类全日制大中专院校师生的，也有适合于各级各类在职文秘人员岗位培训的，在内容编排和体例设计上各有特色，为应用写作教育培训工作的正常开展提供了基本的保证。但也必须承认，其中需要逐步完善甚至淘汰的也不在少数。一些教材在内容设置上缺乏科学性和系统性，对有关知识的阐述失之准确，所附例文显欠规范，对应用写作实践缺乏现实的指导价值。由此可见，应用写作教材建设一定要面向实践，着眼于新颖性、实用性、规范性和可操作性，真正能够培养学生的实用写作能力。我认为魏成春先生的这本《应用写作实用教程》就很好地做到了这一点。

内容全面完整和独具创新是本书的第一大特色。全书分为通用公文——法定公文、通用公文——非法定公文、专用公文和其他文体四编，涉及党政机关、人大机关、军队机关、检察机关、审判机关以及工会机关等各类机关和组织的公文。在阐述知识的同时，本书还附有大量的拓展阅读资料供学生参考，点多面广，信息量大，读者用手机扫描二维码即可获取有关知识，这对于读者来说是非常实用和便捷的。本书既适用于"应用写作"课程，也适用于"大学写作""公文写作"课程，充分体现出作者的创新精神。或许我孤陋寡闻，到目前为止，我还没有见到过一本类似的应用写作百科全书式的教材，并且其篇幅并不冗长。本书将"通用公文"分为"法定公文""非法定公文"两编来讲述,这种划分在学术界也是首例,也称得上是一种创新。

体例设计的新颖独特是本书的第二大特色。全书在编写过程中,始终秉承"实用"原则,每一个文种都由"知识讲授""例文分析""实践训练"三个环节构成,从而与课堂教学环节相匹配。更为重要的是,在"知识讲授"环节之后穿插了视频二维码和音频二维码,使教材由"平面"变成了"立体",由"一元"变成了"多元"。同时在"实践训练"环节设计了情景模拟实战训练题目,能够使学生对所学知识的理解和掌握程度进行检测。本书对各种知识的讲授,不是单纯的抽象的理论说教,而是简明扼要地进行讲解,能够使人"愿意读""读得懂",从而切实提高教学的质量和效果。所选例文,均注重其规范性和实效性,通过精要点评使学生"知其然"并"知其所以然",为学生写好各类应用文提供了很直接的参照和借鉴。应用写作教学对例文的选择是一种功夫,诸多的同类书籍往往是陈旧过时或者辗转引录,更为严重者,有些例文是编者刻意"雕琢"的产物,致使"范文不范",这在一定程度上对学生产生误导。而魏成春先生的这本书则很好地解决了这个问题,足见作者用心之至。本书"实践训练"环节所设定的题目,尤其是情景模拟题目,都是有一定难度的,但只要学生把前面的两个环节真正学得到位,也是完全可以"学以致用"的。

结构布局合理是本书的第三大特色。应用写作入门很容易,但要写好却非常难。因此,这要求我们的教学工作一定要遵循"由浅入深""由低到高""由易到难""循序渐进"的原则,注重理论联系实际、因材施教,力求从宏观与微观、理论与实践、知与能相结合的层面上进行阐释和讲解,突出针对性、实用性和可操作性,以便能够切实提高学生的应用写作能力。本书在开篇的"绪论"部分率先将应用写作的最基础知识进行讲解,让学生先"入门",紧接着即是全书的重中之重"法定公文"和"非法定公文",这些既是应用写作教学的核心,又是学生步入社会以后的"试金石"。"专用公文"和"其他文体"作为后续章节就使得全书的内容得以完善。二维码作为新的教学辅助手段,越来越受到人们的重视,也有一些书籍在尝试使用,本书将其安插在"知识讲授"环节之后,从结构的角度来看也是很合理的,有助于学生对所学知识进行巩固和消化。

全书易学易用,语言表述非常平实,可读性强,毫无矫揉造作之感。相信本书的出版,能够为当今的应用写作教学与研究领域带来一股浓厚清纯的信息流,相信本书能够成为各类高校文秘专业师生的难得教材,我愿意把这本新形态教材推荐给大家。

是为序。

(作者系中国写作学会副会长,中国写作学会公文写作专业委员会常务副会长兼秘书长,中国公文学研究所所长、研究员)

本教材配有教学课件或其他相关教学资源,如有老师需要,可扫描右边二维码关注北京大学出版社微信公众号"未名创新大学堂"(zyjy-pku)索取。

- 课件申请
- 样书申请
- 教学服务
- 编读往来

目　　录

第一章　绪论 ……………………………………………………………（1）
　　第一节　关于应用文 ………………………………………………（1）
　　第二节　关于应用写作 ……………………………………………（18）

第一编　通用公文——法定公文

第二章　法定公文概述 …………………………………………………（27）
　　［知识讲授］………………………………………………………（27）
　　［例文分析］………………………………………………………（49）
　　［实践训练］………………………………………………………（50）
第三章　决议 ……………………………………………………………（53）
　　［知识讲授］………………………………………………………（53）
　　［例文分析］………………………………………………………（55）
　　［实践训练］………………………………………………………（59）
第四章　决定 ……………………………………………………………（65）
　　［知识讲授］………………………………………………………（65）
　　［例文分析］………………………………………………………（69）
　　［实践训练］………………………………………………………（72）
第五章　命令（令）………………………………………………………（74）
　　［知识讲授］………………………………………………………（74）
　　［例文分析］………………………………………………………（77）
　　［实践训练］………………………………………………………（79）
第六章　公报 ……………………………………………………………（81）
　　［知识讲授］………………………………………………………（81）
　　［例文分析］………………………………………………………（82）
　　［实践训练］………………………………………………………（84）
第七章　公告 ……………………………………………………………（88）
　　［知识讲授］………………………………………………………（88）
　　［例文分析］………………………………………………………（90）
　　［实践训练］………………………………………………………（91）
第八章　通告 ……………………………………………………………（94）
　　［知识讲授］………………………………………………………（94）

[例文分析] ……………………………………………………………… (96)
　　[实践训练] ……………………………………………………………… (97)
第九章　意见 ………………………………………………………………… (99)
　　[知识讲授] ……………………………………………………………… (99)
　　[例文分析] ……………………………………………………………… (101)
　　[实践训练] ……………………………………………………………… (104)
第十章　通知 ………………………………………………………………… (107)
　　[知识讲授] ……………………………………………………………… (107)
　　[例文分析] ……………………………………………………………… (112)
　　[实践训练] ……………………………………………………………… (115)
第十一章　通报 ……………………………………………………………… (117)
　　[知识讲授] ……………………………………………………………… (117)
　　[例文分析] ……………………………………………………………… (120)
　　[实践训练] ……………………………………………………………… (124)
第十二章　报告 ……………………………………………………………… (126)
　　[知识讲授] ……………………………………………………………… (126)
　　[例文分析] ……………………………………………………………… (129)
　　[实践训练] ……………………………………………………………… (132)
第十三章　请示 ……………………………………………………………… (135)
　　[知识讲授] ……………………………………………………………… (135)
　　[例文分析] ……………………………………………………………… (138)
　　[实践训练] ……………………………………………………………… (141)
第十四章　批复 ……………………………………………………………… (143)
　　[知识讲授] ……………………………………………………………… (143)
　　[例文分析] ……………………………………………………………… (145)
　　[实践训练] ……………………………………………………………… (146)
第十五章　议案 ……………………………………………………………… (148)
　　[知识讲授] ……………………………………………………………… (148)
　　[例文分析] ……………………………………………………………… (150)
　　[实践训练] ……………………………………………………………… (152)
第十六章　函 ………………………………………………………………… (153)
　　[知识讲授] ……………………………………………………………… (153)
　　[例文分析] ……………………………………………………………… (157)
　　[实践训练] ……………………………………………………………… (158)
第十七章　纪要 ……………………………………………………………… (160)
　　[知识讲授] ……………………………………………………………… (160)
　　[例文分析] ……………………………………………………………… (163)
　　[实践训练] ……………………………………………………………… (165)
拓展阅读 ………………………………………………………………… (168)

第二编　通用公文——非法定公文

第十八章　规范类公文 …………………………………………………………… (173)
　　[知识讲授] ………………………………………………………………………… (173)
　　[例文分析] ………………………………………………………………………… (176)
　　[实践训练] ………………………………………………………………………… (183)

第十九章　计划类公文 …………………………………………………………… (185)
　　[知识讲授] ………………………………………………………………………… (185)
　　[例文分析] ………………………………………………………………………… (187)
　　[实践训练] ………………………………………………………………………… (190)

第二十章　总结 …………………………………………………………………… (195)
　　[知识讲授] ………………………………………………………………………… (195)
　　[例文分析] ………………………………………………………………………… (197)
　　[实践训练] ………………………………………………………………………… (201)

第二十一章　简报 ………………………………………………………………… (205)
　　[知识讲授] ………………………………………………………………………… (205)
　　[例文分析] ………………………………………………………………………… (207)
　　[实践训练] ………………………………………………………………………… (209)

第二十二章　调查报告 …………………………………………………………… (213)
　　[知识讲授] ………………………………………………………………………… (213)
　　[例文分析] ………………………………………………………………………… (216)
　　[实践训练] ………………………………………………………………………… (218)

拓展阅读 …………………………………………………………………………… (223)

第三编　专用公文

第二十三章　合同 ………………………………………………………………… (227)
　　[知识讲授] ………………………………………………………………………… (227)
　　[例文分析] ………………………………………………………………………… (235)
　　[实践训练] ………………………………………………………………………… (236)

第二十四章　广告文案 …………………………………………………………… (238)
　　[知识讲授] ………………………………………………………………………… (238)
　　[例文分析] ………………………………………………………………………… (244)
　　[实践训练] ………………………………………………………………………… (246)

第二十五章　起诉状 ……………………………………………………………… (248)
　　[知识讲授] ………………………………………………………………………… (248)
　　[例文分析] ………………………………………………………………………… (253)
　　[实践训练] ………………………………………………………………………… (256)

拓展阅读 ………………………………………………………………………………（259）

第四编　其他文体

第二十六章　学术论文 …………………………………………………………（263）
　　［知识讲授］ ………………………………………………………………………（263）
　　［例文分析］ ………………………………………………………………………（274）
　　［实践训练］ ………………………………………………………………………（280）
第二十七章　消息 …………………………………………………………………（282）
　　［知识讲授］ ………………………………………………………………………（282）
　　［例文分析］ ………………………………………………………………………（289）
　　［实践训练］ ………………………………………………………………………（290）
拓展阅读 ……………………………………………………………………………（291）
参考文献 ……………………………………………………………………………（292）
后记 …………………………………………………………………………………（293）

第一章　绪论

第一节　关于应用文

天下文章两大类，一类是文学作品，另一类是非文学作品。

非文学作品也可分为两类，一类是一般文章，另一类是应用文章。

与"应用文章"类似的概念有许多，如"应用文体""应用文书""实用文章""实用文体""实用文书""应用文""实用文""文书"等。其中，"应用文"和"文书"这两个概念的术语化程度比较高。本书采用"应用文"这个概念。

一、应用文的定义

"应用文"一词最早见于宋代。北宋苏轼在《答刘巨济书》中说："向在科场时，不得已作应用文，不幸为人传写，深为羞愧。"意思是说：（我）从前在科举考试的时候，迫不得已写了一些应用文，却不幸被别人传抄，这让我感到很羞愧。南宋张侃在《拙轩集·跋陈后山再任校官谢启》中说："骈四俪六，特应用文耳。"意思是说：（六朝、唐初）所写的应用文，采用的都是四六句式相间的骈文。

应用文是指机关或个人在日常工作或生活中处理公私事务所使用的具有实用价值和规范格式的文书。这个定义揭示了四个要点：应用文是"文书"，应用文的作者是"机关"或"个人"，应用文的内容与"公私事务"有关，应用文的主要特点是"具有实用价值和规范格式"。

二、应用文的种类

应用文按作者、内容和特点不同，可分为公务文书和私人文书两大类。

（一）公务文书

公务文书是指用来处理公共事务的文书，可简称"公文"。公文按应用范围不同可分为通用公文和专用公文两类。

1. 通用公文

通用公文是指通用于各类机关的公文。我们可从不同的角度对它进行再分类。

（1）按规范程度进行划分。

按规范程度不同，通用公文可分为法定公文和非法定公文两种。

① 法定公文是指我国内地现行法律、法规、规章，以及公文处理规范性文件所确定的公文。法定公文规范程度极高，必须依法而作；否则，可视为违规甚至违法。

② 非法定公文是指法定公文之外的其他通用公文。非法定公文规范程度较低，具有一

定的灵活性。

（2）按收发角度进行划分。

按收发角度不同,通用公文可分为收文和发文两种。

① 收文是指一个机关收到的公文。

② 发文是指一个机关发出的公文。

（3）按行文方向不同进行划分。

按行文方向不同,通用公文可分为上行文、下行文和平行文三种。这种分法源于清朝。当时,著名学者刘熙载在《艺概·文概》中说:"辞命体,推之可为一切应用之文。应用文有上行,有平行,有下行,重其辞乃所以重其实也。"

① 上行文是指下级机关报给其上级机关的公文,如报告、请示等。

② 下行文是指上级机关发给其下级机关的公文,如决定、决议、命令(令)、批复等。

③ 平行文是指平行机关之间和不相隶属机关之间往来的公文,如函、议案等。

（4）按涉密与否进行划分。

按涉密与否,通用公文可分为涉密公文和普通公文两种。

① 涉密公文是指涉及党或国家秘密的公文。涉密公文根据涉密程度从高到低又可分为绝密公文、机密公文和秘密公文。

② 普通公文是指未涉及党或国家秘密的公文。

（5）按办理时限进行划分。

按办理时限不同,通用公文可分为紧急公文和普通公文两种。

① 紧急公文是指对传递和办理有严格时间要求的公文。紧急公文又分特急、急件两种。

② 普通公文是指对传递和办理没有特别严格时间要求的公文,即"平件"。

（6）按性质作用不同进行划分。

按性质作用不同,通用公文可分为指挥性公文、报请性公文、知照性公文、记录性公文和规范性公文五种。

① 指挥性公文：如决定、决议、命令(令)、批复等。

② 报请性公文：如报告、请示等。

③ 知照性公文：如公报、公告、通告、通报、简报等。

④ 记录性公文：如纪要、会议记录等。

⑤ 规范性公文：也称法规性公文、规范性文件、法规性文件,如法、条例、办法、细则等。

2. 专用公文

专用公文是指专门用于某类机关的公文。常见的专用公文有以下几种。

（1）经济公文：如合同、广告文案、经济活动分析报告、经济预测报告、可行性研究报告、审计报告、招标书、投标书等。

（2）法律公文：如公安机关的通缉令、不予立案书,检察机关的起诉书、抗诉书,法院的判决书、裁定书,监狱的假释意见书、释放证明书,等等。

（3）科技公文：如专利申请书、专利证书等。

（4）文教公文：如培养方案(教学计划)、教学大纲、教学进度等。

（5）外交公文：如条约、照会、备忘录、护照等。

（二）私人文书

私人文书是指用来处理个人事务的文书,如日记、情书、遗嘱等。本书对私人文书不做介绍。

以上对应用文的分类,如图 1.1 所示。

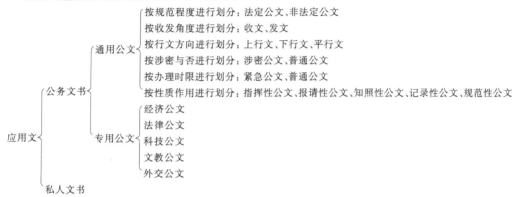

图 1.1　应用文的分类

三、应用文的演变

应用文是人类社会实践活动的产物。它随着国家、社会阶级以及文字的产生而产生,随着社会管理活动的发展而发展。

（一）五帝、夏朝、商朝、周朝时期(约前 30 世纪初—前 256 年)

1. 商朝后期之前(未有文字之前)

（1）口头文书。

《史记·五帝本纪》载:舜"五岁一巡狩,群后四朝,遍告以言,明试以功,车服以庸"。其中,"遍告以言",就是口头的"命令"或"通告"。

《吴越春秋·吴太伯传》载:尧"使教民山居,随地造区"。《淮南子·齐俗训》载:"禹令民聚土积薪,择丘陵而处之。"这里的"教""令",就是口头的指挥性文书。

（2）物象文书。

《龙鱼河图》载:"天遣玄女下授黄帝兵信神符,制止蚩尤,帝因使之主兵,以制八方。"这里的"信""符",就是物象文书。

《列子·说符》载:"宋人有游于道,得人遗契者,归而藏之,密数其齿,告邻人曰:'吾富可待矣。'"《隋书·突厥传》载:"无文字,刻木为契。"《魏书·帝纪》载:"不为文字,刻木纪契而已。"这里的"契",就是物态的"合同"。

2. 商朝后期之后(文字产生之后)

（1）应用文的载体。

这一时期应用文的载体主要有以下几种。

甲骨文书:清光绪二十五年(1899 年),在河南安阳殷墟发现了大量 3000 多年前的甲骨文。这是我们现在见到的最早的规范文字。甲骨文也叫"契文""龟甲文字""殷墟文字"。因为这种文字始于占卜,所以由甲骨文组成的章句称为"甲骨卜辞",考古学家称其为"甲骨文书"。据郭沫若《卜辞通纂》,甲骨文书的内容,除干支数字外,可分为五类,即世系、天象、食货、征伐、畋游。一篇完整的甲骨文书,应包括署辞、前辞、贞辞、兆辞、果辞、验辞六部分。总之,甲骨文书就其内容与体式看已是较为完整的应用文。由此看来,应用文的产生距今已有3000多年的历史。

简册文书:商后期,出现了以竹片和木板为书写材料的文书。写在竹片上的叫"简策",写在木板上的叫"版牍",两者合起来称"简册文书"。我国早期的典籍文章大都书写在竹片和木板上。近年来,湖南、湖北、山东及西北敦煌、武威等地出土的大批竹简,大多属于战国及魏晋时期的文书,记载着法令、户口和赋税。

钟鼎文书:我国夏朝已能铸造青铜器,至周朝已能大量生产,而且品类繁多,造型日趋精美。青铜器开始是作为工具、炊具、餐具、酒具等为人们所使用,后来才发展为精致的礼器。到了西周,青铜器的使用范围日益扩大,人们开始在青铜器上铸造铭文。这就是所谓的"钟鼎铭文"。钟鼎铭文有的铸在器物腹内,有的铸于器物外壁。钟鼎铭文的内容有的记载王的诰词,有的记载本族的家世,有的记载法律条款,有的记载物资交换契约。钟鼎铭文的篇幅长短不一,长的约500字,短的只有20余字。比如,西周宣王时的毛公鼎铭文497字;西周成王时的河尊铭文122字,系成王的诰词;西周康王时的大盂鼎铭文291字,铸于壁内,系周康王对大贵族盂的训诰和赏赐财富的命令;西周恭王时的格伯簋铭文,能辨认的有82字,铸于体和盖上,内容为格伯用马匹换土地事件。

玉石文书:山西侯马春秋晚期晋国遗址出土的"侯马盟书",共5000多片,材质有石有玉,形体较为规整,用毛笔书写,字迹多为朱红色,少数为黑色。此外,在被发现的文物中,有的文书还雕凿在大块石头上,如刻有石鼓文的"石鼓",为周朝或春秋时期的遗物共10个。每个石鼓高约150厘米,直径约50厘米。石鼓四面环刻四言文辞。10个石鼓总计600余字。因时代久远,有些字已残损。石鼓文的字体为籀文(大篆),内容为王游猎的情况,所以后人又称这些石鼓文为"猎碣"。

缣帛文书:春秋战国时期,出现了以丝织品为书写材料的"缣帛文书"。《墨子·非命》载:"书之竹帛,琢之金石。"秦汉以后,缣帛文书日益增多。

其他物质形态的文书:在陶器上刻画文字的历史较为久远。传说中神农氏"耕而作陶"。陶器的制作是新石器时代的重要标志。陶器是用黏土做坯烧制而成的器具,多为生活用具,也有一些生产工具。在陶器上刻画书写的多为简单的应用文字,目前,还没有发现陶器上刻有长篇的应用文章。此外,还有些文字刻写在金器、银器、漆器等贵重物体上。

(2)应用文的种类。

这一时期应用文的种类可通过《尚书》《周礼》《左传》等文献来了解。

《尚书》最早称作《书》,司马迁《史记》最早给《书》定名为《尚书》,意为"上古流传下来的受到儒家尊崇的贤君明王之书"。《尚书》分为虞书、夏书、商书、周书四部分,其主要内容为虞、夏、商、周(西周、春秋)大约2000年间的公文、誓词、政治论文和学术论文,原有100篇,秦焚书后,汉初收集到28篇。现在通行的《尚书》是清朝十三经注疏本,共58篇,其中25篇伪造。

关于《尚书》的文体,有两种说法。一种是"六类说",代表人物是东晋孔安国和唐朝刘知幾。孔安国在《古文尚书序》(伪造)中说:"典、谟、训、诰、誓、命之文,凡百篇。"刘知幾在《史通·六家》中说:"故其所载,皆典、谟、训、诰、誓、命之文。"所说六类,即典、谟、训、诰、誓、命。典:用于记载君王的言论和事迹,如《尧典》等;谟:用于记载君臣之间的谈话、策划、谋议大事,如《皋陶谟》《大禹谟》等;训:用于记载臣下对君王的劝教之辞,如《伊训》(伪造)等;

诰：用于记载君王对臣下的诰谕，如《康诰》《酒诰》《召诰》《洛诰》等；誓：用于记载君王诸侯在征伐交战前夕率队誓师之词，如《泰誓》《牧誓》《费誓》《秦誓》等；命：用于记载君王任命官员或赏赐诸侯时的册命之词，如《文侯之命》《微子之命》《蔡仲之命》《顾命》《说命》等。另一种是"十类说"，代表人物是唐朝孔颖达。孔颖达《尚书正义·尧典第一》疏云："检其此体，为例有十：一曰典，二曰谟，三曰贡，四曰歌，五曰誓，六曰诰，七曰训，八曰命，九曰征，十曰范。"所说十类，即在典、谟、训、诰、誓、命六类的基础上再增加四类：贡、歌、征、范。贡，如《禹贡》；歌，如《五子之歌》；征，如《胤征》；范，如《洪范》。实际上，《尚书》涉及的文体远不止六类或十类。六类或十类是从篇名上得出的结论。此外，《尚书》在行文过程中还涉及许多文体，如诗、歌、祝、册等。《舜典》载："诗言志，歌咏言。"这里涉及"诗"和"歌"。《洛诰》载："王命作册逸祝册""王命周公后，作册逸诰。"这里涉及"祝"和"册"。

《周礼》原名《周官》，是拟定周朝官制的著作，成书于战国中期。《周礼·地官司徒第二·司市》载："以质剂结信而止讼。"这里涉及文体"质剂"。《周礼·地官司徒第二·质人》载："凡卖儥者，质剂焉：大市以质，小市以剂。"这里涉及文体"质""剂"。《周礼·春官宗伯第三·大祝》载："作六辞，以通上下、亲疏、远近：一曰祠，二曰命，三曰诰，四曰会，五曰祷，六曰诔。"这里涉及文体"祠""命""诰""会""祷""诔"。《周礼·秋官司寇第五·士师》载："凡以财狱讼者，正之以傅别、约剂。"这里涉及文体"傅别""约剂"。《周礼·秋官司寇第五·朝士》载："凡有责者，有判书以治则听。"这里涉及文体"判书"。此外，《周礼》在行文中还涉及令、约、盟、书契、岁会、月要、日成等文体（不完全统计）。

《左传》在行文中涉及赋、书、策、箴、吊、谏、契、质要、玺书、盟书（载书）等文体（不完全统计）。

（3）应用文的处理。

《周礼·天官冢宰第一·宰夫》载："五曰府，掌官契以治藏；六曰史，掌官书以赞治。"东汉郑玄注："治藏，藏文书及器物；赞治，若今起文书草也。"

《论语·宪问》载："为命，裨谌草创之，世叔讨论之，行人子羽修饰之，东里子产润色之。"可见写作程序之严谨。《史记·吕不韦传》载：《吕览》书成后，"布咸阳市门，悬千金其上延诸侯游士宾客，有能增损一字者予千金"。可见写作态度之严谨。

（二）秦朝时期（前221—前206年）

战国时期，诸国纷争，各自为政，文体不一。秦统一六国后，加强了封建专制主义中央集权。应用文必然要服从其政治需要，趋向统一。

1. 应用文的种类

秦统一了公文名称，将皇帝的"命"改称"制"，"令"改称"诏"，将臣下的上书称为"奏"。司马迁《史记·秦始皇本纪》载："丞相绾、御史大夫劫、廷尉斯等皆曰：'……命为制，令为诏……'。"司马光《资治通鉴·秦纪·始皇帝下》载："命为制，令为诏……"刘勰《文心雕龙·诏策》载："昔轩辕、唐、虞，同称为命……降及七国，并称曰令……秦并天下，改命曰制。"这是"制"和"诏"的由来。刘勰《文心雕龙·奏启》载："秦始立奏。"《文心雕龙·章表》载："降及七国，未变古式，言事于主，皆称上书。秦初定制，改书曰奏。"这是"奏"的由来。

2. 应用文的处理

习惯用语：比如，制开头为"制诏××官"，结尾为"××年×月×日×时下"；奏开头为"臣昧死言"，结尾为"稽首以闻"。

抬头制度：上行文，凡遇本朝代名、帝号或"皇帝""始皇帝"字样，都要换行顶格书写，以示崇敬。抬头制度一直延续到清朝。

避讳制度：行文遇到皇帝之名甚至同音字，均要回避。秦始皇嬴政讳"正"，以"端"代之。避讳制度一直延续到清朝。

用印制度：始自春秋，至秦则制度化。皇帝六玺，各司其命；百官用印或章。

（三）汉朝时期（前206—公元220年）

1. 应用文的种类

汉朝应用文的种类，可通过东汉班固《汉书》、东汉班固、刘珍、蔡邕等《东观汉记》、东汉蔡邕《独断》、东汉刘熙《释名》、南朝宋代范晔《后汉书》、南朝梁代刘勰《文心雕龙》等文献来了解。

《汉书》又称《前汉书》，与《史记》《后汉书》《三国志》并称"前四史"。《汉书》是我国第一部纪传体断代史，共100篇，上起西汉的汉高祖元年（前206年），下至新朝的王莽地皇四年（公元23年）。《汉书》篇名涉及文体4种，即纪、表、志、传；行文和历史人物著述涉及文体30多种（不完全统计），即策、制、诏、奏、议、序、赞、铭、祝、盟、檄、谒、券、册、记、诗、论、诔、谥、移、箴、牒、赋、谣、谚、谏、对、状、上书（上疏）、封事、玺书、封禅。

《东观汉记》始名《汉记》，因官府于"东观"（位于洛阳南宫）设馆修史而得名，在《后汉书》问世前，与《史记》《汉书》并称"三史"。《东观汉记》记载汉光武帝（25年）至汉灵帝（189年）的一段历史，经过几代人的修撰才最后成书。《东观汉记》篇名涉及文体6种，即纪、表、志、传、载记、散句；行文和历史人物著述涉及文体不少于7种（不完全统计），即策、制、诏、奏、册、诔、上书（上疏）。

《独断》，共3卷，内容涉及汉朝历代皇帝更迭的始末和封谥、皇室对服饰和等级的规定、对重要节日的释义、对有关文体格式和规则的介绍等。《独断》载："其命令，一曰策书，二曰制书，三曰诏书，四曰戒书""凡群臣上书于天子者，有四名：一曰章，二曰奏，三曰表，四曰驳议"。此外，《独断》还论及命、令、政等文体。

《释名》是一部训诂学著作。它从声音角度来推求字义的由来，解释事物的名称，其中包括对文体名称的解释。《释名》解释的文体有（不完全统计）：策、诏、令、奏、表、说、序、颂、赞、铭、纪、祝、诅、盟、誓、簿、籍、檄、谒、符、传、券、刺、契、册、示、书、题、署、告、约、敕、经、纬、图、谶、记、诗、法、律、论、叙、谏、谥、谱、碑、词。

《后汉书》又称《续汉书》，与《史记》《汉书》《三国志》并称"前四史"。《后汉书》共98篇（其中，志8篇为司马彪续作），上起东汉的汉光武帝建武元年（25年），下至汉献帝建安二十五年（220年），成书于432—445年（南朝刘宋时期）。《后汉书》篇名涉及文体3种，即纪、传、志；行文和历史人物著述涉及文体50多种（不完全统计），即策、制、诏、令、章、奏、表、议、说、序、颂、赞、铭、檄、书、经、图、谶、记、诗、论、诔、碑、移、箴、赋、谏、义、诂、难、文、歌、吊、荐、笺、问、嘲、注、诫敕、祝文、谒文、上书（上疏）、封事、连珠、祷文、杂文、六言、七言、别字、哀辞。

《文心雕龙·诏策》载："汉初定仪，则有四品：一曰策书，二曰制书，三曰诏书，四曰戒敕。"《文心雕龙·章表》载："汉定礼仪，则有四品：一曰章，二曰奏，三曰表，四曰议。"《文心雕龙·奏启》载："自汉以来，奏事或称上疏。"这里，共论及汉朝文体9种。

2. 应用文的处理

应用文的格式要求渐细。一些较长的应用文出现了"摘由"，即标题。应用文中的习惯用语、谦词俯拾即是。比如，章开头为"稽首上书谢恩陈事"，结尾为赞美皇上；表开头为"臣

×言",结尾为"臣×诚惶诚恐,顿首顿首,死罪死罪"等。

应用文的处理有了较为严格的规定。比如,正式公文都要以印鉴作为凭证,印鉴不能直接印在竹木简上,只能印在封泥上。秘密文件,多以纺织品作为封套,相当于现在的大信封。一般来说,直呈皇帝的秘密文件,要用黑色纺织品的封囊上呈,称为"皂囊"。凡边塞军事紧急公文,要用红白两色的布囊封呈。以封囊的颜色来判断公文的密级和紧急程度,便于及时处理而不致延误。

汉朝简策的书写工具为笔与刀。笔用以书写,刀用以修改。简策书写的字体主要有4种:篆书、隶书、草书和古文。古文是汉朝已不通用的六国文字。这种文字在形体上介乎小篆的圆浑与隶书的方折。

相传,东汉蔡伦发明了纸,从此为用纸书写应用文奠定了物质基础。

(四) 三国、两晋、南北朝时期(220—581 年)

1. 应用文的种类

这一时期应用文的种类可通过三国曹丕《典论·论文》、西晋陆机《文赋》、西晋挚虞《文章流别论》、东晋李充《翰林论》、南朝梁代刘勰《文心雕龙》、南朝梁代任昉《文章缘起》、南朝梁代萧统《文选》、北朝北齐颜之推《颜氏家训》等文献来了解。

三国曹丕《典论·论文》载:"夫文本同而末异。盖奏议宜雅,书论宜理,铭诔尚实,诗赋欲丽。"这里论及文体 8 种,其中,文学作品 2 种(诗、赋),应用文 6 种(奏、议、书、论、铭、诔)。

西晋陆机《文赋》载:"诗缘情而绮靡,赋体物而浏亮;碑披文以相质,诔缠绵而凄怆;铭博约而温润,箴顿挫而清壮;颂优游以彬蔚,论精微而朗畅;奏平彻以闲雅,说炜晔而谲狂。"这里论及文体 10 种,其中,文学作品 2 种(诗、赋),应用文 8 种(碑、诔、铭、箴、颂、论、奏、说)。

西晋挚虞《文章流别集》,已亡佚。其志论部分,由后人摘出以《文章流别论》之名别行。《文章流别论》共论及文体 11 种,其中,文学作品 2 种(诗、赋),应用文 9 种(颂、铭、碑铭、箴、诔、哀辞、哀策、七、图谶)。

东晋李充《翰林论》,已亡佚。严可均根据《初学记》《太平御览》辑录八条于《晋书》。共论及文体 14 种,其中文学作品 1 种(诗),应用文 13 种(书、议、文、赞、表、驳、论、难、奏、盟、檄、诫、诰)。

南朝梁代刘勰《文心雕龙》是一部重要的文学理论著作,共 50 篇,共论及文体 89 种。

(1) 篇名涉及文体 35 种,其中,文学作品 4 种(骚、诗、乐府、赋),应用文 31 种(颂、赞、祝、盟、铭、箴、诔、碑、哀、吊、杂文、谐、隐、史、传、诸子、论、说、诏、策、檄、移、封禅、章、表、奏、启、议、对、书、记)。

(2) 上述篇章行文论及文体 47 种。其中《文心雕龙·杂文》论及文体 19 种:对问、七、连珠、典、诰、誓、问、览、略、篇、章、曲、操、弄、引、吟、讽、谣、咏。《文心雕龙·诏策》除诏、策外,还论及文体 4 种:制、戒、教、命。《文心雕龙·书记》除书、记外,还论及文体 24 种:谱、籍、簿、录、方、术、占、诫、律、令、法、制、符、契、券、疏、关、刺、解、牒、状、列、辞、谚。

(3) 其他篇章行文论及文体 7 种。其中《文心雕龙·宗经》载:"论说辞序,则《易》统其首;诏策章奏,则《书》发其源;赋颂歌赞,则《诗》立其本;铭诔箴祝,则《礼》总其端;纪传铭(应为盟)檄,则《春秋》为根。"这里有 5 种文体不在上述文体名单之列:序、歌、祝、纪、铭(应为盟)。《文心雕龙·定势》载:"章表奏议,则准的乎典雅;赋颂歌诗,则羽仪乎清丽;符檄书移,则楷式于明断;史论序注,则师范于核要;箴铭碑诔,则体制于宏深;连珠七辞,则从事于巧艳。"这里,有2种文体不在上述文体名单之列:注、碑。

南朝梁代任昉《文章缘起》,又名《文章始》,是一部重要的文体学著作。从目录看,其论及文体83种,其中,文学作品12种(三言诗、四言诗、五言诗、六言诗、七言诗、九言诗、赋、歌、离骚、乐府、离合诗、歌诗),应用文71种(诏、策文、表、让表、上书、书、对贤良策、上疏、启、奏记、笺、谢恩、令、奏、驳、论、议、反骚、弹文、荐、教、封事、白事、移书、铭、箴、封禅、赞、颂、序、引、志录、记、碑、碣、诰、誓、露布、明文、对问、传、上章、解嘲、训、辞、旨、劝进、喻难、诫、吊文、告、传赞、谒文、祈文、祝文、行状、哀策、哀颂、墓志、诔、悲文、祭文、哀辞、挽辞、七发、连珠、篇、遗命、图、势、约)。

南朝梁代萧统《文选》,又名《昭明文选》,共60卷,收录的文章上起先秦下至梁初,共涉及或论及文体53—56种。

从目录看,涉及文体有以下4种说法:

"三十七种"说。其中,文学作品3种(赋、诗、骚),应用文34种(七、诏、册、令、教、文、表、上书、启、弹事、笺、奏记、书、檄、对问、设论、辞、序、颂、赞、符命、史论、史述赞、论、连珠、箴、铭、诔、哀、碑文、墓志、行状、吊文、祭文)。

"三十八种"说。在37种基础上多1种:移。

"三十九种"说。在38种基础上多1种:难。

"四十种"说。在39种基础上将"文"分为2种:哀文、策文。

《文选·序》载:"箴兴于补阙,戒出于弼匡,论则析理精微,铭则序事清润,美终则诔发,图象则赞兴;又诏诰教令之流,表奏笺记之列,书誓符檄之品,吊祭悲哀之作,答客指事之制,三言八字之文,篇辞引序,碑碣志状,众制锋起,源流间出。"这里,共论及文体34种。其中,16种目录未涉及:戒、诰、奏、记、誓、符、悲、答客、指事、三言、八字、篇、引、碣、志、状。

北朝北齐颜之推《颜氏家训·文章》载:"夫文章者,原出于《五经》:诏命策檄,生于《书》者也;序述论议,生于《易》者也;歌咏赋颂,生于《诗》者也;祭祀哀诔,生于《礼》者也;书奏箴铭,生于《春秋》者也。朝廷宪章,军旅誓诰……不可暂无。"这里论及文体23种,其中,文学作品1种(赋),应用文22种(诏、命、策、檄、序、述、论、议、歌、咏、颂、祭、祀、哀、诔、书、奏、箴、铭、宪章、誓、诰)。

2. 应用文的处理

这一时期的应用文,格式变化不大,只是在一些小的方面有所变更。比如,应用文的署名,要放在开头,官衔要写全称,不能简略。《南齐书·肖颖胄传》载有肖颖胄与夏侯详移檄京邑百官诸州郡守的公文,开头即写"西中郎府长史都督行留诸军事右将军南郡太守南丰县开国侯肖颖胄、司马征虏将军新兴太守夏侯详,告京邑百官诸州郡牧守"。

这一时期的应用文受骈文影响,多以四字为句。应用文的习惯用语,反映出森严的等级制度。比如,上书者往往先写"死罪,死罪",以示诚惶诚恐之意。

东晋末年,桓玄下令,一切应用文均须用纸书写。《太平御览》卷引《桓玄伪事》云:"古无纸,故用简,……今诸用简者,皆以黄纸代之。"从此,纸成为应用文的主要书写材料。根据内容的重要与否,分用黄、白两种颜色的纸。重要的应用文用药染过的黄纸,以防虫蛀;一般的应用文用白纸。

以纸为书写材料后,引起了应用文本身形式及各种制度的变化。首先,由竹木的篇、版,改为卷轴;其次,盖印的方法由封泥改为朱色水印;再次,押字发展为骑缝、押缝;最后,出现了各种书体,署名也多用草体字,有的署名"笔势翩翩,似鸟之欲飞"。

(五)隋朝、唐朝、五代时期(581—960年)

1. 应用文的种类

这一时期应用文的种类可通过唐朝张说、张九龄、李林甫等《唐六典》、宋朝李昉等《文苑英华》、宋朝姚铉《唐文粹》等文献来了解。

《唐六典》卷一载:"凡上之所以逮下,其制有六,曰:制、敕、册、令、教、符。""凡下之所以达上,其制亦有六,曰:表、状、笺、启、牒、辞。""诸司自相质问,其义有三,曰:关、刺、移。"这里共论及文体15种,其中上行文6种,下行文6种,平行文3种。

《文苑英华》共1000卷,收录魏晋至晚唐五代文章20000多篇。从目录看,其涉及文体39类:赋、诗、歌行、杂文、中书制诰、翰林制诰、策问、策、表、判、笺、状、檄、露布、弹文、移文、启、书、疏、序、论、议、连珠、喻对、颂、赞、铭、箴、传、记、谥册文、哀册文、谥议、诔、碑、志、墓表、行状、祭文(哀吊)。其中,文学作品3类,应用文36类。

《唐文粹》共100卷,在《文苑英华》的基础上精选而成,收录唐朝文章1104篇。从目录看,其涉及文体26类:古赋、古今乐章(琴操、楚辞)、乐府辞、古调歌篇、颂、赞、表、书奏、疏、奏状、檄、露布、制策、文(谥册文、哀册文)、论(言语对策)、议(谥议)、古文(说、对、问、符命)、碑、铭(墓志铭)、记、箴、诫、铭、书、序、传录纪事(题后)。其中,文学作品4类,应用文22类。

2. 应用文的处理

唐朝对应用文写作及处理有许多规定。比如,应用文处理有四个方面的禁忌:一曰漏泄,二曰稽缓,三曰违失,四曰忘误。根据唐朝法律,泄露国家重要机密者,处以绞刑;一般事件失密者,处徒刑一年半;将机密泄露给藩使者,罪加一等。对积压文件、延缓处理者,一日笞十,三日加一。下行文曰"行下",上行文曰"言上",若违反规定,杖六十。对应用文的签署,五品及以上官员画"可",六品及以下官员画"闻",若违反规定,杖八十。

唐朝的避讳制度十分严格,如唐太宗李世民,讳"民",以"人"代之。关于应用文的避讳,《唐律疏义》卷十,《职制》中说:"诸上书若奏事误犯宗庙讳者杖八十,口误及余文书误犯者笞五十""即为名字触犯者徒三年"。

对应用文的批复,到唐朝有了明确的规定。批答的文字,一般在原文的末尾;也有的对原文进行涂改,退回时谓之"涂归"。当时的"批",主要是上对下;下僚对上官的符牒也可以加批语后退还,这是特殊情况。

唐朝对应用文的书写十分讲究。朝廷选拔人才,除了对应用文的内容、格式有严格要求外,对文字书写也有严格要求。很多公私文书,由于文字精美,已作为书法艺术流传下来,如颜真卿的《多宝塔碑》《勤礼碑》等。

唐朝信函封面的书写,往往只自署其姓,不写其名。如韩愈寄给皇甫湜的一首诗中写道:"敲门惊昼睡,问报睦州吏,手把一封书,上有皇甫字。"即可证明。有的私人信件,也采用公文封函形式,如卢仝诗曰:"口云谏议送书信,白绢斜封三道印。"用白绢封缄,是为了牢固、保密。

唐朝雕版印刷术的发展为应用文的广泛流传起了积极作用。

(六)宋朝时期(960—1279年)

1. 应用文的种类

宋朝应用文的种类,可通过宋朝吕祖谦《宋文鉴》等文献来了解。

《宋文鉴》原名《皇朝文鉴》，共150卷，收录宋南渡以前文章1500多篇。从目录看，其涉及文体61类：赋、律赋、四言古诗、乐府歌行（附杂言）、五言古诗、七言古诗、五言律诗、七言律诗、五言绝句、七言绝句、杂体、骚、诏、敕、赦文、册（哀册文）、御劄、批答、制、诰、奏疏、表、笺、箴、铭、颂、赞、碑文、记、序、论（含原）、义、策、议、说、戒、制策、说书、经义、书、启、策问、杂著、对问、移文、连珠、琴操、上梁文、书判、题跋、乐语、哀辞（附诔）、祭文、谥议、行状、墓志、墓表、神道碑、神道碑铭、传、露布。其中，文学作品12类，应用文49类。

2. 应用文的处理

宋朝公文署名的位置、名称等，都有具体要求。例如，公文开头部分先冠以"某司案呈"，明确呈文单位。宋制尚书六部，下属为司，司下为案，如同近代称"局、科"。官员以个人名义上书，自称"当职"，即本职之意；后世曾改称"该职"，这里的"该"字，仍是自称。公文在称及发文人的职务、姓名时，职务要详写，姓名则只写姓不写名。

判词已由骈体逐渐变为散体。例如，南宋末期的《名公书判清明集》，保存了当代名儒学士28人写的判词116篇，都是以散体写成的。

宋朝一些官员十分重视上行文的文字书写，有的自己亲自书写，不仅文优，而且字美。例如，贾直儒做谏官时，他写的奏章，文字优美，仁宗一见奏章，就知是他写的，曾多次予以嘉奖。再如，南宋胡铨于绍兴戊午上皇帝书，情真意切，书法苍劲，皇帝珍藏，认为可以传诸后世。后来，秦桧在其上批抹污损，皇帝深为可惜，于是令工匠将文中秦桧批抹之处裁去，另行装裱。

宋朝对公文中文字书写的大小、每行字数的多少、年月件数的标记等，都有规定。这些规定，多数不沿袭唐制而日趋定型。

公文的行款也成定式。公文有三部分：第一部分为呈文单位（人）及事由，这一行抬头写；第二部分为正文，另起一行降格书写；第三部分为收尾，写公文套语，又要提出格书写——形成马鞍形。

宋朝的避讳制度与唐基本一致，如宋太祖赵匡胤，讳"匡"，以"正"代之。宋朝曾多次厘定文书令，对公文的避讳作出严格规定。这些规定表现了皇帝的神圣不可侵犯，反映出封建社会严格的等级关系。例如，上行文中，不能写"我"。吴曾《能改斋漫录》卷十四载："张文潜崇宁元年复直龙图阁知颍州谢表云：'我来自东……'臣僚上言云：'我来自东，是为不钦，岂有君父之前辄自称我。……如今后有犯者，仰御台即时弹劾。'"

宋朝公文还有"贴黄"的规定。唐代敕书用黄纸书写，如有更改的地方，贴以黄纸，为取其一致。在表章前的封皮上列举文章内容要义，也贴黄纸书写，叫作"引黄"。宋朝用白纸书写。所谓贴黄，则是正文写完，意犹未尽，或在文后另外提出建议时，于正文尾部附贴黄纸，再简要地写上一句话。贴黄制度传至清朝有发展变化：凡在奏折提及皇帝及皇族人的称号时，于奏折上贴一条黄纸或黄色纺织品，将受人的称号抬行书写其上，以示崇敬；如未贴黄，则将被治罪。

（七）元朝时期（1206—1368年）

1. 应用文的种类

元朝应用文的种类，可通过元朝苏天爵《元文类》等文献来了解。

《元文类》原名《国朝文类》，共70卷，收录元初至元中叶文章800多篇。从目录看，其涉及文体43类：赋、骚、乐章、四言诗、五言古诗、乐府歌行、七言古诗（附杂言、杂体）、五言律诗、七言律诗、五言绝句、七言绝句、诏敕、册文、制、奏议、表、笺、箴、铭、颂、赞、碑文、记、序、书、说、题跋、杂著、策问、启、上梁文、祝文、祭文、哀辞、谥议、行状、墓志(铭)、墓碣、墓表、神道碑、传。其中,前13类为文学作品,后30类为应用文。

2. 应用文的处理

元初由于统治国家的需要,皇帝诏令多出自汉族大臣之手,所以文体格式与前代无异。但是,元朝统治者既要沿袭旧制,又要维护蒙古族领袖的权威和蒙古族官吏的意愿,于是在一部分公文中就出现了汉蒙语言混杂的特点。

元朝一部分公文所反映的内容比较宽泛,而且不拘形式,并多用口语;但一些正式诏令仍由汉吏代笔,与前代公文无异。

元朝公文与体式与前代相比变化不大,只是在小的方面略有改变。例如,元朝皇帝颁的诏令,有时也称圣旨;皇太子及诸王下的为令旨,皇后颁下的为懿旨。这些文书分为文言与白话两种。所谓白话,是指蒙古语的汉语译文。下行的口语文书,也有较为固定的格式,如开头部分先写"长生天气力里,大福荫护助里,皇帝圣旨"。这种口语文书,在中国应用文发展史上是罕见的。

元朝文言诏书,也有固定的套语。例如,开头部分写作"上天眷命,皇帝圣旨";结尾处诏书与圣旨有所区别:诏书为"故兹诏示,想宜知悉",圣旨为"彼或恃此,百理妄行,国有常宪,宁不知惧,宣令准此"。此类文言诏书、圣旨,多为汉吏代笔。

元朝的文书制度虽沿袭前朝,但由于封建文化渗透不深,有些制度并不严格,如避讳制度即是。陈垣在《史讳举例》中说:"元初诸帝不习汉文,安知有避讳。"避讳制度至明、清又逐渐严格起来。

文书缮写有严格规定。行移、月日字样必须写清楚,数目字必须大写。时间不准写"去年""今年""前月""今月""此月"以及"卜""乙"等字样。

此外,元朝在文书签署、投递制度等方面也都有了许多改进。

元朝对文牍人员的选拔有严格的考试制度。试选书吏以品德、业务能力和资历作为综合考察的条件,即所谓"首论行止,次取吏能,又次计日月多者为优";对文书官员还采取回避原籍制度,以防止他们"起页词讼,久占衙门,败坏宫事,残害良民"。

(八) 明朝时期(1368—1644年)

1. 应用文的种类

明朝应用文的种类可通过明朝吴讷《文章辨体》、明朝徐师曾《文体明辨》、明朝程敏政《明文衡》、清朝薛熙《明文在》等文献来了解。

《文章辨体》是一部重要的文体学著作。从目录看,其论及文体59类:古歌谣辞、古赋、乐府、古诗、谕告、玺书、批答、诏、册、制、诰、制策、表、露布、论谏、奏疏、议、弹文、檄、书、记、序、论、说、解、辨、原、戒、题跋、杂著、箴、铭、颂、赞、七体、问对、传、行状、谥法、谥议、碑、墓碑、墓碣、墓表、墓志、墓记、埋铭、诔辞、哀辞、祭文、连珠、判、律赋、律诗、排律、绝句、联句诗、杂体诗、近代词曲。其中,文学作品11类,应用文48类。

《文体明辨》也是一部重要的文体学著作。从目录看,其论及文体121类:古歌谣辞(附歌、谣、讴、诵、诗、辞、谚)、四言古诗、楚辞、赋、乐府、五言古诗、七言古诗、杂言古诗、近体歌行、近体律诗、排律诗、绝句诗、六言诗、和韵诗、联句诗、集句诗、命、谕告、诏、敕(附敕牓)、玺书、制、诰、册、批答、御札、赦文(附德音文)、铁券文、谕祭文、国书、誓、令、教、上书、章、表(附笺记)、笺、奏疏、盟(附誓)、符、檄、露布、公移、判、书记(书、奏记、启、简、状、疏)、约、策问、策、论、说、原、议、辩、解、释、问对、序(附序略)、小序、引、题跋(题、跋、书、读)、文、杂著、七、书、连珠、义、说书、箴、规、戒、铭、颂、赞、评、碑文、碑阴文、记、志、纪事、题名、字说（字说、字序、字解、字辞、祝辞、名说、名序、女子名字说）、行状、述、墓志铭、墓碑文、墓碣文、墓表（墓表、阡表、殡表、灵表）、谥议、传、哀辞、诔、祭文、吊文、祝文、嘏辞、杂句诗、杂言诗、杂体诗、杂韵诗、杂数诗、杂名诗、离合诗（附口字咏、藏头诗）、诙谐诗、诗余、玉牒文、符命、表本、口宣、宣答、致辞、祝辞、帖子词、上梁文（附宝瓶文说、上牌文）、乐语、右语、道场榜、道场疏、表、青词（附密词）、募缘疏、法堂疏。其中，文学作品 16 类，应用文 105 类。

《明文衡》又名《皇明文衡》，共 98 卷，补缺 2 卷，收录明洪武至弘治年间文章 1121 篇。从目录看，其涉及文体 43 类：檄、诏、制、诰、册（谥册文）、遗祭文、赋、骚、乐府、琴操、表笺、奏议、议、论、说、解（附释）、辩、原、箴、铭、颂、赞、七、策问、问对、书、记、序、题跋、杂著、杂记、杂志、传、行状、碑、神道碑、墓碣、墓志（墓志铭）、墓表、哀诔、祭文、字说。其中，文学作品 3 类，应用文 40 类。

《明文在》共 100 卷，收录明朝文章 2000 多篇。从目录看，其涉及文体 50 类：赋、乐章、古诗、律诗、骚、七、演连珠、诏、制、诰、祝册谕祭文、策问、檄、露布、颂、表、笺、启、疏、奏疏、赞、箴、铭、原、议、论、辨、说、书、序、寿序、记、碑、神道碑、墓碑、墓表、墓志铭、传、行状、事状、录、书事、杂志、冠辞、字辞、哀词、诔词、祭文、公移、题跋。其中，文学作品 5 类，应用文 45 类。

2. 应用文的处理

明朝的应用文处理有许多制度。比如，票拟制度，即内阁有权代皇帝对题奏本章，草拟出批复或批示的意见，并把这些意见写在"票签"上，供皇帝阅时参考。行移勘合制度，即在文书上加盖骑缝印，以防止各部、院擅自行移。文书保密制度，在永乐之后才较为严格。皇帝有密旨，用御前之宝封出；阁臣有章疏，用文渊阁印封进，直至御前开拆。

元朝诏书开头写"上天眷命"。朱元璋认为：这样不能"尽谦卑奉顺之急"，而改为"奉天承运"。其目的是为了表明皇帝是"见人言动皆奉天而行，非敢自专也"。实际上是借上天之名，而行专制独裁之实。

明朝对题奏的书写有严格要求。《明会典》记载了嘉靖八年（1529 年）的有关规定，如"题本，每幅六行，一行二十格，抬头二字，平行写十八字。头行衙门官衔姓名疏密俱作一行书写，不限字数，年月下疏密同。若有连名挨次，俱照六行书写"。其他文体也有与此近似的书写要求。

公文的缮写有很多律令。《大明律集解》卷三《增减官文书》条云："凡增减官文书者，杖六十，若有所规避，杖罪以上各加本罪二等，罪止杖一百，流三千里；未施行者，各减一等，规避死罪者，依常律。……"对公文的篡改或抄誊错误，视其损害程度，均要给以不同程度的惩罚，罪重的还要处死。

文书缮写，洪武时规定，奏本要依《洪武正韵》字体书写；黄册不准用纸浮贴，用细书字样。弘治年间规定，黄册字体均照题本字样真楷书写。如查出有洗改字样，还要治罪。这种制度，到了明朝末年，就形同虚设了。

明朝末年，还规定了批阅及抄奏公文的各种符号。

关于公文用纸，洪武十七年（1384 年）在全国统一了规格，并规定"天下诸司文移纸式"，还把文移纸式作为官员考绩的内容之一。

（九）清朝时期（1616—1911 年）

清朝应用文的种类可通过清朝姚鼐《古文辞类纂》、清朝曾国藩《经史百家杂抄》、清朝吴曾祺《涵芬楼古今文钞》《文体刍言》等文献来了解。

《古文辞类纂》共75卷,收录了战国时期至清朝的文章。从目录看,其涉及文体13类近80种:

(1) 论辩类,包括论、辩、问、解、议、说、戒、颂、原议、书、志等。
(2) 序跋类,包括序、表序、后、后序、后叙、考序、传序、传论、引、后录、世家、传等。
(3) 奏议类,包括书、谏、对、状、上表、札子、策等。
(4) 书说类,包括书、说、论、状等。
(5) 赠序类,包括序、说、寿序等。
(6) 诏令类,包括诏、令、告谕、书、策、玺书、檄、文等。
(7) 传状类,包括传、状、行状、事略、行略等。
(8) 碑志类,包括碑、志、颂、铭、墓碑、墓表、神道碑、神道碑铭、墓碣、墓碣铭、墓志铭、刻石文等。
(9) 杂记类,包括论、题、录等。
(10) 箴铭类,包括箴、铭等。
(11) 颂赞类,包括颂、赞等。
(12) 辞赋类,包括辞、赋、歌、骚、颂、封禅文等。
(13) 哀祭类,包括吊、哀辞、祭文等。

《经史百家杂抄》共26卷,系古文选读本,有"曾氏古文观止"之称。从目录看,其涉及文体共3门11类72种:

(1) 著述门,包括:论著类,"著作之无韵者",如篇、训、览、论、辨、议、说、解、原等;辞赋类,"著作之有韵者",如赋、辞、骚、七、设论、符命、颂、赞、箴、铭、歌等;序跋类,"他人之著作序述其意者",如序、跋、引、题、读、传、注、笺、疏、说、解等。
(2) 告语门,包括:诏令类,"上告下者",如诰、诏、谕、令、教、敕、玺书、檄、策命等;奏议类,"下告上者",如书、疏、议、奏、表、劄子、封事、弹章、笺、对策等;书牍类,"同辈相告者",如书、启、移、牍、简、刀笔、帖等;哀祭类,"人告于鬼神者",如祭文、吊文、哀辞、诔、告祭、祝文、愿文、招魂等。
(3) 记载门,包括:传志类,"所以记人者",如墓表、墓志铭、行状、家传、神道碑、事略、年谱等;叙记类,"所以记事者";典志类,"所以记政典者";杂记类,"所以记杂事者"。

《涵芬楼古今文钞》共100册,收录上古至清光绪间文章近9000篇。从目录看,其涉及文体13类共183种:论辩类、序跋类、奏议类、书牍类、赠序类、诏令类、传状类、碑志类、杂记类、箴铭类、颂赞类、辞赋类、哀祭类。

《文体刍言》论及文体13类共183种:

(1) 论辩类,包括论、设论、续论、广论、驳、难、辨、义、议、说、策、程文、解、释、考、原、对问、书、喻、言、语、旨、诀、附录等。
(2) 序跋类,包括序、后序、序录、序略、表序、跋、引、书后、题后、题词、读、评、述、例言、疏、谱、附录等。
(3) 奏议类,包括奏、议、驳议、谥议、册文、疏、上书、上言、章、书、表、贺表、谢表、降表、遗表、策、摺、劄子、启、笺、对、封事、弹文、讲义、状、谟、露布、附录等。
(4) 书牍类,包括书、上书、简、札、帖、劄子、奏记、状、笺、启、亲书、移、揭、附录等。
(5) 赠序类,包括序、寿序、引、说、附录等。
(6) 诏令类,包括诏、即位诏、遗诏、令、遗令、谕、书、玺书、御札、敕、德音、口宣、策问、诰、告词、制、批答、教、册文、谥册、哀册、郝文、檄、牒、符、九锡文、铁券文、判、参评、考语、劝农文、约、榜、示、审单、附录等。

(7) 传状类，包括传、家传、小传、别传、外传、补传、行状、合状、述、事略、世家、实录等。

(8) 碑志类，包括碑、碑记、神道碑、碑阴、墓志铭、墓志、墓表、灵表、刻文、碣、铭、杂铭、杂志、墓版文、题名、附录等。

(9) 杂记类，包括记、后记、笏记、书事、纪、志、录、序、题、述、经、附录等。

(10) 箴铭类，包括箴、铭、戒、训、规、令、诰、附录等。

(11) 颂赞类，包括颂、赞、雅、符命、乐语等。

(12) 辞赋类，包括赋、辞、骚、操、七、连珠、偈、附录等。

(13) 哀祭类，包括告天文、告庙文、玉牒文、祭文、谕祭文、哀词、吊文、诔、骚、祝、祝香文、上梁文、释奠文、祈、谢、欢道文、斋词、愿文、醮辞、冠辞、祝嘏文、赛文、赞飨文、告文、盟文、誓文、青词、附录等。

(十) 中华民国时期(1912—1949年)

这一时期我国废除了沿袭几千年的旧的文书制度，建立了以白话文为中心的新的文书制度。

1. 南京临时政府及国民政府

辛亥革命后，南京临时政府为适应资产阶级政权建设的需要，对沿袭已久的封建王朝的文书工作进行全面改革，简化公文种类，划一公文程式。1912年，南京临时政府内务部奉大总统令，颁布《公文程式》(五条)，规定了公文的名称和使用范围——令、咨、呈、示、状。这是公文名称上的一次革命。

1928年11月15日，国民政府公布《公文程式条例》，要求使用白话文和新式标点符号。

2. 中国共产党及人民政府

我们党和政府一贯重视公文处理工作，早在中国共产党成立初期就对公文处理工作做了许多规定。1931年2月，周恩来组织文书部门制定了中央秘书处《文件处置办法》。

1938年4月，晋察冀边区行政委员会发布《改革公文程式的理论与实践》(指示信)；同年7月，又发布《公文程式再加改革令》。1942年1月，陕甘宁边区政府发布《陕甘宁边区政府新公文程式》；解放战争后期，又发布《陕甘宁边区政府公文处理制度》。1948年7月，东北行政委员会办公厅发布《简明公文程式》和《公文处理办法》；同年9月，华北人民政府办公厅发布《公文处理暂行办法》。

公文写作理论：陈子展在《应用文作法讲话》中将应用文分为公牍文、电报文、书启文、庆吊文、联语文、契据文、广告文、规章文、题署文。

(十一) 中华人民共和国成立至今(1949年至今)

这一时期，我国一些高等学校陆续开设了文秘专科专业和文秘教育本科专业，这些专业陆续开设了公文写作、应用写作、经济文书写作、法律文书写作、科技文书写作等课程；应用写作类杂志、网站应运而生，有关杂志陆续增设了应用写作方面的栏目，有关网站陆续增设了应用写作方面的网页或建立应用写作方面的链接；应用写作方面的专著、教材、论文层出不穷。

下面，仅从现行的"公文处理规范性文件"方面来看公文的繁荣。

1. 党政机关

党的机关，1950年4月，中共中央办公厅发布《关于统一文件用纸与格式的规定》。1989年4月25日，中共中央办公厅发布并施行《中国共产党各级领导机关文件处理条例（试行）》。1996年5月3日，中共中央办公厅发布并施行《中国共产党机关公文处理条例》。

行政机关，1951年9月29日，中央人民政府政务院发布《公文处理暂行办法》。1957年11月，国务院秘书厅发布《关于对公文名称和体式问题的几点意见（稿）》。1981年2月27日，国务院办公厅发布并施行《国家行政机关公文处理暂行办法》。1987年2月18日，国务院办公厅发布并施行《国家行政机关公文处理办法》，配套施行的还有中华人民共和国国家标准《国家机关公文格式》（GB/T9704—1988，1988年9月5日原国家技术监督局发布）。1993年11月21日，国务院办公厅发布《国家行政机关公文处理办法》（自1994年1月1日起施行）。2000年8月24日，国务院发布《国家行政机关公文处理办法》（自2001年1月1日起施行），配套施行的还有中华人民共和国国家标准《国家行政机关公文格式》（GB/T9704—1999，1999年12月27日原国家质量技术监督局批准发布，2000年1月1日实施）。

党政机关，2012年4月16日，中共中央办公厅、国务院办公厅发布《党政机关公文处理工作条例》（自2012年7月1日起施行），同时，配套施行的还有中华人民共和国国家标准《党政机关公文格式》（GB/T9704—2012，2012年6月29日原国家质量监督检验检疫总局、国家标准化管理委员会发布，2012年7月1日实施）。

2. 人大机关

1998年2月6日，全国人大常委会办公厅发布《人大机关公文处理办法（试行）》。2000年11月15日，全国人大常委会办公厅发布《人大机关公文处理办法》（自2001年1月1日起施行），同时，配套施行的还有《人大机关公文格式说明》。

3. 政协机关

1951年7月19日，中国人民政治协商会议全国委员会发布《中国人民政治协商会议全国委员会关于公文处理办法的几项规定》。1995年12月26日，中国人民政治协商会议全国委员会发布《中国人民政治协商会议全国委员会机关公文处理规定》。目前，《中国人民政治协商会议全国委员会机关公文处理工作办法》和配套的《中国人民政治协商会议全国委员会机关常用公文格式说明》已起草修改完毕，正在报批中。

4. 军队机关

1992年3月30日，中央军委办公厅发布《中国人民解放军机关公文处理条例》（自1992年7月1日起施行）。2005年10月2日，中央军委主席令发布《中国人民解放军机关公文处理条例》（自2006年1月1日起施行），同时，配套施行的还有国家军用标准《军队机关公文格式》（GJB5100-2005，由原总装备部批准发布实施）。2017年7月16日，中央军委主席令发布《军队机关公文处理工作条例》（自2017年10月1日起施行），同时，配套施行的还有国家军用标准《军队机关公文格式》（GJB5100A-2017，由中央军委装备发展部批准发布实施）。

5. 检察机关

1995年2月11日，最高人民检察院办公厅发布并施行《最高人民检察院机关公文处理规定》。1998年9月30日，最高人民检察院办公厅发布并施行了修订后的《最高人民检察院机关公文处理规定》。2005年10月，最高人民检察院办公厅发布《人民检察院公文处理办法》（自2006年1月1日起施行），同时，配套施行的还有《最高人民检察院公文处理实施细则》。2012年8月24日，最高人民检察院办公厅发布《人民检察院公文处理办法》（自2012

年 10 月 1 日起施行),同时,配套施行的还有《最高人民检察院公文处理实施细则》。

6. 审判机关

1991 年 10 月 5 日,最高人民法院发布《人民法院公文处理暂行规定》(自 1992 年 1 月 1 日起施行)。1996 年 4 月 9 日,最高人民法院发布《人民法院公文处理办法》(自 1996 年 5 月 1 日起施行)。2012 年 11 月 16 日,最高人民法院发布了修订后的《人民法院公文处理办法》(自 2013 年 1 月 1 日起施行)。

7. 工会机关

1996 年 3 月 19 日,中华全国总工会办公厅发布并施行《全国总工会机关公文处理办法》。2000 年 2 月 13 日,中华全国总工会办公厅发布并施行《中华全国总工会办公厅关于〈全国总工会机关公文处理办法〉的补充规定》。

8. 妇联机关

2004 年 1 月 7 日,中华全国妇女联合会办公厅发布并施行《全国妇联机关公文处理制度》。

四、应用文的特点

这里重点介绍公文的特点。和文学作品比,公文具有如下主要特点。

(一) 具有法定作者

法定作者是指依法成立并能以自己的名义行使权利和承担义务的组织。党政机关、社会团体、企事业单位,只要是依法成立并合法存在的,就可以成为公文的法定作者。公文的法定作者一般是"组织",但也有是"个人"(组织的负责人)的情况,如命令、议案。用"组织的负责人"的名义发文,并不是以私人的身份出现,而是代表其所在的组织依法行使职权。公文一般是由一个组织的秘书人员起草的,但他并不是公文的法定作者。因为他是"受命而作",是代替组织写作;他不能代表组织行使职权。

任何人只要没有被剥夺政治权利,只要愿意并能够,都可以成为文学作品的作者。

(二) 具有法定权威

公文是机关的喉舌,可以代表机关发言,并代表机关的法定权威。公文或要求办理,或要求传达,或要求知照,必须"令行则止";否则,将追究相关人员的责任(行政、法律),并进行处罚。

文学作品没有权威,更谈不上什么法定权威。作者在文学作品中表达的观点、主张等,读者可以接受,也可以不接受,读者不受任何约束。

(三) 具有特定时效

公文在公务活动中形成。随着某项工作的产生而产生的公文,将随着相应工作的完成而失效。公文的时效,有长有短。长的,有几年、十几年的;短的,则有几个月、几天的。可以说,没有一份公文是永远有效的。公文失效后,有查考和保存价值的,要整理归档;无查考和保存价值的,要按程序定期销毁。

文学作品没有什么特定时效。文学作品的生命力取决于它的思想价值和艺术价值。文学作品的思想价值和艺术价值越高,它的生命力就越强;否则,它将昙花一现。

(四)具有特定格式

对于法定公文来说,这个"特定格式"就是"法定格式"。为了维护公文的权威性,实现公文处理工作的规范化、制度化、科学化,各机关制发法定公文要严格执行《党政机关公文处理工作条例》和《党政机关公文格式》的有关规定,不能自行其是,另搞一套。

我国古典文论中有一句非常经典的话,叫作"文无定法",它说的就是文学创作。文学创作不能循规蹈矩,不能公式化、模式化;它讲究的是独树一帜、标新立异。

(五)具有特定办理程序

对于法定公文来说,这个"特定办理程序"就是"法定办理程序"。各机关要执行《党政机关公文处理工作条例》的有关规定,也不能自行其是。

文学作品从创作到发表,不存在特定办理程序。

五、应用文的作用

曹丕在《典论·论文》中说:"盖文章,经国之大业,不朽之盛事。"刘勰在《文心雕龙·章表》中说:"章表奏议,经国之枢机。"在《文心雕龙·书记》中说:"虽艺文之末品,而政事之先务也。"

公文是进行公务活动的工具,主要具有以下几个方面的作用。

(一)领导、指导作用

领导、指导有两层含义:第一,行政方面,上级对下级,叫"领导";业务方面,上级对下级,叫"指导"。第二,上级对下级规范性要求,叫"领导";上级对下级原则性要求,叫"指导"。

上级对下级的领导、指导有很多方式、途径,如打电话、开会、亲临现场等。行文是上级机关对下级机关进行领导、指导的重要途径之一。

(二)知照联系作用

上级机关通过公文对下级机关布置工作、交代任务,下级机关通过公文向上级机关汇报工作、反映情况,平行机关和不相隶属机关之间通过公文交流信息、商洽工作。公文像桥梁,像纽带,把各机关连成整体。

(三)宣传教育作用

公文的宣传教育作用主要体现在下行文中。一份公文,一般总要陈述情况、阐明理由、分析原因、提出希望或要求等,就其实质而言,这都是宣传教育作用的体现。通过宣传教育,使有关机关和人员不仅知道应该做什么,而且还知道为何这样做和应该怎样做,以指导和推动工作的正常开展。

从某种意义上讲,上行文也要向上级机关阐明缘由、交代情况、提出意见等,这本身也具有"宣传"的功能。

（四）记载凭证作用

公文反映了机关公务活动情况，具有重要的记载、凭证作用。有些公文，记载作用显著，如纪要、会议记录、大事记等；有些公文，凭证作用显著，如政策性文件等。

教学视频

教学音频

第二节　关于应用写作

应用写作，即应用文写作，它是应用文的撰写过程。对于法定公文来说，这个过程通常被称作"起草"。

一、应用写作的特点

应用写作的特点有很多。本书将从主体、客体、载体和受体四个方面对应用写作的特点进行概括。

（一）主体方面，应用写作具有特定性

并不是任一机关或个人都可以成为应用文的作者的。比如，法定公文的作者必须是法定作者，即依法成立并能以自己的名义行使权利和承担义务的组织。这就意味着：第一，个人不能成为法定公文的作者；第二，不符合前述条件的组织也不能成为法定公文的作者。

（二）客体方面，应用写作具有现实性

为什么要撰写应用文？因为在现实生活或工作中有具体的事务要处理。应用文的表达对象是现实的，其所有构成要素也都是现实的。这就是应用写作的现实性。

（三）载体方面，应用写作具有应用性

应用文不是用来审美的。撰写应用文是为了处理公共事务或个人事务。这就是应用写作的应用性，或称"应用价值""实用价值"。

（四）受体方面，应用写作具有约束性

读者（受文机关、受理机关）阅读应用文，不是在"审美"。要么需"阅知"，要么需"办理"，这就是应用写作的约束性。对于公文来说，这种"约束性"就变成"强制性"。

二、应用写作的规律

应用写作的规律有很多。本书将从文内和文外两个方面对应用写作的规律进行概括。

(一) 文内写作规律

应用文的文内写作规律包括表层写作规律和深层写作规律两个方面。

1. 表层写作规律

(1) 应用文的语言。

应用文的语言是表现应用文主题的工具。它是应用文的"第一要素"。应用文的语言主要具有如下特色。

① 词汇特色。

A. 运用书面语：不能将口语写进应用文。比如，在应用文中，不能将"丈夫"写成"老公"，不能将"妻子"写成"老婆"等。

B. 运用成语或类似于成语的四字格词语：比如，习近平同志在《关于〈关于新形势下党内政治生活的若干准则〉和〈中国共产党党内监督条例〉的说明》中有这样一段话："在长期实践中，党内政治生活状况总体是好的，但一个时期以来，也出现了一些亟待解决的突出矛盾和问题，主要是：在一些党员、干部包括高级干部中，理想信念不坚定、对党不忠诚、纪律松弛、脱离群众、独断专行、弄虚作假、庸懒无为，个人主义、分散主义、自由主义、好人主义、宗派主义、山头主义、拜金主义不同程度存在，形式主义、官僚主义、享乐主义和奢靡之风问题突出，任人唯亲、跑官要官、买官卖官、拉票贿选现象屡禁不止，滥用权力、贪污受贿、腐化堕落、违法乱纪等现象滋生蔓延。特别是高级干部中极少数人政治野心膨胀、权欲熏心，搞阳奉阴违、结党营私、团团伙伙、拉帮结派、谋取权位等政治阴谋活动。"这里，连续用了31个成语或四字格词语。

C. 运用文言词语：当代应用文运用文言词语要把握好"度"。比如，这样的写法不足取："反对报虚者得喜，报实者得忧，制止做表面文章，这话言之亦久矣，但在某些单位，说之者只管说，做之者只管做，彼此相安无事，何也？言而无'法'，缺乏具体措施、办法使之其然也。"

D. 运用关联词语：写文学作品，忌用关联词语；写应用文，关联词语尽管用。

E. 运用缩略语：缩略语就是将较长的词语缩略成较短的词语，比如将"调查研究"缩略成"调研"，将"民意调查"缩略成"民调"，将"关心爱护"缩略成"关爱"，将"考核评价"缩略成"考评"，将"法律条款"缩略成"法条"，将"诉讼请求"缩略成"诉求"等。

F. 运用统称、规范化简称、数称：比如国务院所有的下级机关可统称为"各省、自治区、直辖市人民政府，国务院各部、委"等；"中国共产党中央委员会"的规范化简称是"中共中央"，"中华人民共和国国务院"的规范化简称是"国务院"。数称一般是指在两个以上有着相同的字、词或词组的词组或句子中，用"提取公因式"的办法，将这个相同的字、词或词组提取出来，并冠以相应的数量词或数字的修辞手法，比如"五讲四美""三个面向""三个代表""八荣八耻""四个全面""三严三实""两学一做"等。

G. 运用模糊语：在特定的语境中，模糊语是最精确的。比如《中共中央关于全面推进依法治国若干重大问题的决定》(2014年10月23日中国共产党第十八届中央委员会第四次全体会议通过)中有这样一段话："同时，必须清醒看到，同党和国家事业发展要求相比，同人民群众期待相比，同推进国家治理体系和治理能力现代化目标相比，法治建设还存在许多不适应、不符合的问题,主要表现为:有的法律法规未能全面反映客观规律和人民意愿,针对性、可操作性不强,立法工作中部门化倾向、争权诿责现象较为突出;有法不依、执法不严、违法不究现象比较严重,执法体制权责脱节、多头执法、选择性执法现象仍然存在,执法司法不规范、不严格、不透明、不文明现象较为突出,群众对执法司法不公和腐败问题反映强烈;部分社会成员尊法信法守法用法、依法维权意识不强,一些国家工作人员特别是领导干部依法办事观念不强、能力不足,知法犯法、以言代法、以权压法、徇私枉法现象依然存在。"其中,"许多""部分社会成员""一些国家工作人员特别是领导干部"等说法,虽是模糊语却非常精确。

H. 运用专业术语:由于各机关职能特征不同,因此应用文中往往会运用不同的专业术语,比如金融机关会运用金融方面的专业术语,司法机关会运用法律方面的专业术语,教育机关会运用教育方面的专业术语等。

I. 运用习惯用语(词汇):比如"收悉""妥否""当否""此复"等。

② 语法特色。

A. 运用"介词结构":如"关于……""为了……""根据……""按照……""自……以来"等。

B. 运用无主句:如"要……"等。

C. 运用祈使句:如"请……""望……""不能……""不准(许)……"等。

D. 运用匀称句式:如××县审计局2015年工作总结,在总结成绩时概括了五个标题——"转思维,促预算执行审计'五突出'""转重点,促政府投资项目审计'六转变'""转模式,促经济责任审计'五升级'""转方式,促业务中心工作'四俱进'""转作风,促机关建设'六提高'",前半句均为匀称句式,后半句亦基本匀称。

E. 运用程式化句式:如"现将有关事宜通知如下""现将×××批转(转发、印发)给你们,请认真贯彻(参照)执行""现将有关情况报告如下""你局××××年××月××日《关于×××的请示》(××××〔 〕×××号)收悉""以上意见如无不妥,请批转各地区各部门贯彻执行""经研究,函复如下""现将×××简要总结如下"等。

F. 运用习惯用语(短语):如"如无不妥""基本同意""原则同意""现予公布""贯彻执行""参照执行""特此通知""特此报告""特此批复"等。

③ 修辞特色。

A. 注重消极修辞:如韵律的协调、词语的锤炼、句式的选择等。

B. 不排斥积极修辞:比喻、借代、排比、对偶、顶真、引用、设问、反问等修辞手法(辞格)均可使用,但文学色彩不能太浓。以比喻为例,应用文中的比喻应是这种类型(质朴型):"打铁还需自身硬。我们的责任,就是同全党同志一道,坚持党要管党、从严治党,切实解决自身存在的突出问题,切实改进工作作风,密切联系群众,使我们的党始终成为中国特色社会主义事业的坚强领导核心。"(习近平同志2012年11月15日在十八届中央政治局常委与中外记者见面时的讲话)

④ 总体特色。

应用文语言的总体特色可以用八个字概括:简练、质朴、明快、庄重。简练就是在表达某一内容时用语少得不能再少。质朴就是在表达某一内容时尽量不去形容和装饰。明快就是在表达某一内容时有话明说,不遮遮掩掩,不吞吞吐吐,给人以明朗、爽快之感。庄重就是在表达某一内容时口气严肃,给人以郑重其事之感。几乎所有应用文的所有段落或层次,都同时具有以上特色。

驾驭应用文语言的技能:一是在人民群众中吸取语言营养,二是在优秀公文中吸取语言营养。

（2）应用文的结构。

应用文的结构是承载应用文主题的外部框架。它是撰写应用文的"蓝图"，是阅读应用文的"向导"。

应用文的结构主要具有两大特色：一是通体开门见山，小标题或每段首句，提示要点；二是条理清晰明显，有些分序排列，有些设章条款项。

谋划应用文结构的技能：一是掌握总体结构模式。应用文的总体结构模式为"三段式"，即开头、主体、结尾。开头最常见的方法有交代发文缘由（为了……，根据……）、概括总体情况等。主体常见的结构方法有纵式、横式、纵横式。结尾最常见的方法有发出希望号召、提出执行要求、介绍实施说明、运用习惯用语等。二是掌握法定公文格式。本书要求掌握公文处理规范性文件关于公文格式的规定和国家标准《党政机关公文格式》的全部内容。

2．深层写作规律

（1）应用文的主题。

应用文的主题是一篇应用文所要表达的主要观点和主张，也称"应用文的主旨"。它决定应用文的价值，是应用文的核心、灵魂和统帅。

① 应用文主题的特色。

应用文的主题具有如下特色：

A．现实性。应用文是为了办理当前的公务而制发的，因此具有现实性。

B．直白性。应用文的主题要直接表达，因此具有直白性。

C．单一性。应用文讲究"一文一事"，因此其主题具有单一性。

② 提炼应用文主题的技能。

提炼应用文主题的技能主要有以下几个：

A．了解和掌握各种文体的用途和行文目的。比如，向上级机关汇报工作、反映情况、答复询问，要用报告；向上级机关请求指示、批准，要用请示；不相隶属机关之间请求批准和答复审批事项，要用函。

B．了解和掌握党和国家的方针、政策、法律、法规。只有这样，才能将党和国家的方针、政策、法律、法规贯彻在公文中；同时，也只有这样，才能避免公文的内容与党和国家的方针、政策、法律、法规抵触。

C．了解和掌握本机关的实际。只有这样，公文才能代表本机关的意志，成为本机关的喉舌。

（2）应用文的材料。

应用文的材料是形成应用文主题的依据，是表现应用文主题的支柱。

① 应用文材料的特色。

应用文的材料主要具有如下特色：

A．现实性。应用文的主题具有现实性，为表现主题服务的材料也就必然具有现实性。

B．抽象性。文学作品的材料往往都是生动的、具体的，表现人物可以有肖像描写、语言描写、行动描写、心理描写，叙述事件可以有发生、发展、高潮、结局。应用文不同，应用文的材料往往需要综合概括，因此具有抽象性。

② 选择应用文材料的技能。

选择应用文材料的技能主要有以下几个：

A．熟练运用"概括法"，即概括介绍情况，不举具体事例。例如：

根据国务院的授权与分工,20××年农业农村部会同公安部等九部门联合开展了全国农资打假专项斗争。一年来,按照全国整顿和规范市场经济秩序工作的总体部署,各部门和各地方相互配合,通力合作,优势互补,在"三重一大"和"五不放过"等方面,取得了突破性的进展,农资市场秩序有了明显的好转,联合打假的势态基本形成,法律法规日趋完善,打假的长效机制正在逐步建立。

此例仅用100多字便概括介绍了一个年度全国农资打假专项斗争所取得的主要成绩。

B. 熟练运用"展开法",即概括介绍情况后,再把事情的具体情况展开来说。例如:

截至10月底,我市20××年度涉外企业所得税已入库22686万元,完成省核计划19544万元的116.07%,同比增长25.36%,增长绝对额4590万元,涉外企业所得税已提前超额完成省核年度计划。

今年入夏以来,我市企业遭受台风、限电等客观因素的影响,税收收入也曾受到一定影响,收入形势一度比较严峻。在市局局长室的正确领导下,市局国际处积极采取应对措施,通过加强税收管理,促进税收收入的增长。从今年7月份开始,在全市范围内开展了房地产企业税收政策执行情况的检查、漏征漏管户清理、税收优惠政策执行情况的普查等征管措施,同时,加大了涉外税务审计、反避税、税前扣除项目审批、退税审核等工作力度,使税收收入有了大幅度增长,圆满完成了年度所得税收入任务。

此例在概括介绍"截至10月底"全市涉外企业所得税收缴情况后,具体介绍了"今年入夏以来"的情况和"从今年7月份开始"的情况。

C. 熟练运用"举例法",即概括介绍情况后,再举例说明。

D. 熟练运用"比较法",即通过与别的事物比较进行介绍。比较法包括纵向比较和横向比较两种。纵向比较:把要说明的情况,同它的过去进行比较。横向比较:把要说明的情况,同其他情况进行比较。例如:

自3月1日起,一种由××市药监局监制的"拆零药品专用袋"开始在该市所有药品零售企业和医疗单位中统一使用。

过去,拆零药品包装很不规范,部分药品零售企业和医疗单位用牛皮纸、旧报纸、旧处方、塑料袋等包装拆零药品,不但增加了拆零药品化学污染和病菌污染的机会,而且由于标示内容不详尽,容易导致误服、错服等现象。为了克服上述弊端,规范拆零药品包装,××市药监局根据《药品管理法》《药品经营质量管理规范》的要求,统一监制了清洁卫生的拆零药品专用袋。药袋正面印有患者姓名、药品名称、规格、数量、服法、用量、批号、有效期、生产厂家、发药人、发药时间、发药单位等条目;药袋背面印有举报提示和举报电话。

目前,××市药监局已组织发放拆零药品专用袋10万余个。该专用袋的统一使用,既规范了药品零售企业和医疗单位销售拆零药品的行为,又消除了安全用药隐患,同时,也方便群众举报假劣药品,有利于净化药品市场,深受企业和群众欢迎。

此例是拿"过去"和"目前"进行比较。

E. 熟练运用"点面结合法",即把全面情况(面)与典型事例(点)相结合。例如:

社保费接收、开征工作实现良好开局,基本进入了正常管理运行轨道。去年省局下达我局3—12月份失业保险费计划11747万元,养老保险费计划96000万元。截至12月底,我局共征收失业保险费12087万元(其中,财政直接入专户176万元),征收养老保险费

96242万元(其中,财政直接入专户1530万元),分别占年计划的102.9%、100.3%。按照省局"只准成功,不许失败"的要求,我们不但把它作为一项工作任务,同时当作一项政治任务来抓。我们先后4次向市政府有关领导汇报工作,8次与社保、财政、劳动等部门研究社保费资料移交等具体问题,开展了3次大规模的费源普查活动,基本摸清了费源和欠费底数。我们还在××日报和省市电视台上对社保费征缴工作进行了专题宣传,共印发宣传材料2万多份。市、县两级分级对一线干部和企业办税人员举办了专题培训班,先后培训人员6000多人(次)。我们还与劳动、财政等部门建立了联席会议制度,制定了资料传递、欠税清缴和档案管理等规章制度,对一般缴费户按隶属关系分级管理,对欠费企业按缴费能力实行了分类管理。我们研究开发了社保费数据处理软件,对费源大户实现了重点监控。同时,我们还大力清缴欠费,将社保费完成、欠费清理和申报入库率列入考核内容,将市本级历年陈欠移交市稽查局清理,共清理欠费3100万元。3—12月份,全系统累计清缴欠费7529万元,促进了征收任务的完成。桥东区局建立了社保费征缴档案库,平山县局、藁城市局等单位与社保部门实行了合署办公。一分局对自然人社保费实现了税银联网征缴。

此例"面"是全局,"点"是"桥东区局""平山县局、藁城市局等单位""一分局"。

(二) 文外写作规律

南宋著名诗人陆游在《示子遹》中写道:"汝果欲学诗,功夫在诗外。"这两句看似浅显的诗句,却道出了写作的奥秘。"诗外",推而广之就是"文外"。"文外"是一个模糊概念,包括的内容极其丰富。这里,只强调两个问题:头脑和生活。

1. 头脑

关于头脑,编者最看重两个问题:一是存储与记忆,二是思考与思路。

能否写好应用文,关键是看作者向自己的头脑里输入了多少信息,换句话说就是看作者头脑里存储了多少信息、记住了多少信息。头脑里存储和记住的信息越多,写作就越得心应手;反之,头脑里空空如也,没有存储多少信息,写作必将举步维艰。

作者向自己的头脑里输入的信息,不能原封不动地输出。原封不动地输出,那是"鹦鹉学舌"。输出的信息要想与众不同,"发前人之所未发",就必须在已输入的前人信息的基础上不断地思考,然后将思考的结果作为新信息不断地存储在头脑里,而这种"新信息"才弥足珍贵。所以,思考很重要。思路是作者把零散杂乱的材料经过分析和综合,经过"肯定—否定—肯定"的过程之后梳理而成的具有条理性的思维轨迹。有人问:"什么是写作?"有一学者答:"写作就是把思路写出来。"所以,思路很重要。

2. 生活

要想写好应用文,在日常生活中就要做到"三多":多看(观察、阅读)、多听、多想。多看和多听是输入信息,多想是处理信息。

三、应用写作的要求

应用写作的要求也有很多。对于党政机关的法定公文来说,这些要求主要有以下七个方面:

第一,符合国家法律、法规和党的路线、方针、政策,完整、准确地体现发文机关意图,并同现行有关公文相衔接。

第二,一切从实际出发,分析问题实事求是,所提政策措施和办法切实可行。

第三,内容简洁,主题突出,观点鲜明,结构严谨,表述准确,文字精练。

第四,文种正确,格式规范。

第五,深入调查研究,充分进行论证,广泛听取意见。

第六,公文涉及其他地区或者部门职权范围内的事项,起草单位必须征求相关地区或者部门意见,力求达成一致。

第七,机关负责人应当主持、指导重要公文起草工作。

教学视频

教学音频

第一编

通用公文——法定公文

第二章　法定公文概述

[知识讲授]

一、法定公文的定义

法定公文有广义、中义和狭义三种。广义的法定公文泛指我国内地现行法律、法规、规章和公文处理规范性文件所确定的公文；中义的法定公文专指我国现行的公文处理规范性文件所确定的公文；狭义的法定公文特指我国现行的《党政机关公文处理工作条例》所确定的公文。

我国现行的公文处理规范性文件给公文下的定义分别是：

《党政机关公文处理工作条例》："党政机关的公文是党政机关实施领导、履行职能、处理公务的具有特定效力和规范格式的文书，是传达贯彻党和国家的方针政策，公布法规和规章，指导、布置和商洽工作，请示和答复问题，报告、通报和交流情况等的重要工具。"

《人大机关公文处理办法》："人大机关的公文，是人大及其常委会在依法行使各项职权过程中形成的具有特定效力和规范格式的文书，是发布法律、地方性法规、决定、决议、公告，指导、布置和商洽工作，请示和答复问题，报告和交流情况的重要工具。"

《军队机关公文处理工作条例》："军队机关公文是军队机关处理公务的具有特定效力和规范体式的文书，是军队机关履行职能的重要工具。"

《人民检察院公文处理办法》："人民检察院公文（包括纸质公文、电子公文和传真电报）是人民检察院实施领导、履行职能、处理公务的具有特定效力和规范体式的文书，是传达贯彻党和国家的方针政策，执行国家法律，发布司法解释，部署、指导和商洽工作，请示和答复问题，报告、通报和交流情况等的重要工具。"

《人民法院公文处理办法》："人民法院的公文（包括电子公文和传真电报）是人民法院在审判执行工作和司法行政工作过程中形成的具有特定效力和规范体式的公务文书，是传达贯彻党的路线、方针、政策，执行国家法律，发布司法解释，指导、部署和商洽工作，请示和答复问题．报告、通报和交流情况等的重要工具。"

《全国总工会机关公文处理办法》没有给出工会机关公文的定义。

这些公文的定义都是"法定"的。综合以上各机关给出的本机关的公文的定义，本书给出一个法定公文的定义：公文是指各机关在公务活动中形成的具有特定效力和规范格式的文书。它是各机关处理公务的重要工具。

二、法定公文的种类

《党政机关公文处理工作条例》规定：党政机关公文种类主要有决议、决定、命令（令）、公报、公告、通告、意见、通知、通报、报告、请示、批复、议案、函、纪要，共15种。

《人大机关公文处理办法》规定：人大机关的公文种类主要有公告，决议，决定，法、条例、规则、实施办法，议案，建议、批评和意见，请示，批复，报告，通知，通报，函，意见，会议纪要等，共 14 类 19 种。

《军队机关公文处理工作条例》规定：军队机关公文种类主要有命令、通令、决定、指示、通知、通报、报告、请示、批复、函、通告、纪要，共 12 种。

《人民检察院公文处理办法》规定：人民检察院公文种类主要有决定、命令(令)、公告、通告、意见、通知、通报、报告、请示、批复、议案、函、纪要，共 13 种。

《人民法院公文处理办法》规定：人民法院公文的种类主要有决议、决定、命令(令)、公告、通告、意见、通知、通报、报告、请示、批复、议案、函、纪要，共 14 种。

《全国总工会机关公文处理办法》规定：工会机关公文的种类有报告、请示、决定、决议、通知、通报、批复、函、会议纪要，加上《中华全国总工会办公厅关于〈全国总工会机关公文处理办法〉的补充规定》补充的四种——指示、意见、规定、条例，共 13 种。

各机关现行法定公文的种类如表 2.1 所示。

表 2.1 各机关现行法定公文的种类

序号	党政机关（15 种）	人大机关（14 类 19 种）	军队机关（12 种）	检察机关（13 种）	审判机关（14 种）	工会机关（13 种）
1	决议	决议			决议	决议
2	决定	决定	决定	决定	决定	决定
3	命令(令)		命令	命令(令)	命令(令)	
4	公报					
5	公告	公告		公告	公告	
6	通告		通告	通告	通告	
7	意见	意见		意见	意见	意见
8	通知	通知	通知	通知	通知	通知
9	通报	通报	通报	通报	通报	通报
10	报告	报告	报告	报告	报告	报告
11	请示	请示	请示	请示	请示	请示
12	批复	批复	批复	批复	批复	批复
13	议案	议案		议案	议案	
14	函	函	函	函	函	函
15	纪要	会议纪要	纪要	纪要	纪要	会议纪要
16		法				
17		条例				条例
18		规则				
19		实施办法				
20		建议				
21		批评				
22		意见(名称重复)				
23			通令			
24			指示			指示
25						规定

上述六类机关共有法定公文 25 种。其中，六类机关通用的有 8 种——决定、通知、通

报、报告、请示、批复、函、纪要（会议纪要），五类机关通用的有 1 种——意见，四类机关通用的有 5 种——决议、命令（令）、公告、通告、议案，两类机关通用的有 2 种——条例、指示，一类机关使用的有 9 种——公报、法、规则、实施办法、建议、批评、意见（名称重复）、通令、规定。

本书重点介绍党政机关的 15 种法定公文。

三、法定公文的格式

初学公文写作者，习惯于模仿上级机关的公文，或模仿应用写作类著作所提供的例文，结果常常"以讹传讹"。编者呼吁，法定公文写作一定要树立这样的理念：不唯书，不唯上，只唯法。这个"法"就是我国现行公文处理规范性文件和有关国家标准。凡符合我国现行公文处理规范性文件和有关国家标准的，就是合法的；否则，就是违法的。

（一）党政机关法定公文格式

《党政机关公文处理工作条例》第十条规定，公文的版式按照《党政机关公文格式》国家标准执行。

《党政机关公文格式》国家标准规定，公文有两种格式：一种是一般格式（常用格式、通用格式），包括单一行文格式和联合行文格式；另一种是特定格式，包括信函格式、命令（令）格式和纪要格式。此外，公报、公告、通告等与一般格式也不完全一样。

1. 一般格式

公文的一般格式涉及六个问题：① 公文用纸主要技术指标；② 公文用纸幅面尺寸及版面要求；③ 印制装订要求；④ 公文格式各要素编排规则；⑤ 公文中的横排表格；⑥ 公文中计量单位、标点符号和数字的用法。

（1）公文用纸主要技术指标。

① 纸张定量。

纸张定量是指每平方米纸张的重量。这一指标决定了纸张的厚度与密度。公文用纸的纸张定量一般为 $60g/m^2 \sim 80g/m^2$ 的胶版印刷纸或复印纸。纸张定量低于 $60g/m^2$，不庄重，影响公文的权威性；纸张定量高于 $80g/m^2$，太奢华，造成不必要的浪费。

② 纸张白度。

纸张白度是指纸张洁白的程度。这一指标与字迹的清晰程度有关系。公文用纸的纸张白度为 80%～90%。纸张白度低于 80%，纸张发黑，不庄重；纸张白度高于 90%，纸张发白，反光晃眼，容易造成视觉疲劳。

③ 纸张横向耐折度。

纸张横向耐折度是指纸张在一定张力下承受 180°往复折叠的次数。公文用纸的纸张横向耐折度要≥15 次。纸张横向耐折度低于 15 次，纸张太脆，缺乏一定的韧性，不利于公文的传阅和保存。

④ 纸张不透明度。

纸张不透明度是指纸张透光程度。公文用纸的纸张不透明度要≥85%。公文需双面印刷，若纸张不透明度低于 85%，则文字会相互荫透，看上去花乱，影响阅读。

⑤ 纸张 pH 值。

纸张 pH 值是指纸张的酸碱度。公文用纸的纸张 pH 值为 7.5～9.5，低于这一指标，即呈酸性,纸张易泛黄,不利于公文的长期保管和利用。

(2) 公文用纸幅面尺寸及版面要求。

① 幅面尺寸。

公文用纸采用《印刷、书写和绘图纸幅面尺寸》(GB/T148—1997)中规定的 A4 型纸。其成品幅面尺寸为:210mm×297mm。

特殊形式的公文用纸幅面,根据实际需要确定。

② 版面。

A. 页边与版心尺寸。

公文用纸的天头(上白边)为 37mm±1mm,右白边为 26mm±1mm。

订口(左白边)为 28mm±1mm,版心尺寸为 156mm×225mm。据此,可算出下白边为 35mm±1mm,详见附录 2《党政机关公文格式》中的图 1。

B. 字体和字号。

如无特殊说明,公文格式各要素一般用 3 号仿宋体字。特定情况可以做适当调整。

C. 行数和字数。

一般每面排 22 行,每行排 28 个字,并撑满版心。特定情况可以做适当调整。

行是标示公文中纵向距离的长度单位。一行是指一个汉字的高度加 3 号汉字高度的 7/8 的距离。"一个汉字的高度",取决于公文要素应当使用的字号。以正文用 3 号仿宋体字为例,3 号字字高约为 5.54mm,一行的高度(3 号字字高加 3 号字字高的 7/8)约为 10.39mm。版心高度为 225mm,两者相除,能排 22 行。"撑满版心"的含义是:公文的第一行字上靠版心上边缘,最后一行字下沉版心下边缘。确切地说,公文每面是由 22 行 3 号仿宋体字加 21 个行距组成的。

字是标示公文中横向距离的长度单位。一字是指一个汉字宽度的距离。"一个汉字宽度",取决于公文要素应当使用的字号。以正文用 3 号仿宋体字为例,3 号字字宽约为 5.54mm,28 个字的总宽度约为 155.12mm,"撑满版心"即为 156mm。

D. 文字的颜色。

如无特殊说明,公文中文字的颜色均为黑色。

(3) 印刷装订要求。

① 制版要求。

版面干净无底灰,字迹清楚无断划,尺寸标准,版心不斜,误差不超过 1mm。

② 印刷要求。

双面印刷;页码套正,两面误差不超过 2mm。

黑色油墨应当达到色谱所标 BL100%,红色油墨应当达到色谱所标 Y80%,M80%。

印品着墨实,均匀;字面不花、不白、无断划。

③ 装订要求。

公文应当左侧装订,不掉页,两页页码之间误差不超过 4mm,裁切后的成品尺寸允许误差±2mm,四角成 90°,无毛茬或缺损。

骑马订或平订的公文:订位为两钉外订眼距版面上下边缘各 70mm 处,允许误差±4mm;无坏钉、漏钉、重钉,钉脚平伏牢固;骑马订钉锯均订在折缝线上,平订钉锯与书脊间的距离为 3mm~5mm。

包本装订公文的封皮(封面、书脊、封底)与书芯应吻合、包紧、包平、不脱落。

(4) 公文格式各要素编排规则。

《党政机关公文处理工作条例》第九条规定,公文一般由份号、密级和保密期限、紧急程度、发文机关标志、发文字号、签发人、标题、主送机关、正文、附件说明、发文机关署名、成文日期、印章、附注、附件、抄送机关、印发机关和印发日期、页码等组成。此外,还涉及分隔线、二维条码等,共20个要素。

《党政机关公文格式》国家标准规定,本标准将版心内的公文格式各要素划分为版头、主体、版记三部分。公文首页红色分隔线以上的部分称为版头;公文首页红色分隔线(不含)以下、公文末页首条分隔线(不含)以上的部分称为主体;公文末页首条分隔线以下、末条分隔线以上的部分称为版记。版头包括份号、密级和保密期限、紧急程度、发文机关标志、发文字号和签发人六个要素;主体包括标题、主送机关、正文、附件说明、发文机关署名、成文日期、印章、附注、附件九个要素;版记包括抄送机关、印发机关和印发日期两个要素;本书将页码、分隔线、二维条码三个要素列入"其他"。版头好比公文之"头",主体好比公文之"身",版记好比公文之"脚"。

① 版头。

A. 份号。

份号是公文印制份数的顺序号。

规则:涉密公文应当标注份号;如果发文机关认为有必要,非涉密公文也可以标注份号。标注份号的目的是为了掌握每一份公文的去向,防止遗漏或丢失。份号一般用6位阿拉伯数字;特殊情况,也可用3~5位阿拉伯数字。

位置:版心左上角第一行,居左顶格。

字号字体:一般用3号阿拉伯数字,字体未做统一规定。

B. 密级和保密期限。

密级和保密期限是公文的秘密等级和保密的期限。

规则:涉密公文应当根据涉密程度分别标注"绝密""机密""秘密"和保密期限。保密期限中的数字用阿拉伯数字标注。1990年10月6日国家保密局、国家技术监督局制定的《国家秘密文件、资料和其他物品标志的规定》规定:书面形式的密件,其国家秘密的标识为"★","★"前标密级,"★"后标保密期限。

位置:版心左上角第二行,居左顶格。若既标密级又标保密期限,则密级"×密"和保密期限"×年"两字之间不空字;若只标密级不标保密期限,则密级"×密"两字之间空一字。

字号字体:一般用3号黑体字。

C. 紧急程度。

紧急程度是公文送达和办理的时限要求。

规则:根据紧急程度,紧急公文应当分别标注"特急""加急",电报应当分别标注"特提""特急""加急""平急"。

位置:版心左上角,居左顶格。若既无份号又无密级和保密期限,则紧急程度编排在第一行;若既有份号又有密级和保密期限,则紧急程度编排在第三行。若既标密级又标保密期限,即密级"×密"和保密期限"×年"两字之间不空字,则紧急程度"特急"或"加急"两字之间也不空字;若只标密级不标保密期限,即密级"×密"两字之间空一字,则紧急程度"特急"或"加急"两字之间也空一字。

字号字体:一般用3号黑体字。

D. 发文机关标志。

发文机关标志是显示公文法定作者的要素。

构成:由发文机关全称或者规范化简称加"文件"二字组成,也可以使用发文机关全称或者规范化简称。联合行文时,可以并用联合发文机关名称,也可以单独用主办机关名称。

规则:单一行文的发文机关标志可事先大批印制。联合行文时,如需同时标注联署发文机关名称,一般应当将主办机关名称排列在前;如有"文件"二字,应当置于发文机关名称右侧,以联署发文机关名称为准上下居中排布。

位置:居中排布,发文机关标志上边缘至版心上边缘为35mm。35mm就是三行多的距离,恰好可以标注份号、密级和保密期限、紧急程度。

字号字体:推荐使用小标宋体字(楷体、隶书、魏碑等带有书法艺术的成分,不够庄重)。字号以醒目、美观、庄重为原则,最大不能超过上级机关,字少的情况下尽量拉宽字间距,字多的情况下尽量压缩字间距。

颜色:红色。所以此类公文俗称"红头文件"。

E. 发文字号。

发文字号是公文的"身份标志",可简称文号。标注文号的目的是便于公文的登记、引用、查询和整理归档。

构成:由发文机关代字、年份、发文顺序号组成。例如,"中办发〔2016〕1号","中办发"是发文机关代字,"〔2016〕"是年份,"1号"是发文顺序号。

规则:联合行文时,使用主办机关的发文字号。发文机关代字要规范,尽量选用能反映职能特征且与其他机关不重复的字,长期固定使用,字数不宜过多,不必加"字"字。发文机关代字后加"办"的,代表发文机关的办公部门;加"发"的,用于普发性下行文;加"函"的,用于部分(或个别)机关受文的下行文或平行文;既不加"发"也不加"函"的,用于上行文。年份、发文顺序号用阿拉伯数字标注;年份应标全称,用六角括号"〔 〕"括入,不要用圆括号"( )"、方括号"[ ]"或方头括号"【 】"括入(因为这涉及文号的引用问题);发文顺序号不加"第"字,不编虚位(即1不编为01),在阿拉伯数字后加"号"字。

位置:发文机关标志下空二行。下行文和平行文,居中排布;上行文,左空一字,与最后一个签发人姓名处在同一行。

F. 签发人。

签发人是发文机关的主要负责人(正职或主持全面工作的负责人)。

规则:上行文应当标注签发人姓名。标注签发人的目的是便于上级机关负责人了解下级机关谁对上报的事项负责。此项由"签发人"三字加全角冒号和签发人姓名组成。如有多个签发人,签发人姓名按照发文机关的排列顺序从左到右、自上而下依次均匀编排,一般每行排两个姓名,回行时与上一行第一个签发人姓名对齐;相邻两个签发人姓名之间空一字,不加标点符号。签发人姓名为两个字的,两字之间空一字。

位置:发文机关标志下空二行,右空一字。

字号字体:"签发人"三字用3号仿宋体字,签发人姓名用3号楷体字。

② 主体。

A. 标题。

标题是对公文主要内容的概括和揭示。

规则:由发文机关名称、事由和文种组成。发文机关名称可用发文机关全称或者规范化简称。三个和三个以下机关联合行文时,应列出所有发文机关的名称,相邻两个发文机关名称之间空一字,不加标点符号;四个和四个以上机关联合行文时,可以采用排列在前的发文机关名称加"等"的方式。事由一般由"关于……的"构成;其间若出现多个机关、人名等并列时,应用顿号分开,不使用空格。全文引用法规、规章、规章名称,应加书名号。此外,标题中还可用顿号、括号、引号、破折号等。标题可分一行或多行排布;回行时,要做到词意完整(如"经济发展环境"是一个词组,不宜分成两行),排列对称,长短适宜,间距恰当;标题排列应当使用梯形或菱形。

位置：红色分隔线下空二行（为保证公文首页显示正文，可下空一行或不空行），居中排布。

字号字体：一般用2号小标宋体字。

B. 主送机关。

主送机关是公文的主要受理机关。

规则：应当使用机关全称、规范化简称或者同类型机关统称。上行文，原则上只能有一个主送机关。下行文和平行文，主送机关较多，按重要程度排列。同类机关名称之间标全角顿号，不同类机关名称之间标全角逗号，最后一个机关名称后标全角冒号。如主送机关名称过多导致公文首页不能显示正文时，应当将主送机关名称移至版记，标注方法同抄送机关。普发性公文、会议通过的公文等，不标主送机关。

位置：标题下空一行，居左顶格，回行时仍顶格。

C. 正文。

正文是公文的主体，用来表述公文的内容。

规则：公文首页必须显示正文。公文首页不显示正文，是不严肃的事情，且容易产生假冒公文。以下几种情况，有可能致使公文首页无法显示正文：联合行文的机关过多、签发人过多、标题过长、主送机关过多。文中结构层次序数依次可以用"一、""（一）""1.""（1）"标注。每个自然段左空二字，回行顶格。一组完整的数字不能回行。引用公文，应该先引标题后引文号，如"根据中共中央办公厅国务院办公厅关于印发《党政机关公文处理工作条例》的通知（中办发〔2012〕14号）要求"等。

位置：主送机关名称下一行。

字号字体：一般用3号仿宋体字。文中结构层次序数一般第一层用黑体字，第二层用楷体字，第三层和第四层用仿宋体字标注。

D. 附件说明。

附件说明是公文附件的顺序号和名称。

规则：编排"附件"二字，后标全角冒号和附件名称；如有多个附件，使用阿拉伯数字标注附件顺序号（如"附件：1.××××"）。附件名称较长需回行时，应当与上一行附件名称的首字对齐。附件名称后不加标点符号，附件名称本身不加书名号。公布令、批转（转发、印发）通知，不标注附件说明。

位置：正文下空一行，左空二字。

E. 发文机关署名。

发文机关署名是公文生效的标志之一。

规则：署发文机关全称或者规范化简称。会议通过的公文，不属发文机关名称。

位置：加盖印章的公文，单一行文时，一般在成文日期之上，以成文日期为准居中编排发文机关署名；联合行文时，一般将各发文机关署名按照发文机关顺序整齐排列在相应位置，并将印章一一对应（横排）。不加盖印章的公文，单一行文时，在正文（或附件说明）下空一行右空二字编排发文机关署名；联合行文时，在正文（或附件说明）下空一行右空二字先编排主办机关署名，其余发文机关署名依次向下编排（竖排）。

F. 成文日期。

成文日期是公文生效的标志之一。

规则：署会议通过或者发文机关负责人签发的日期。联合行文时，署最后签发机关负责人签发的日期。用阿拉伯数字将年、月、日标全，年份应标全称，月、日不编虚位（即1不编为01)。

位置：加盖印章或签发人签名章的公文，一般在发文机关署名下一行或在签发人签名章下空一行右空四字编排。不加盖印章的公文，在发文机关署名下一行编排成文日期，首字比发文机关署名首字右移二字；如成文日期长于发文机关署名，应当使成文日期右空二字编排，并相应增加发文机关署名右空字数。会议通过的公文，成文日期加括号居中编排在标题之下。

G. 印章（含签发人签名章）。

印章是公文生效的标志之一。签发人签名章属于印章的一种特殊形式，以机关负责人的名义制发的公文[如命令(令)、议案等]，需加盖签发人签名章，并冠以职务名称。

规则：公文中有发文机关署名的，应当加盖发文机关印章，并与署名机关相符。有特定发文机关标志的普发性公文和电报可以不加盖印章。会议通过的公文、没有发文机关署名和成文日期的纪要，不加盖印章。公文中不得出现空白印章，印章应端正。联合行文时，印章之间应排列整齐，互不相交或相切，每排印章两端不得超出版心。

位置：a. 印章。单一行文时，印章居中下压发文机关署名和成文日期(下套方式)，使发文机关署名和成文日期居印章中心偏下位置，印章顶端应当上距正文(或附件说明)一行之内；联合行文时，印章居中下压发文机关署名，最后一个印章居中下压发文机关署名和成文日期(下套方式)，首排印章顶端应当上距正文(或附件说明)一行之内。b. 签发人签名章。单一行文加盖签发人签名章时，在正文(或附件说明)下空二行右空四字加盖签发人签名章，签名章左空二字标注签发人职务，以签名章为准上下居中排布。联合行文加盖签发人签名章时，应当先编排主办机关签发人职务、签名章，其余机关签发人职务、签名章依次向下编排，与主办机关签发人职务、签名章上下对齐，每行只编排一个机关的签发人职务、签名章；签发人职务应当标注全称。

颜色：红色。

特殊情况说明：当公文排版后所剩空白处不能容下印章或签发人签名章、成文日期时，可以采取调整行距、字距的措施解决；若出现采取调整行距、字距的措施仍无法解决的极特殊情况，也可以采取转到空白页，并在空白页第一行加圆括号顶格标注"此页无正文"的方法。

H. 附注。

附注是公文印发传达范围等需要说明的事项。例如，"此件发至县团级""此件可登党刊""此件公开发布""文中所有统计数字，截至××××年××月××日""文中所述三年以上，含三年"等。

规则：若是请示，则应在附注处注明联系人及联系电话，写成"联系人：×××，联系电话：××××××××"。对公文中名词术语的解释，一般采用句内括注或句外括注的办法解决，不列入附注。

位置：成文日期下一行，左空二字，加圆括号。

I. 附件。

附件是公文正文的说明、补充或者参考资料。正文中有一些内容，如图表、名单、规定等，如穿插在正文中，往往容易隔断前后意思的联系而造成阅读上的不便，这时需要将其从正文中抽出而作为公文的附件单独表述。附件是正文内容的组成部分，与正文具有同等效力。有的内容表面看起来像附件，而实际是正文，如公布令、批转(转发、印发)通知。

规则：附件应当另面编排，并在版记之前，与公文正文一起装订。附件顺序号和附件标题应当与附件说明的表述一致。如附件与正文不能一起装订，应当在附件左上角第一行顶格编排公文的发文字号,并在其后标注"附件"二字及附件顺序号。附件格式要求同正文。

位置:"附件"二字及其顺序号编排在版心左上角第一行,居左顶格;附件标题编排在版心第三行,居中排布。

字号字体:"附件"二字及其顺序号用3号黑体字。

③ 版记。

A. 抄送机关。

抄送机关是除主送机关外需要执行或者知晓公文内容的其他机关。

规则:"抄送"二字后加全角冒号和抄送机关名称,回行时与冒号后的首字对齐。应当使用机关全称、规范化简称或者同类型机关统称。一般按上级机关、同级机关、下级机关,并按党委、人大、政府、政协、军队、法院、检察院、群众团体、民主党派、事业单位、企业单位的顺序排列。同类机关名称之间标全角顿号,不同类机关名称之间标全角逗号,最后一个机关名称后标全角句号。如需把主送机关移至版记,除将"抄送"二字改为"主送"外,编排方法同抄送机关。既有主送机关又有抄送机关时,应当将主送机关置于抄送机关之上一行,之间不加分隔线。

位置:印发机关和印发日期上一行,左右各空一字。

字号字体:一般用4号仿宋体字。

B. 印发机关和印发日期。

印发机关和印发日期是公文的送印机关和送印日期。

规则:用阿拉伯数字将年、月、日标全,年份应标全称,月、日不编虚位(即1不编为01),后加"印发"二字。印发机关写成"×××办公厅""×××办公室""×××局秘书科"等。

位置:末条分隔线之上,印发机关左空一字,印发日期右空一字。

字号字体:一般用4号仿宋体字。

特殊情况说明:版记中如有其他要素,应当将其与印发机关和印发日期用一条细分隔线隔开。如有翻印机关和翻印日期,编排方法同印发机关和印发日期,翻印日期后加"翻印"二字。

④ 其他。

A. 页码。

页码是公文页数顺序号。标注页码的目的是为了方便公义的印制、装订、查阅、检索和统计,也有助于公文的防伪。

规则:用阿拉伯数字,数字左右各放一条一字线。公文的版记页前有空白页的,空白页和版记页均不编排页码。A3纸一个折页共四面,版记页前最多会出现三个空白页。公文的附件与正文一起装订时,页码应当连续编排。

位置:版心下边缘之下,一字线上距版心下边缘7mm,单页码居右空一字,双页码居左空一字。

字号字体:一般用4号半角宋体。

B. 分隔线。

分隔线是划分版头、主体、版记三个部分和版记各要素的线段。分隔线分为版头中的分隔线(首页分隔线)和版记中的分隔线两种。

规则:版头中的分隔线和版记中的分隔线均与版心等宽。版头中的分隔线根据发文机关标志的字号事先印制(推荐高度为0.35mm～0.5mm);版记中的首条分隔线和末条分隔线用粗线(推荐高度为0.35mm),中间的分隔线用细线(推荐高度为0.25mm)。

位置:版头中的分隔线位于发文字号之下4mm处居中。版记中的首条分隔线位于版记中第一个要素之上,末条分隔线与公文最后一面(封底)的版心下边缘重合。

颜色:版头中的分隔线为红色。版记中的分隔线为黑色。

C. 二维条码。

二维条码是包含公文基本信息,对公文进行基本描述的二维数据载体。采用二维条码的目的是为了提高公文运转效率,提高公文登记录入的准确率,以及提高公文管理水平。

规则:可在制发公文时印刷或者粘贴。二维条码不作为公文的必备要素(因需专用设备,且有可能被其他信息识别技术取代),有条件的机关可采用,但上报中共中央办公厅和国务院办公厅的公文必须采用。二维条码的尺寸为:宽50mm,高大于 10mm 小于 25mm。

位置:版记页版心下边缘右下侧,二维条码上边缘距版心下边缘 3mm,二维条码右边缘距版心右边缘 5mm。

(5) 公文中的横排表格。

A4 纸型的表格横排时,页码位置与公文其他页码保持一致,单页码表头(表格顶端标题行的俗称)在订口一边,双页码表头在切口一边。

(6) 公文中计量单位、标点符号和数字的用法。

《党政机关公文处理工作条例》第十一条规定:"公文使用的汉字、数字、外文字符、计量单位和标点符号等,按照有关国家标准和规定执行。民族自治地方的公文,可以并用汉字和当地通用的少数民族文字。"

2. 特定格式

(1) 信函格式。

① 发文机关标志。

发文机关标志使用发文机关全称或者规范化简称。联合行文时,使用主办机关标志。此项应居中排布,上边缘至上页边 30mm。推荐使用红色小标宋体字,字号由发文机关酌定。

② 红色双线。

发文机关标志下 4mm 处印一条红色双线(上粗下细),距下页边 20mm 处印一条红色双线(上细下粗),线长均为 170mm(版心宽 156mm),居中排布。第二条红色双线上一行如有文字,与该线的距离为 3 号汉字高度的 7/8。

③ 份号、密级和保密期限、紧急程度。

在第一条红色双线下,按照份号、密级和保密期限、紧急程度的顺序自上而下分行排列,第一个要素与第一条红色双线的距离为 3 号汉字高度的 7/8,居左顶格。

④ 发文字号。

发文字号在第一条红色双线下,与第一条红色双线的距离为 3 号汉字高度的 7/8,居右顶格。

⑤ 标题。

标题居中排布,与其上最后一个要素相距二行。

⑥ 版记。

版记不加印发机关和印发日期、分隔线。如有抄送机关,位于公文最后一面版心内最下方。

⑦ 页码。

首页不显示页码。其他与一般格式相同。

(2) 命令(令)格式。

详见本书第五章"命令(令)"。

（3）纪要格式。

纪要格式可以根据实际制定。详见本书第十七章"纪要"。

（二）人大机关法定公文格式

《人大机关公文处理办法》第七条规定，人大机关的公文，一般由秘密等级和保密期限、紧急程度、发文机关标识、发文字号、签发人、标题、主送机关、正文、附件、发文机关署名、成文日期、印章、主题词、抄送机关、印制版记等部分组成。

1. 秘密等级和保密期限

涉密公文应当根据涉密程度用3号黑体字分别标明"绝密""机密""秘密"。此项应位于首页右上角顶格第1行，秘密等级两字之间空1字，秘密等级与保密期限之间用"★"隔开。

"绝密""机密"级公文还应当用阿拉伯数码（半角）标明份数序号，位于首页左上角顶格第1行。

2. 紧急程度

紧急公文应当根据紧急程度分别标明"特急件""急件"，紧急电报应根据紧急程度分别标明"特提""特急""加急""平急"。此项应用3号黑体字，位于首页右上角顶格第1行，两字之间空1字；如需同时标识秘密等级与紧急程度，则紧急程度位于右上角顶格第2行。

3. 发文机关标识

发文机关标识即版头，由发文机关全称或者规范化简称组成，也可以由发文机关全称或者规范化简称加"文件"组成。联合行文时，主办机关名称应当排列在前，或者按照规范顺序排列。此项应用红色宋体字，一般应小于22mm×15mm。联合行文机关过多时，必须保证公文首页显示正文。

4. 发文字号

发文字号由发文机关代字、年份、序号组成。此项应用3号仿宋体字，位于发文机关标识之下红色横线之上居中处。联合发文时，只标明主办机关发文字号。横线中央不嵌五星。年份、序号用阿拉伯数字（半角）；年份由四位数字组成，用六角括号"〔〕"括入；序号不编虚位（即1不编为01或001），不加"第"字。联合发文时，只标明主办机关发文字号。外事公文按照外交部门的要求办理。

5. 签发人

上报公文应当在发文字号右侧标注"签发人"，由发文机关的领导审批签字。此项应用3号仿宋体字，平行排列于发文字号右侧，签发人姓名居右空1字。

6. 标题

标题应当准确简要地概括公文的主要内容，并标明公文的种类。此项应由发文机关全称（或者规范化简称）、主要内容和文种组成，也可以由主要内容和文种组成；用2号（或小2号）标宋体字；位于红色横线之下居中处；可分一行或多行居中排列，回行时，要做到词意完整，排列对称，间距恰当。

7. 主送机关

主送机关是指主要受理公文的机关。此项应当用全称或者规范化简称，用3号仿宋体字，位于标题下空1行左侧顶格，回行仍顶格。

8. 正文

正文是公文的主体,用来表述公文的内容。正文应用 3 号仿宋体字,位于主送机关名称之下,左空 2 字,回行顶格。在正文中,数字、年份中间不能回行,文中小标题,按结构层次,第一层用 3 号黑体字,第二层用 3 号楷体字。

9. 附件

公文如有附件,应当注明附件顺序号和名称。此项应用 3 号仿宋体字,位于正文之下空一行左空 2 字。序号使用阿拉伯数码(如"附件:1.×××××");附件名称后不加标点符号,回行第 1 字应排列在序号后。一般应将附件与公文正文一起装订,并在附件首页左上角第 1 行顶格标识"附件"字样。

10. 发文机关署名

发文机关署名应当写全称或者规范化简称,用 3 号仿宋体字,位于正文或附件之下,右空 4 字。

11. 成文日期

成文日期应当以领导签发的日期为准;联合行文,以最后签发机关领导的签发日期为准;电报应当以发出日期为准。此项应用 3 号仿宋体字,用阿拉伯数字,位于发文机关署名之下,右空 2 字。

12. 印章

公文中有发文机关署名的(含联合发文),应当加盖发文机关印章。加盖印章页必须有正文,不得采取"此页无正文"的方法处理;印章与正文不同处于一面时,可采取调整行距、字距的方法加以处理。印章必须与署名相符。印章下压发文机关署名与成文日期居中处。

13. 主题词

主题词的标注,应当符合公文主题词标注的各项规则。"主题词"三字用 3 号黑体字,主题词词目用 3 号标宋体字,位于末页抄送单位之上左顶格。主题词词目之间空 1 字,后标全角冒号。

14. 抄送单位

抄送单位是指除主送机关以外的其他需要告知的上下级、同级或不相隶属机关。此项应用 3 号仿宋体字,位于末页主题词之下 1 行,左空 1 字,后标全角冒号;抄送单位之间用顿号隔开,回行时与冒号后的抄送单位对齐;在最后一个抄送单位后标句号。

15. 印制版记

印制版记由公文制发机关名称、印发日期组成。此项用 3 号仿宋体字,位于末页抄送单位和黑色横线之下(无抄送单位时,则位于末页下端)。制发机关名称左空 1 字,印发日期右空 1 字。印发日期以公文付印的日期为准,用阿拉伯数字(半角)。

16. 公文用纸

公文用纸一般为 A4 型(210mm×297mm),每页 22 行,每行 28 字,左侧装订。

(三) 军队机关法定公文格式

《军队机关公文处理工作条例》第九条规定,军队机关公文格式一般由下列要素组成。

1. 份号

份号，即公文印制份数的顺序号。涉密公文应当标注份号。

2. 密级

密级，即公文的秘密等级。涉密公文应当根据涉密程度分别标注"绝密·核心""绝密""机密""秘密"。

3. 紧急程度

紧急公文应当根据紧急程度分别标注"特急""加急"。

4. 发文机关标志

发文机关标志由发文机关全称或者规范化简称加"文件"二字组成，也可以使用发文机关全称或者规范化简称。联合行文时，各联署机关名称通常按照编制序列排列。

5. 发文字号

发文字号由发文机关代字、年份、顺序号组成。联合行文时，使用主办机关发文字号。

6. 签发人

上行文应当标注签发人姓名。

7. 标题

标题通常由事由和文种组成。

8. 主送机关

主送机关，即公文的受理机关，应当使用机关全称、规范化简称或者同类型机关统称。

9. 正文

正文是公文的主体，用来表述公文的内容。正文如有附件，应标注附件说明。附件说明包括附件顺序号和附件名称。

10. 无正文说明

此项应在公文署名页没有正文时标注。

11. 署名

发文机关署名署全称或者规范化简称，联合行文时由各联署机关按照发文机关标志中的顺序署名。首长署名署职务。

12. 成文日期

此项应署公文审批签发完毕的日期或者会议通过的日期。

13. 印章

此项应加盖与公文署名相符的机关印章或者首长名章（签名章）。

14. 附注

此项应标明公文印发传达范围等需要说明的事项。

15. 附件

附件是指公文正文的说明、补充或者参考资料。

16. 抄送机关

抄送机关，即需要知晓公文内容的其他机关，应当使用机关全称、规范化简称或者同类型机关统称。

17. 印制份数

印制份数，即公文的印制数量。

18. 承办说明

承办说明包括公文的承办单位、联系人和电话。公文需要联系办理的，应当标注承办说明。

19. 印发机关和印发日期

印发机关和印发日期，即公文的送印机关和送印日期。

20. 页码

页码，即公文页数顺序号。

《军队机关公文处理工作条例》第十条第一段规定，军队机关公文用纸幅面采用国际标准 A4 型。特殊形式的公文用纸幅面，根据实际需要确定。第二段规定，军队机关公文版式按照国家军用标准《军队机关公文格式》执行。

《军队机关公文处理工作条例》第十一条第一段规定，军队机关公文使用的汉字、数字、外文字符、计量单位和标点符号等，按照国家有关标准和规定执行。第二段规定，驻民族自治地区部队的机关公文，可以根据需要并用汉字和驻地通用的少数民族文字。

（四）检察机关法定公文格式

《人民检察院公文处理办法》第十一条规定，人民检察院公文版式按照《党政机关公文格式》国家标准执行。

1. 公文用纸、版面及印制要求

（1）用纸技术指标。

公文用纸一般使用纸张定量为 $60g/m^2 \sim 80g/m^2$ 的胶版印刷纸或复印纸，纸张白度 $80\% \sim 90\%$，纸张横向耐折度 $\geqslant 15$ 次，纸张不透明度 $\geqslant 85\%$，纸张 pH 值为 $7.5 \sim 9.5$。

（2）幅面及版心尺寸。

公文用纸幅面采用国际标准 A4 型纸，其成品幅面尺寸为 210mm×297mm。天头（上白边）为 37mm±1mm，订口（左白边）为 28mm±1mm，版心尺寸为 156mm×225mm（不含页码）。公告、通告等公布性公文用纸幅面尺寸，可根据实际需要确定。

（3）版面规格。

如无特殊说明，公文版面制作采用 WPS 操作系统，推荐采用方正字库的字体和字号。公文格式各要素的字体和字号一般采用 3 号仿宋体字，正文中数字一般采用"Times New Roman"字体；一般每面排 22 行，每行排 28 个字，并撑满版心。特定情况可做适当调整。

（4）文字颜色。

如无特殊说明，公文中文字的颜色均为黑色。

（5）制版要求。

公文应版面干净无底灰，字迹清楚无断划，尺寸标准，版心不斜，误差不超过 1mm。

（6）印刷要求。

公文一般双面印刷，页码套正，两面误差不得超过 2mm。黑色油墨应达到色谱所标 BL100%，红色油墨应达到色谱所标 Y80%、M80%。印品着墨实、均匀；字面不花、不白、无断划。

(7) 装订要求。

公文应左侧装订,不掉页,两页页码之间误差不超过 4mm,裁切后的成品尺寸允许误差 ±2mm,四角成 90°,无毛茬或缺损。

骑马订或平订的公文,订位为两钉外订眼距版面上下边缘各 70mm 处,允许误差 ±4mm;无坏钉、漏钉、重钉,钉脚平伏牢固;骑马订钉锯均订在折缝线上,平订钉锯与书脊间的距离为 3mm~5mm。

包本装订公文的封皮(封面、书脊、封底)与书芯应吻合、包紧、包平、不脱落。

2. 公文格式各要素编排规则

《人民检察院公文处理办法》第十条规定,人民检察院公文一般由份号、密级和保密期限、紧急程度、发文机关标志、发文字号、签发人、标题、主送机关、正文、附件说明、发文机关署名、成文日期、印章、附注、附件、抄送机关、印发机关和印发日期、页码、二维条码等组成。

《最高人民检察院公文处理实施细则》将版心内公文格式各要素划分为版头、主体、版记三部分。公文首页红色分隔线以上的部分称为版头,公文首页红色分隔线(不含)以下、公文末页首条分隔线(不含)以上的部分称为主体,公文末页首条分隔线以下、末条分隔线以上的部分称为版记。

(1) 版头。

① 份号。

份号是指公文印制份数的顺序号。涉密公文应当标注份号。此项应顶格编排在版心左上角第一行,一般用 6 位 3 号阿拉伯数字,如"000001"。

② 密级和保密期限。

涉密公文应当标注密级和保密期限。密级分为"绝密""机密""秘密"三种;保密期限根据实际情况确定,标注于密级之后。

此项一般用 3 号黑体字,顶格编排在版心左上角第二行。保密期限中的数字使用阿拉伯数字标注,密级和保密期限之间用"★"隔开,如"秘密★1 年""机密★10 年""绝密★30 年"等。

③ 紧急程度。

紧急程度是指公文送达和办理的时限要求。根据紧急程度,紧急公文应当分别标注"特急""加急";电报应当分别标注"特提""特急""加急""平急"。

此项一般用 3 号黑体字,顶格编排在版心左上角。

如需同时标注份号、密级和保密期限、紧急程度,应按照份号、密级和保密期限、紧急程度的顺序自上而下分行排列。

④ 发文机关标志。

发文机关标志由发文机关全称或者规范化简称加"文件"组成,也可以使用发文机关全称或者规范化简称。联合行文时,发文机关标志可以并用联合发文机关名称,也可以单独用主办机关名称;并用联合发文机关名称时,主办机关名称排列在前或者按照规范顺序排列。

此项居中排布,上边缘至版心上边缘为 35mm,一般使用小标宋体字,颜色为红色,以醒目、美观、庄重为原则。

联合行文时,如有"文件"二字,应当置于发文机关名称右侧,以联署发文机关名称为准上下居中排布。发文机关标志字号根据联署机关数量可做适当调整。

⑤ 发文字号。

发文字号由发文机关代字、年份和发文顺序号组成。联合行文时,只标注主办机关的发文字号。

此项编排在发文机关标志下空二行位置,居中排布。年份、发文顺序号用阿拉伯数字标注;年份应标全称,用六角括号"〔 〕"括入;发文顺序号不加"第"字,不编虚位(即1不编为01),在阿拉伯数字后加"号"字,如"高检发〔2012〕1号"。上行文的发文字号居左空一字编排。

联合行文,只标注主办机关发文字号。

高检院机关内设部门之间行文原则上不编号。

⑥ 签发人。

上行文应当标注签发人姓名。此项居右空一字,与发文字号平行编排;由"签发人"三字加全角冒号和签发人姓名组成,"签发人"用3号仿宋体字,签发人姓名用3号楷体字。

如有多个签发人,签发人姓名按照发文机关的排列顺序从左到右、自上而下依次均匀编排,一般每行排两个姓名,两个姓名之间空一字,回行时与上一行第一个签发人姓名对齐,最后一个签发人姓名应与发文字号处在同一行。

(2) 主体。

① 标题。

标题由发文机关名称、事由和文种三部分组成。会议通过的规范性文件,应当在标题之下、正文之上注明会议名称和通过日期。标题中一般不用标点符号,如确需使用,可用的标点符号有书名号、引号、顿号、连接号和括号等,如"最高人民检察院关于认真学习贯彻党的十七大精神的通知"等。

标题一般用2号小标宋体字,编排于红色分隔线下空二行位置,分一行或多行居中排布;回行时,要做到词意完整、排列对称、长短适宜、间距恰当,标题排列应当使用梯形或菱形。

② 主送机关。

主送机关是指公文的主要受理机关,应当使用机关全称、规范化简称或者同类型机关统称。

主送机关编排于标题下空一行位置,居左顶格,回行时仍顶格,最后一个机关名称后标全角冒号。

如有多个主送机关,相邻两个机关之间一般用逗号或顿号隔开,如"各省、自治区、直辖市人民检察院,军事检察院,新疆生产建设兵团人民检察院"。当主送机关名称过多导致公文首页不能显示正文时,应将主送机关名称移至版记部分。

③ 正文。

正文是公文的主体,用来表述公文的内容。

公文首页必须显示正文。一般用3号仿宋体字,编排于主送机关名称下一行,从左至右横排。正文每个自然段左空二字,回行顶格,数字、年份不能中断回行。

正文中结构层次序数依次可以用"一、""(一)""1.""(1)"标注;一般第一层用黑体字,第二层用楷体字,第三层和第四层用仿宋体字标注。

④ 附件说明。

公文如有附件,应当在正文之后、成文日期之前注明附件的顺序号和名称。批转、转发公文及其批语均属正文,不得作为附件。

公文如有附件,在正文下空一行、左空二字编排"附件"二字,后标全角冒号和附件名称。如有多个附件,使用阿拉伯数字标注附件顺序号(如"附件：1.××××");附件名称后不加标点符号。附件名称较长需回行时,应当与上行附件名称的首字对齐。

⑤ 发文机关署名。

此项署发文机关全称或者规范化简称。联合行文时,主办机关排列在前或者按照规范顺序排列。

单一机关行文时,一般在成文日期之上,以成文日期为准居中编排发文机关署名。

联合行文时,一般将各发文机关署名按发文机关顺序整齐排列在相应位置,以便与印章一一对应。

⑥ 成文日期。

此项署会议通过或者发文机关负责人签发的日期。联合行文时,此项署最后签发机关负责人签发的日期。电报应当以发出日期为准。

此项一般右空四字编排,用阿拉伯数字将年、月、日标全,年份应标全称,月、日不编虚位(即 1 不编为 01),如"2012 年 7 月 1 日"。

⑦ 印章。

除纪要和以电报形式发出的公文以外,其他公文应当加盖发文机关印章。印章应与署名机关相符。联合行文时,联合行文机关都应当加盖公章。印章用红色,不得出现空白印章。

单一机关行文时,印章端正、居中下压发文机关署名和成文日期,使发文机关署名和成文日期居印章中心偏下位置,印章顶端应当上距正文(或附件说明)一行之内。

联合行文时,印章应与发文机关署名一一对应,端正、居中下压发文机关署名,最后一个印章端正、居中下压发文机关署名和成文日期。印章之间应排列整齐、互不相交或相切,每排印章两端不得超出版心,首排印章顶端应当上距正文(或附件说明)一行之内。

公文加盖签发人签名章时,在正文(或附件说明)下空二行右空四字加盖签发人签名章,签名章左空二字标注签发人职务,以签名章为准上下居中排布。在签发人签名章下空一行右空四字编排成文日期。签名章用红色。

印章特殊情况说明:当公文排版后所剩空白处不能容下印章或签名章、成文日期时,可以采取调整行距、字距的措施加以解决。

⑧ 附注。

附注是指公文印发传达范围等需要说明的事项。公文如有附注,居左空两字加圆括号编排在成文日期下一行。

⑨ 附件。

附件是指公文正文的说明、补充或者参考资料。

公文的附件应当另面编排,并在版记之前,与公文正文一起装订。"附件"二字及附件序号用 3 号黑体字顶格编排在版心左上角第一行。附件标题居中编排在版心第三行。附件序号和附件标题应当与附件说明的表述一致。附件格式要求同正文。

如附件与正文不能一起装订,应在附件左上角第一行顶格编排公文的发文字号,并在其后标注"附件"二字及附件顺序号。

(3) 版记。

① 抄送机关。

抄送机关是指除主送机关外需要执行或者知晓公文内容的其他机关。此项应当使用机关全称、规范化简称或者同类型机关统称。

公文如有抄送机关,一般用 4 号仿宋体字,在印发机关和印发日期之上一行左右各空一字编排。"抄送"二字后加全角冒号和抄送机关名称,抄送机关间一般用逗号隔开,回行时与冒号后的首字对齐,最后一个抄送机关名称后标句号。

如需把主送机关移至版记中,除将"抄送"两字改为"主送"外,编排方法同抄送机关。既有主送机关又有抄送机关时,应当将主送机关置于抄送机关之上一行,之间不加分隔线。

② 印发机关和印发日期。

印发机关和印发日期是指公文的送印机关和送印日期。

印发机关和印发日期一般用4号仿宋体字,编排在末条分隔线之上,印发机关左空一字,印发日期右空一字,用阿拉伯数字将年、月、日标全,年份应标全称,月、日不编虚位(即1不编为01),后加"印发"二字。

版记中如有其他要素,应当将其与印发机关和印发日期用一条细分隔线隔开。

(4) 其他。

① 分隔线。

版头中的分隔线与版心等宽,位于发文字号之下4mm处居中,红色。

版记中的分隔线与版心等宽,首条分隔线和末条分隔线用粗线(0.35mm),中间的分隔线用细线(0.25mm)。首条分隔线位于版记中第一个要素之上,末条分隔线与公文最后一面的版心下边缘重合。

② 页码。

页码是指公文页数顺序号。

页码位于版心外。一般用4号半角宋体阿拉伯数字编排在公文版心下边缘之下,数字左右各放一条一字线,如"—1—";一字线上距版心下边缘7mm。单页码居右空一字,双页码居左空一字。公文的版记页前有空白页的,空白页和版记页均不编排页码。公文的附件与正文一起装订时,页码应当连续编排。

③ 二维条码。

A. 条码位置:对于没有版记的公文,条码印制在公文最后一页的版心右下角位置(以版心右下角为参照点);如果公文带有版记,条码则印制在版记下方右侧,距版记下边缘3mm,距版心右边缘5mm。如果公文不需要批量印刷,可以将条码打印在公文的右下角或将打印出的条码标签贴在公文的右下角;电子公文的二维条码随版式一并生成,具体位置同上。

B. 条码大小:建议尺寸宽50mm,高大于10mm、小于25mm,可容纳175个汉字的内容;如果内容超过175个字,条码可以适当加宽,但高度不能超过25mm,加宽后,条码的容量最多不能超过250个字。

C. 条码内容必须与相应公文内容一致。

D. 条码与其对应的公文具有同等的密级和紧急程度,对于条码的生成、保存、运转、销毁要视同其所对应的公文。

E. 印制条码应确需必要,不得随意生成,在印制过程中生成的多余条码要按保密规定进行销毁。

F. 绝密级公文上的条码,标题字段应为空。

3. 公文表格、标点符号、计量单位和数字用法

公文使用的汉字、数字、外文字符、计量单位和标点符号等,按照国家有关标准和规定执行。民族自治地方的公文,可以并用汉字和当地通用的少数民族文字。

(1) 公文表格用法。

公文如需附表,对横排A4纸型表格,页码位置与公文其他页码保持一致,单页码表头在

订口一边,双页码表头在切口一边。

公文如需附 A3 纸型表格,且当最后一页为 A3 纸型表格时,封三、封四(不放页码)应为空白,将 A3 纸型表格装订在封三前,不得装订在公文最后一页(封四)上。

(2) 公文中标点符号、计量单位和数字用法。

公文中标点符号、计量单位和数字的用法应符合有关国家标准和规定。

4. 公文特定格式

(1) 信函格式。

① 发文机关标志为"中华人民共和国最高人民检察院",居中排布,其上边缘至上页边为 30mm,使用红色小标宋体字。联合行文时,使用主办机关标志。

② 发文机关标志下 4mm 处为一条红色双线(上粗下细),距下页边 20mm 处为一条红色双线(上细下粗),线长均为 170mm,居中排布。

③ 如需标注份号、密级和保密期限、紧急程度,应当顶格居版心左边缘编排在第一条红色双线下,按照份号、密级和保密期限、紧急程度的顺序自上而下分行排列,第一要素与该线的距离为 3 号汉字高度的 7/8。

④ 发文字号顶格居版心右边缘编排在第一条红色双线下,与该线的距离为 3 号汉字高度的 7/8。

⑤ 标题居中编排,与其上最后一个要素相距二行。

⑥ 第二条红色双线上一行如有文字,与该线的距离为 3 号汉字高度的 7/8。

⑦ 首页不显示页码。

⑧ 其他要素与通用格式公文要素相同。

(2) 命令格式。

① 发文机关标志为"最高人民检察院命令",居中排布,上边缘至版心上边缘为 35mm,使用红色小标宋体字。

② 发文机关标志下空二行居中编排令号,令号和正文间有一条红色分隔线(0.35mm),红色分隔线下空二行编排正文。

③ 加盖签发人签名章时,在正文(或附件说明)下空二行右空四字加盖签发人签名章,签名章左空二字标注签发人职务,以签名章为准上下居中排布。在签发人签名章下空一行右空四字编排成文日期。签名章用红色。

④ 其他要素与通用格式公文要素相同。

(3) 纪要格式。

① 纪要具体标志为"中共最高人民检察院党组会议纪要""最高人民检察院检察长办公会议纪要""最高人民检察院检察委员会会议纪要"等,居中排布,上边缘至版心上边缘为 35mm,使用红色小标宋体字。

② 纪要标志下空 2 行居中编排纪要编号"第×届第×次",并用圆括号括入,按届顺序编排,一般用 3 号黑体字。

③ 纪要编号下空一行编排发文机关和成文日期,发文机关居左空一字,成文日期居右空一字。

④ 在发文机关和成文日期下印 1 条与版心等宽的红色分隔线。

⑤ 分隔线下空 2 行编排正文。

⑥ 一般在正文(或附件说明)下空一行左空二字标注时间、地点、出席、缺席、列席、记录等具体内容,用 3 号黑体字,后标全角冒号,冒号后用 3 号仿宋体字标注会议时间、地点及出

席、缺席、列席、记录人姓名,回行时与冒号后的首字对齐。每一项内容均另起一行。

⑦ 纪要不加盖印章。

⑧ 纪要的特殊形式可以根据实际制定,其他要素与通用格式公文要素相同。

(五) 审判机关法定公文格式

《人民法院公文处理办法》第十三条规定,人民法院公文的版式按照《党政机关公文格式》国家标准执行。

《人民法院公文处理办法》第十条规定,人民法院公文一般由份号、密级和保密期限、紧急程度、发文机关标志、发文字号、签发人、标题、主送机关、正文、附件说明、发文机关署名、成文日期、印章、附注、附件、抄送机关、印发机关和印发日期、页码等组成。

1. 份号

份号是指公文印制份数的顺序号。涉密公文应当标注份号。

2. 密级和保密期限

密级和保密期限是指公文的秘密等级和保密的期限。涉密公文应当根据涉密程度分别标注"绝密""机密""秘密"和保密期限。

3. 紧急程度

紧急程度是指公文送达和办理的时限要求。根据紧急程度,紧急公文应当分别标注"特急""加急",电报应当分别标注"特提""特急""加急""平急"。

4. 发文机关标志

发文机关标志由发文机关全称或者规范化简称加"文件"二字组成,也可以使用发文机关全称或者规范化简称。联合行文时,发文机关标志可以并用联合发文机关名称,也可以单独用主办机关名称。并用联合发文机关名称时,按照规范顺序排列或者主办机关名称排列在前。

5. 发文字号

发文字号由发文机关代字、年份、发文顺序号组成。联合行文时,使用主办机关的发文字号。

6. 签发人

上行文应当标注签发人姓名。

7. 标题

标题由发文机关名称、事由和文种组成。会议通过的规范性文件,应当在标题之下、正文之上注明会议名称和通过日期。

8. 主送机关

主送机关是指公文的主要受理机关,应当使用机关全称、规范化简称或者同类型机关统称。

9. 正文

正文是公文的主体,用来表述公文的内容。

10. 附件说明

附件说明包括公文附件的顺序号和名称。公文如有附件,应当在正文之后、成文日期之前注明附件的顺序号和名称。批转、转发公文及其批语均属于正文,不得作为附件。

11. 发文机关署名

此项署发文机关全称或者规范化简称。联合行文时,发文机关标志单独用主办机关名称的,发文机关署名按照规范顺序排列或者主办机关名称排列在前;发文机关标志并用联合发文机关名称的,发文机关署名应当与发文机关标志的排列顺序一致。

12. 成文日期

此项署会议通过或者发文机关负责人签发的日期。联合行文时,此项署最后签发机关负责人签发的日期。电报以发出日期为准。

13. 印章

公文中有发文机关署名的,应当加盖发文机关印章,并与署名机关相符。联合向下行文时,联合行文机关都应当加盖公章。

14. 附注

附注是指公文印发传达范围等需要说明的事项,应当加圆括号标注。

15. 附件

附件是指公文正文的说明、补充或者参考资料。

16. 抄送机关

抄送机关是指除主送机关外需要执行或者知晓公文内容的其他机关,应当使用机关全称、规范化简称或者同类型机关统称。

17. 印发机关和印发日期

印发机关和印发日期是指公文的送印机关和送印日期。

18. 页码

页码是指公文页数顺序号。

19. 其他

公文使用的汉字、数字、外文字符、计量单位和标点符号等,按照有关国家标准和规定执行。民族自治地方人民法院的公文,可以并用汉字和当地通用的少数民族文字。

公文用纸幅面采用国际标准A4型。特殊形式的公文用纸幅面,根据实际需要确定。

(六) 工会机关法定公文格式

《全国总工会机关公文处理办法》第五条规定,工会机关公文一般由版头、发文字号、印制顺序号、密级、缓急时限、签发人、标题、主送单位、正文、附件、发文单位、印章、发文时间、主题词、抄报及抄送单位、印制版记组成。

1. 版头

版头由发文机关全称或规范化简称加文种名称组成,用大字居中印在文件首页上端。联合发文并用会签单位版头。版头文字一般用红色套印。

2. 发文字号

公文必须有发文字号,包括单位代字、年号和顺序号。

3. 印制顺序号

凡有密级的公文要标注印制顺序号,即文件的份号,标注在文件首页左上角。

4. 密级

秘密公文应标明密级,分绝密、机密、秘密,标注在文件首页左上角印制顺序号下方位置。

5. 缓急时限

紧急公文应标明缓急时限,分特急、急件,标注在文件首页左上角密级下方位置。

6. 标题

标题应概括公文的主要内容,同时应标明发文机关和公文种类。除发布法规性文件或转发文件外,标题一般不加书名号。

大标题用二号标宋,副标题用三号楷体。

7. 主送单位

主送单位是指收受、办理文件的单位。

为规范在工会系统内行文时主送单位的排列顺序,《中华全国总工会办公厅关于〈全国总工会机关公文处理办法〉的补充规定》的附件九特按惯例确定了排列顺序。各单位在起草以中华全国总工会名义或以本单位名义制发的公文时,应以该顺序为准。

8. 正文

正文是公文的主体部分,用来表述公文的内容。

正文一级标题用三号黑体,二级标题用三号楷体,正文用三号仿宋体。除标题外,文件中间一般不使用黑体字,需加重语气部分可用楷体字。

9. 附件

附件是用来补充说明正文的,是公文的组成部分。应在正文之后、发文单位之前依次开列附件标题,附件的顺序和标题应与正文所列一致。附件全文置于发文日期之后、主题词之前。

10. 发文单位

发文单位名称应使用全称或规范性简称。

11. 印章

正式行文都应加盖机关印章(有特定版头的普发性文件除外)。与有关单位会签的文件应加盖印章。用印位置在成文日期的上侧,要求上不压正文,下骑年盖月。

12. 发文时间

发文时间即发文年、月、日,以最后一位领导人签发或会议通过的日期为准。此项位于公文末尾,发文单位落款之下,并稍向右错开。

13. 主题词

所有正式文件均应标注主题词。主题词由反映文件主要内容的规范化名词或名词词组组成。此项标注在文件末页下部,抄送范围上方。

14. 抄报、抄送单位

与文件内容有关,需要有关上级领导单位知道的为抄报单位,有关平级、下级单位为抄送单位。此项应标明在主题词下方位置。

15. 印制版记

印制版记由文件制发单位名称、制发日期(日期数字使用小写)和印制份数组成。制发单位名称和制发日期置于文件末页下端,印制份数置于下间隔线右下方。

16. 其他

文件每页一般设 22 行,每行 25 个字,天头、地脚、装边、切口的距离应匀称,页码在每页正文下方居中位置,左右各一条短横线。

教学视频

教学音频

[例文分析]①

【例文】

××市人民政府办公室文件

×政办〔20××〕12 号

××市人民政府办公室关于切实做好 20××年全市消防工作的通　知

各县(市、区)人民政府,市政府直属各单位:

为进一步加强消防安全工作,落实各级消防安全责任,健全火灾防控机制,夯实消防基层基础,强化消防宣传教育,努力维护全市消防安全形势稳定,经市人民政府同意,现就做好 20××年全市消防工作通知如下:

×××××××××××××××××××××××××××
××××××××××××××××××××××××××××
××××××××××××××××××××××××××××

××市人民政府办公室
20××年 3 月 1 日

(此件公开发布)　　　　　　　　　　　　　(加盖印章)

抄送:市委各部门,市人大常委会、市政协办公室,军分区,市法院,市检察院。

××市人民政府办公室　　　　　　　　　　20××年 3 月 1 日印发

【分析】

这是一份行政机关的公文,由版头、主体和版记三部分组成。版头包括:发文机关标志、发文字号。主体包括:标题、主送机关、正文、发文机关署名、成文日期、印章、附注。版记包括:抄送机关、印发机关和印发日期。

---

① 编者注:因版面限制,本书例文中文字的字体、字号及空行等未按相关规定设置。

[实践训练]

一、改错题

1. 请修改下面的公文。

×××市政府文件
×发(20××)字001号
转发省政府关于《加强廉政建设的通知》

市委、市政府各部门、各县政府、各企事业单位：
　…………

20××年1月

　附：省政府关于公款请客的规定
　抄报：省人民政府
　抄送：市纪委、市监察局，存档

2. 请修改下面的公文。

××市府公文
(××)×府发21号
××市人民政府严厉打击非法出版活动的通知

　当前，我市一些地方非法出版活动十分猖獗，传播有害书刊和音像制品。这类出版物内容腐朽，大量宣传凶杀、色情和迷信，对群众特别是青少年的身心健康危害极大，严重地影响了社会主义精神文明的建设，破坏社会安定，已成为社会一大公害。对此，各级政府应立即采取有力措施，严厉打击非法出版活动。现将有关事项通知如下：
　…………
　附件：如文

××市人民政府
20××年×月×日

3. 请修改下面的公文。

××市政府文件
×政办发(20××)56号

××市政府生态园建设工作会议通知

各区、县(市)党委、人民政府，市政府各部门：
　…………

××市人民政府办公室
二○××年五月二十日

　主题词：生态环境　会议　通知

抄送：…………

50

	××市人民政府			20××年5月21日
				共印 200 份

二、写作题

1. 请根据本章所学知识填写表2.2。

表 2.2 各机关公文各要素称谓的不同之处

序号	党政机关	人大机关	军队机关	检察机关	审判机关	工会机关
1						
2						
3						
4						
5						
6						
7						
8						
9						
10						

2. 请根据本章所学知识填写表2.3。

表 2.3 各机关公文各要素标识规则的不同之处

序号	要素名称	党政机关	人大机关	军队机关	检察机关	审判机关	工会机关
1							
2							
3							
4							
5							
6							
7							
8							
9							
10							

3. 请绘制党政机关公文上行文格式图。
4. 请绘制党政机关公文下行文格式图。
5. 请绘制党政机关公文函的形式格式图。

第三章 决议

[知识讲授]

党的机关1922—1944年称"决议案",1931年中共中央制定的《文件处置办法》,将"决议案"列入其中;1945年后改称"决议",较著名的有1945年4月20日中国共产党六届七中全会通过的《关于若干历史问题的决议》。

中华人民共和国成立后,"决议"被列入法定公文的时间及依据如表3.1所示。

表3.1 中华人民共和国成立后"决议"被列入法定公文的时间及依据

机关类别	时间	依据	备注
党的机关	1989年4月25日	《中国共产党各级领导机关文件处理条例(试行)》	
行政机关	1981年2月27日	《国家行政机关公文处理暂行办法》	1957年将"决议"确定为公文种类之一,1994年1月1日取消
党政机关	2012年7月1日	《党政机关公文处理工作条例》	
人大机关	1998年2月6日	《人大机关公文处理办法(试行)》	
审判机关	1992年1月1日	《人民法院公文处理暂行规定》	
工会机关	1996年3月19日	《全国总工会机关公文处理办法》	

一、决议的用途

《党政机关公文处理工作条例》规定:决议"适用于会议讨论通过的重大决策事项"。

《人大机关公文处理办法》规定:决议"适用于经会议审议或讨论通过的重要事项"。

《人民法院公文处理办法》规定:决议"适用于会议讨论通过的重大决策事项"。

《全国总工会机关公文处理办法》规定:"经会议讨论通过,要求贯彻执行的重要决策事项,用'决议'。"

上述各机关对决议的用途的规定如表3.2所示。

表3.2 各机关对决议的用途的规定

机关类别	对决议的用途的规定
党政机关	会议讨论通过的重大决策事项
人大机关	经会议审议或讨论通过的重要事项
审判机关	会议讨论通过的重大决策事项
工会机关	经会议讨论通过,要求贯彻执行的重要决策事项

通过表3.2可以看出,党政机关、人大机关、审判机关和工会机关对决议的用途的规定基本上是一致的,只是在语言表述上有一些差别。

二、决议的种类

根据内容属性不同,决议可分为纲领性决议和程序性决议。

(一)纲领性决议

在各种代表大会或其全委会上,大家对某个重要问题进行科学分析,作出公正论断,以统一思想认识,用纲领性决议。纲领性决议内容丰富,篇幅较长。例如,全国党代会通过的《关于建国以来党的若干历史问题的决议》《中共中央关于社会主义精神文明建设指导方针的决议》《中共中央关于加强社会主义精神文明建设若干重要问题的决议》等。

(二)程序性决议

在各种代表大会上,大家对某份重要文件(如大会工作报告等)经法定程序进行讨论并表明同意(或通过)后,提出若干政策性措施或指示性要求,连同所通过的文件一起下发,用程序性决议。

三、决议的格式

(一)纲领性决议的格式(主体)

×××关于×××的决议
(20××年×月×日××会议通过)

×××(前言)。作出如下决议:

××(决议事项)。

××××××××××××××××××××××××××××××(结语)。

【说明】
(1)这里的"会议"也可能是"大会""全会"。
(2)"前言"部分有时可省略。
(3)"结语"部分有时可省略。

(二)程序性决议的格式(主体)

×××关于×××的决议
(20××年×月×日××会议通过)

××××××××××××××××××××××××××××××××××

××××××××××××××××××××××××××××××××(引据、评价、结论)。

会议认为,××××××××××××××××××××××××××××××××
××××××××××××××××××××××××××××××××。

会议强调,××××××××××××××××××××××××××××××××
××××××××××××××××××××××××××××××××。

会议提出,××××××××××××××××××××××××××××××××
××××××××××××××××××××××××××××××××。

会议要求,××××××××××××××××××××××××××××××××
××××××××××××××××××××××××××××××××。

会议号召,××××××××××××××××××××××××××××××××
××××××××××××××××××××××××××××××××。

【说明】

(1) 这里的"会议"也可能是"大会""全会"。

(2) "引据"即什么会议审议了什么文件。"评价"即对审议的文件进行评价,有时可省略。"结论"即审议的结语,或"批准""同意",或"原则批准""原则通过""基本同意",有时可后移。

(3) "会议提出""会议要求"等引领语,可根据实际需要选择使用。

四、决议的写法

(一) 纲领性决议

"决议事项"部分一般采用"小标题式"或"分部分表达式"写法,要突出说理性和论证性。

(二) 程序性决议

当内容较多时,可分序排列;当内容比较单一时,可一段到底。

教学视频

教学音频

[例文分析]

【例文一】

中共中央关于加强社会主义精神文明建设若干重要问题的决议

(1996年10月10日中国共产党第十四届中央委员会第六次全体会议通过)

中国共产党第十四届中央委员会第六次全体会议,根据全面实现我国国民经济和社会发展"九五"计划和2010年远景目标的要求,分析了社会主义精神文明建设面临的形势,总结了经验和教训。鉴于教育和科学的发展中央已有全面部署,本次全会主要讨论思想道德和文化建设方面的问题,并作出如下决议。

一、加强社会主义精神文明建设是一项重大战略任务

(1) 从1996年到2010年,是建设有中国特色社会主义事业承前启后、继往开来的重要时期。……

(2) 十一届三中全会以来的十八年,我们国家经历了举世瞩目的历史大转折和事业大发展。……

(3) 在发展社会主义市场经济和对外开放条件下建设社会主义精神文明,是中国共产党人和中国人民一项艰巨的历史使命。……

二、社会主义精神文明建设的指导思想和奋斗目标

(4) 根据党在社会主义初级阶段的历史任务,根据建国以来特别是改革开放以来的历史经验,我国社会主义精神文明建设,必须以马克思列宁主义、毛泽东思想和邓小平建设有中国特色社会主义理论为指导,坚持党的基本路线和基本方针,加强思想道德建设,发展教育科学文化,以科学的理论武装人,以正确的舆论引导人,以高尚的精神塑造人,以优秀的作品鼓舞人,培育有理想、有道德、有文化、有纪律的社会主义公民,提高全民族的思想道德素质和科学文化素质,团结和动员各族人民把我国建设成为富强、民主、文明的社会主义现代化国家。这是精神文明建设总的指导思想,也是精神文明建设总的要求。

(5) 邓小平建设有中国特色社会主义理论,是马克思列宁主义基本原理与当代中国实际和时代特征相结合的产物,是毛泽东思想的继承和发展,是当代中国的马克思主义,是我们党在新时期各项工作的根本指针和中华民族振兴的强大精神支柱。……

(6) 我们进行的精神文明建设,是以经济建设为中心、坚持四项基本原则和坚持改革开放的精神文明建设,是继承发扬优良传统而又充分体现时代精神、立足本国而又面向世界的精神文明建设。……

三、努力提高全民族思想道德素质

(7) 社会主义思想道德集中体现着精神文明建设的性质和方向,对社会政治经济的发展具有巨大的能动作用。……

(8) 加强思想建设,必须坚持马克思列宁主义毛泽东思想,特别是用邓小平建设有中国特色社会主义理论武装全党、教育干部和人民。……

(9) 爱国主义历来是中国人民团结奋斗的一面旗帜。……

(10) 在全民族树立艰苦创业精神,是实现社会主义现代化的重要思想保证。……

(11) 社会主义道德建设要以为人民服务为核心,以集体主义为原则,以爱祖国、爱人民、爱劳动、爱科学、爱社会主义为基本要求,开展社会公德、职业道德、家庭美德教育,在全社会形成团结互助、平等友爱、共同前进的人际关系。……

(12) 加强青少年思想道德教育,是关系国家命运的大事。……

(13) 社会主义道德风尚的形成、巩固和发展,要靠教育,也要靠法制。……

四、积极发展社会主义文化事业

(14) 发展文学艺术、新闻出版、哲学社会科学等文化事业,满足人民群众日益增长的精神文化需求,对于提高民族素质,促进经济发展和社会全面进步,具有重要作用。……

(15) 繁荣文学艺术,首要任务是多出优秀作品。……

(16) 新闻宣传必须坚持党性原则,坚持实事求是,坚持团结稳定鼓劲、正面宣传为主,牢牢把握正确的舆论导向。……

(17) 哲学社会科学必须坚持以马克思列宁主义、毛泽东思想和邓小平建设有中国特色

社会主义理论为指导,坚持理论联系实际,为党和政府决策服务,为两个文明建设服务。……

(18) 一手抓繁荣,一手抓管理,促进文化市场健康发展。……

(19) 改革文化体制是文化事业繁荣和发展的根本出路。……

五、深入持久开展群众性精神文明创建活动

(20) 全国各地广泛开展的群众性精神文明创建活动,是人民群众移风易俗、改造社会的伟大创造,有助于两个文明建设任务有机结合,落实到基层。……

(21) 社会主义现代化建设中涌现出来的先进集体和先进人物,是实践社会主义精神文明的榜样。……

六、切实增加精神文明建设的投入

(22) 建设社会主义精神文明要有物质保障。……

(23) 切实解决目前宣传文化事业投入总量偏少、比例偏低的问题。……

(24) 按照合理布局、优化结构、突出重点的要求,加强宣传文化事业的基本建设。……

七、加强和改善党对精神文明建设的领导

(25) 中国共产党是我国社会主义现代化事业的领导核心。建设物质文明关键在党,建设精神文明关键也在党。……

(26) 坚持理论联系实际,以实践作为检验真理的唯一标准,认识和掌握社会主义精神文明建设的规律,总结新经验,探索新办法,创造性地工作,不断改善党对精神文明建设的领导。……

(27) 按照政治强、业务精、作风正的要求,造就一支高素质的宣传思想文化教育队伍,是建设社会主义精神文明的迫切需要。……

(28) 加强精神文明建设首先要从严治党,搞好党风。……

(29) 为加强协调,中央成立精神文明建设指导委员会。……

(30) 中国人民解放军和中国人民武装警察部队是我国精神文明建设的重要力量。……

建设有中国特色社会主义的伟大事业,是一场新的伟大革命。在这场革命中,中国共产党人和中国人民有信心、有能力在改造客观世界的同时改造主观世界,在建设高度物质文明的同时建设高度的社会主义精神文明。全会号召,全党同志和全国各族人民紧密团结在以江泽民同志为核心的党中央周围,高举建设有中国特色社会主义的伟大旗帜,万众一心,开拓进取,扎实工作,为把我国建设成为富强、民主、文明的社会主义现代化国家努力奋斗!

【分析】

这是一份纲领性决议,由标题、成文日期和正文组成。其中,正文第一自然段为前言,接下来为决议事项(30条),最后一个自然段为结语。

【例文二】

中国共产党第十九次全国代表大会关于十八届中央委员会报告的决议

(2017年10月24日中国共产党第十九次全国代表大会通过)

中国共产党第十九次全国代表大会批准习近平同志代表十八届中央委员会所作的报告。大会高举中国特色社会主义伟大旗帜,以马克思列宁主义、毛泽东思想、邓小平理论、"三个代表"重要思想、科学发展观、习近平新时代中国特色社会主义思想为指导,分析了国际国内形势发展变化,回顾和总结了过去五年的工作和历史性变革,作出了中国特色社会主义进入了新时代、我国社会主要矛盾已经转化为人民日益增长的美好生活需要和不平衡不充分的发展之间的矛盾等重大政治论断,深刻阐述了新时代中国共产党的历史使命,确立了习近平新时代中国特色社会主义思想的历史地位,提出了新时代坚持和发展中国特色社会主义的基本方略,确定了决胜全面建成小康社会、开启全面建设社会主义现代化国家新征程的目标,对新时代推进中国特色社会主义伟大事业和党的建设新的伟大工程作出了全面部署。大会通过的十八届中央委员会的报告,描绘了决胜全面建成小康社会、夺取新时代中国特色社会主义伟大胜利的宏伟蓝图,进一步指明了党和国家事业的前进方向,是全党全国各族人民智慧的结晶,是我们党团结带领全国各族人民在新时代坚持和发展中国特色社会主义的政治宣言和行动纲领,是马克思主义的纲领性文献。

大会认为,报告阐明的大会主题对我们党带领人民奋发图强、开拓前进具有十分重大的意义。全党要不忘初心,牢记使命,高举中国特色社会主义伟大旗帜,决胜全面建成小康社会,夺取新时代中国特色社会主义伟大胜利,为实现中华民族伟大复兴的中国梦不懈奋斗。

大会高度评价十八届中央委员会的工作。……

大会强调,经过长期努力,中国特色社会主义进入了新时代,这是我国发展新的历史方位。……

大会强调,围绕回答新时代坚持和发展什么样的中国特色社会主义、怎样坚持和发展中国特色社会主义这个重大时代课题,我们党以全新的视野深化对共产党执政规律、社会主义建设规律、人类社会发展规律的认识,进行艰辛理论探索,取得重大理论创新成果,创立了习近平新时代中国特色社会主义思想。……

大会强调,坚持党对一切工作的领导,坚持以人民为中心,坚持全面深化改革,坚持新发展理念,坚持人民当家作主,坚持全面依法治国,坚持社会主义核心价值体系,坚持在发展中保障和改善民生,坚持人与自然和谐共生,坚持总体国家安全观,坚持党对人民军队的绝对领导,坚持"一国两制"和推进祖国统一,坚持推动构建人类命运共同体,坚持全面从严治党,这十四条构成新时代坚持和发展中国特色社会主义的基本方略。全党同志必须全面贯彻党的基本理论、基本路线、基本方略,更好引领党和人民事业发展。

大会提出,从现在到二〇二〇年,是全面建成小康社会决胜期。……

大会认为,从十九大到二十大,是"两个一百年"奋斗目标的历史交汇期。……

大会同意报告关于我国社会主义经济建设、政治建设、文化建设、社会建设、生态文明建设的部署。大会强调,要贯彻新发展理念、建设现代化经济体系,坚持质量第一、效益优先,以供给侧结构性改革为主线,推动经济发展质量变革、效率变革、动力变革,着力加快建设实体经济、科技创新、现代金融、人力资源协同发展的产业体系,着力构建市场机制有效、微观主体有活力、宏观调控有度的经济体制,不断增强我国经济创新力和竞争力。……

大会强调,面对国家安全环境的深刻变化,面对强国强军的时代要求,必须坚持走中国特色强军之路,全面贯彻习近平强军思想,贯彻新形势下军事战略方针,建设强大的现代化陆军、海军、空军、火箭军和战略支援部队,打造坚强高效的战区联合作战指挥机构,构建中国特色现代作战体系,全面推进国防和军队现代化,把人民军队建设成为世界一流军队。

大会强调,保持香港、澳门长期繁荣稳定,必须全面准确贯彻"一国两制"、"港人治港"、"澳人治澳"、高度自治的方针,严格依照宪法和基本法办事,让香港、澳门同胞同祖国人民共担民族复兴的历史责任、共享祖国繁荣富强的伟大荣光。……

大会同意报告对国际形势的分析和提出的对外工作方针,强调中国将坚持和平发展道路,高举和平、发展、合作、共赢的旗帜,恪守维护世界和平、促进共同发展的外交政策宗旨,坚定不移在和平共处五项原则基础上发展同各国的友好合作,积极促进"一带一路"国际合作,继续积极参与全球治理体系改革和建设,推动建设相互尊重、公平正义、合作共赢的新型国际关系,推动构建人类命运共同体,同世界各国人民一道建设持久和平、普遍安全、共同繁荣、开放包容、清洁美丽的世界。

大会强调，打铁必须自身硬。……

大会强调，要把党的政治建设摆在首位。……

大会号召，全党全国各族人民要紧密团结在以习近平同志为核心的党中央周围，高举中国特色社会主义伟大旗帜，认真学习贯彻习近平新时代中国特色社会主义思想，锐意进取，埋头苦干，为实现推进现代化建设、完成祖国统一、维护世界和平与促进共同发展三大历史任务，为决胜全面建成小康社会、夺取新时代中国特色社会主义伟大胜利、实现中华民族伟大复兴的中国梦、实现人民对美好生活的向往继续奋斗！

【分析】

这是一份程序性决议，由标题、成文日期和正文组成。其中，正文第一自然段第一句为引据和结论（"批准"），第二句和第三句为评价。第二自然段到第十三自然段为决议的展开部分，每个自然段分别使用"大会认为""大会强调""大会同意""大会提出"等习惯用语开头。最后一个自然段为结语（大会号召）。

[实践训练]

一、改错题

请修改下面的决议。

中国共产党××市第九次代表大会关于八届市委报告的决议
（中国共产党××市第九次代表大会二〇××年四月二十七日通过）

××同志代表八届市委在中国共产党××市第九次代表大会上作了报告。

大会认为，报告确定加快建设富裕小康社会、为提前基本实现现代化而努力奋斗这个主题，完全符合党的十六大精神和省委的要求，符合我市的实际和全市人民的愿望。全市上下要统一思想，凝聚力量，以崭新的姿态向着这个目标迈进。

大会认为，报告实事求是地总结了市第八次党代会以来的工作。五年来，经过全市上下的共同努力，我市经济社会发展和党的建设的各个方面都取得了很大的成绩，为今后的发展奠定了良好的基础。

大会指出，在实施"×××"战略进程中，必须用发展了的马克思主义指导实践，必须不断地解放思想，必须做好××人的文章，必须实行跨越式发展，必须坚持物质文明、政治文明和精神文明建设一起抓，必须最大限度地发挥各方面的积极性，加快推进我市现代化建设。

大会强调，推进"×××"战略，建设富裕小康社会，争取提前基本实现现代化，关键是加强党的建设，改善党的领导。要坚持以"三个代表"重要思想为指导，坚持党要管党、从严治党方针，加强思想理论建设、党内民主制度建设、执政能力建设、领导班子和干部队伍建设、党的基层组织和党员队伍建设、党风廉政建设和反腐败斗争，以改革的精神全面推进党的建设新的伟大工程。

大会号召，全市各级党组织和全体共产党员要更加紧密地团结在以胡锦涛同志为总书记的党中央周围，在中共××省委的领导下，高举邓小平理论伟大旗帜，全面实践"三个代表"重要思想，团结和带领全市人民，解放思想，开拓创新，艰苦奋斗，扎实工作，为我市建设富裕小康社会,为提前基本实现现代化而努力奋斗!

大会同意报告对当前面临的国内外形势和我市发展现状的分析。大会强调,必须牢牢把握发展这个党执政兴国的第一要务,进一步增强忧患意识和危机意识,增强历史责任感和时代紧迫感,抢抓机遇、迎难而上、加快发展。

大会同意报告确定的今后一个时期奋斗目标,同意把建设"×××"作为发展战略。大会强调,要以提升综合实力和国际竞争力为核心,加快建设东南沿海大商港,加快建设国际性轻工城,加快建设最具活力的开放城市,加快建设滨海山水文化名城,努力使××成为×××甚至更大范围城市群的"领跑城市"。

大会同意报告对今后一个时期我市经济社会发展任务的部署。大会要求,以创新培育新优势,以调整促进新提高,以开放拓展新领域,以科技增强新动力,努力实现经济更快更好地发展。要坚持政府主导、市场运作、政策推动,加快城市化进程,加快欠发达地区发展步伐,促进区域经济协调发展。要坚持以促进社会全面进步和人的全面发展为目标,大力加强民主法制建设和精神文明建设,进一步弘扬和发展社会主义先进文化,力争跨入首批全国文明城市行列。

中国共产党××市第九次代表大会批准××同志代表八届市委所作的报告。报告认真总结过去,精心筹划未来,对今后一个时期我市改革发展和党的建设作出了全面部署,是指导全市广大共产党员和干部群众在新的征程上奋勇前进的纲领性文件。

二、写作题

请根据下面的大会工作报告,拟写一份决议。

坚定不移闯出新路　决战决胜全面小康
为建设创新协调绿色开放共享的美好××而奋斗
——在中国共产党××省第十次代表大会上的报告
(20××年10月30日)
李××

同志们:

现在,我代表中国共产党××省第九届委员会向大会作报告。

中国共产党××省第十次代表大会,是在全面建成小康社会决胜阶段召开的一次重要会议。大会的主要任务是,全面总结省第九次党代会以来的工作,科学确立未来五年的奋斗目标和重点任务,动员全省广大党员和干部群众,立足新的历史起点,不忘初心、继续前进,奋力开创××改革开放和现代化建设的美好前景。

一、美好××建设迈出坚实步伐

省第九次党代会以来,全省各级党组织认真贯彻落实党的十八大、十八届三中、四中、五中、六中全会和习近平总书记系列重要讲话精神,一心一意谋发展,聚精会神抓党建,胜利完成省第九次党代会确定的目标任务,经济强省、文化强省、生态强省建设和各项事业取得新的重大成就。

一是理论武装得到新加强。……

二是经济发展实现新跨越。……

三是创新水平得到新提升。……

四是改革开放实现新突破。……

五是文化建设迈上新台阶。……
六是生态文明取得新进步。……
七是人民生活得到新改善。……
八是民主法治建设取得新进展。……
九是全面从严治党开创新局面。……

过去的五年,是我省综合实力大幅提升、人民生活显著改善的五年,是改革开放持续深化、创新活力加速迸发的五年,是管党治党深入推进、政治生态不断优化的五年,是"三个强省"建设成效彰显、向着全面建成小康社会阔步前进的五年。五年的成就来之不易,这是以习近平同志为核心的党中央坚强领导、亲切关怀的结果,是全省各级党组织团结带领广大党员和干部群众锐意进取、顽强拼搏的结果。在此,我代表中共××省第九届委员会,向全省广大党员和干部群众,向各民主党派、各人民团体和社会各界人士,向驻×解放军和武警官兵、公安民警,向所有关心和支持××发展的朋友们,表示衷心感谢和崇高敬意!

总结五年来的工作,我们的主要体会是:……

在充分肯定成绩的同时,我们也清醒看到工作中还存在不少困难和问题,主要是:……我们要增强忧患意识,坚持问题导向,努力在实践中把各项工作做得更好。

二、坚定地以新发展理念引领发展行动

在决胜全面小康的开局之年,习近平总书记亲临我省视察并发表重要讲话,深刻论述了××发展的一系列方向性、根本性问题,在××发展史上具有重要里程碑意义。……

当前和今后一个时期,我省仍处于大有可为的重要战略机遇期。……

今后五年工作的指导思想是,高举中国特色社会主义伟大旗帜,以马克思列宁主义、毛泽东思想、邓小平理论、"三个代表"重要思想、科学发展观为指导,全面贯彻党的十八大和十八届三中、四中、五中、六中全会精神,深入贯彻习近平总书记系列重要讲话特别是视察××重要讲话精神,统筹推进"五位一体"总体布局,协调推进"四个全面"战略布局,积极适应把握引领经济发展新常态,坚定地用新发展理念统领发展全局,以供给侧结构性改革为主线,以提高发展质量和效益为中心,坚持创新驱动加快调结构转方式促升级,坚持统筹协调增强发展平衡性,坚持绿色优先增强发展可持续性,坚持扩大开放拓展发展新空间,坚持共建共享增进群众获得感,坚持全面从严治党强化政治保证,不断开创美好××建设新局面。

今后五年的奋斗目标是:坚定地在践行新发展理念中闯出新路,奋力在全国发展方阵中走在前列,圆满完成"十三五"发展规划,确保如期全面建成小康社会,推动全面从严治党不断深入,加快建设创新协调绿色开放共享的美好××。概括起来就是"五大发展"闯出新路、全国方阵走在前列、全面小康决战决胜、党的建设全面加强、美好××开创新篇。

决战决胜全面小康、建设"五大发展"的美好××,就要扩大战果、积累成果,量变质变、勇于争先,实现更高质量、更有效率、更加公平、更可持续的发展。

——综合实力全面提升。……
——创新能力全面增强。……
——文明程度全面提高。……
——生态环境全面改善。……
——人民福祉全面增进。……

决战决胜全面小康、建设"五大发展"的美好××,就要坚持以新发展理念为引领,全面实施"五大发展行动",努力走出一条符合中央要求、体现时代特征、具有××特色的发展之路。

——实施创新发展行动,加快建成创新型"三个强省"。……

——实施协调发展行动,加快建成城乡区域一体发展新体系。……

——实施绿色发展行动,加快建成生态文明建设××样板。……

——实施开放发展行动,加快建成双向互动内外联动的内陆开放新高地。……

——实施共享发展行动,加快建成人民幸福社会和谐的美好家园。……

决战决胜全面小康、建设"五大发展"的美好××,就必须切实加强党的领导,把抓好党建作为最大政绩,把全面从严治党作为根本保证,充分发挥各级党委总揽全局、协调各方的领导核心作用,努力营造积极向上、风清气正、干事创业的良好政治生态,汇聚起推动××发展的磅礴力量。

我们坚信,经过全省上下共同努力、不懈奋斗,就一定能够夺取全面建成小康社会的决定性胜利,一定能够创造美好××建设更加辉煌的成就!

三、着力推进供给侧结构性改革

推进供给侧结构性改革是适应把握引领经济发展新常态的重大创新。要深入实施调结构转方式促升级行动计划,着力打造创新型现代产业体系,全面提高供给体系质量和效率,推动发展迈向中高端水平。

（一）全面落实"去降补"五大任务。……

（二）加快建设制造强省。……

（三）大力发展现代服务业。……

（四）全力提升现代农业发展水平。……

四、着力推进创新驱动发展

创新是××最宝贵的遗传基因。要在新一轮创新发展中勇立潮头,下好创新"先手棋",把制度创新作为根本保障,统筹推进科技创新、产业创新、企业创新、产品创新、市场创新,塑造更多依靠创新驱动的引领性发展。

（一）系统推进全面创新改革试验。……

（二）加快建设×××国家自主创新示范区。……

（三）聚力打造创新创业人才高地。……

五、着力推进城乡区域协调发展

全面小康是城乡区域共同发展的小康。要加大统筹城乡区域发展力度,更加注重社会事业均衡发展和基本公共服务均等化,努力构建城乡区域协同发展新格局。

（一）积极推动区域一体化发展。……

（二）深入推进城乡统筹发展。……

（三）加快提升中心城市能级。……

（四）全面振兴县域经济。……

（五）大力提高基础承载能力。……

六、着力推进改革开放

改革开放是最鲜明的时代特色,是发展进步的活力之源。要坚持改革不停顿、开放不止步,争当击楫中流的改革先锋,全力打造内陆开放新高地。

（一）勇当全面深化改革排头兵。……

（二）推动重点领域关键环节改革攻坚。……

（三）深度融入国家"三大战略"。……

（四）全面提升开放型经济水平。……

七、着力推进社会主义民主政治建设

人民民主是我们党始终高扬的光辉旗帜。要坚持党的领导、人民当家作主、依法治国有机统一,大力发展更加广泛、更加充分、更加健全的人民民主,进一步形成生动活泼、安定团结的政治局面。

（一）保证人民当家作主。……
（二）完善基层民主制度。……
（三）巩固和发展最广泛的爱国统一战线。……
（四）大力推进全面依法治省。……
（五）推动军民深度融合发展。……

八、着力推进文化繁荣发展

全面建成小康社会,既要物质富足,也要精神富有。要坚持社会主义先进文化前进方向,坚持以人民为中心的工作导向,以高度的文化自觉和文化自信,持续推进"八个强"建设,深入打造创新型文化强省。

（一）牢牢掌握意识形态工作领导权话语权。……
（二）扎实推进社会主义核心价值观建设。……
（三）加快构建现代公共文化服务体系。……
（四）做强做大文化产业。……

九、着力推进以脱贫攻坚和民生改善为重点的社会建设

带领人民群众创造幸福美好生活,是我们矢志不渝的奋斗目标。要牢固树立共享发展理念,大力加强社会建设,注重机会公平,保障基本民生,实现全省人民共同迈入全面小康社会。

（一）坚决打赢脱贫攻坚战。……
（二）持续扩大公共服务供给。……
（三）不断提高社会治理水平。……

十、着力推进生态文明建设

生态文明建设关系人民福祉,关乎长远发展。要牢固树立尊重自然、顺应自然、保护自然的理念,深入推进绿色发展、循环发展、低碳发展,加快建设绿色××美好家园。

（一）筑牢生态安全屏障。……
（二）构建绿色发展模式。……
（三）完善生态文明制度。……

十一、以"三严三实"要求深入推进全面从严治党

建设创新协调绿色开放共享的美好××,关键在党,必须坚定不移推进全面从严治党。要认真履行管党治党政治责任,综合施策,标本兼治,推动管党治党真正走向严实硬。

（一）坚持以习近平总书记系列重要讲话精神武装头脑、指导实践、推动工作。……
（二）严肃党内政治生活。……
（三）打造高素质干部队伍。……
（四）不断加强党的基层组织建设。……
（五）驰而不息改进作风。……
（六）坚定不移推进党风廉政建设和反腐败斗争。……
（七）切实加强管党治党制度建设。……

同志们,决战决胜全面小康,建设"五大发展"的美好××,朝着全面开启现代化建设新征程阔步前进,是时代赋予全省350万共产党员和7000万××儿女的光荣使命。在新的征程上,我们的责任更大、担子更重,必须强化担当精神,牢记党和人民重托,以全省发展为己任,坚定信心不动摇,扛起责任勇担当,勤勉敬业,夙夜在公,奋力开创××各项事业新局面;

必须强化进取精神,树立雄心壮志,抬升发展标杆,敢于攀高比强,奋力在闯出新路中实现更好更快发展;必须强化实干精神,坚定地干在实处、走在前列,奋力创造经得起实践、人民和历史检验的优秀业绩。

同志们,宏伟蓝图已经绘就,美好前景催人奋进。让我们紧密团结在以习近平同志为核心的党中央周围,高举中国特色社会主义伟大旗帜,团结带领全省各族人民,众志成城,砥砺奋进,坚定不移闯出新路,决战决胜全面小康,加快建设创新协调绿色开放共享的美好××,共同谱写中华民族伟大复兴中国梦的新篇章!

第四章 决定

[知识讲授]

1931年11月,中国共产党中央执行委员会第一次全体会议通过的《地方苏维埃政府暂行组织条例》就有"决定"。

中华人民共和国成立后,"决定"被列入法定公文的时间及依据如表4.1所示。

表4.1 中华人民共和国成立后"决定"被列入法定公文的时间和依据

机关类别	时间	依据	备注
党的机关	1989年4月25日	《中国共产党各级领导机关文件处理条例》	
行政机关	1981年2月27日	《国家行政机关公文处理暂行办法》	1957年将"决定"确定为公文种类之一
党政机关	2012年7月1日	《党政机关公文处理工作条例》	
人大机关	1998年2月6日	《人大机关公文处理办法(试行)》	
军队机关	1992年7月1日	《中国人民解放军机关公文处理条例》	
检察机关	1995年2月11日	《最高人民检察院机关公文处理规定》	
审判机关	1992年1月1日	《人民法院公文处理暂行规定》	
工会机关	1996年3月19日	《全国总工会机关公文处理办法》	

一、决定的用途

《党政机关公文处理工作条例》规定:决定"适用于对重要事项作出决策和部署、奖惩有关单位和人员、变更或者撤销下级机关不适当的决定事项"。

《人大机关公文处理办法》规定:决定"适用于对重要事项做出的决策和安排"。

《军队机关公文处理工作条例》规定:决定"适用于对重要事项作出决策或者安排,变更或者撤销下级不适当的决定事项"。

《人民检察院公文处理办法》规定:决定"适用于对重要事项作出决策和部署、奖惩有关单位和人员、变更或者撤销下级人民检察院不适当的决定事项"。

《人民法院公文处理办法》规定:决定"适用于对重要事项作出决策和部署、奖惩有关单位和人员"。

《全国总工会机关公文处理办法》规定:"对某些问题或者重大行动作出安排,用'决定'。"

上述各机关对决定的用途的规定如表4.2所示。

表4.2　各机关对决定的用途的规定

机关类别	对决定的用途的规定
党政机关	对重要事项作出决策和部署、奖惩有关单位和人员、变更或者撤销下级机关不适当的决定事项
人大机关	对重要事项做出的决策和安排
军队机关	对重要事项作出决策或者安排，变更或者撤销下级不适当的决定事项
检察机关	对重要事项作出决策和部署、奖惩有关单位和人员、变更或者撤销下级人民检察院不适当的决定事项
审判机关	对重要事项作出决策和部署、奖惩有关单位和人员
工会机关	对某些问题或者重大行动作出安排

通过表4.2可以看出，党政机关和检察机关对决定的用途的规定是相同的；人大机关和工会机关对决定的用途的规定是相似的；军队机关对决定用途的规定中没有"奖惩有关单位和人员"；审判机关对决定用途的规定中没有"变更或者撤销下级不适当的决定事项"。

决定与决议的区别主要有两个方面：（1）产生程序不同——决定可以由会议作出，也可以由上级机关在职权范围内作出；决议必须由会议作出。（2）内容特征不同——决定可以用来解决全局问题，也可以用来解决具体问题；决议大都用来解决全局问题。

二、决定的种类

根据用途不同，决定可分为纲领性决定、奖惩决定、变更决定或撤销决定三种。

（一）纲领性决定

纲领性决定适用于对重要事项作出决策和部署。纲领性决定内容丰富，篇幅较长；有的需会议通过，有的无须会议通过。党政机关、人大机关、军队机关、检察机关、审判机关和工会机关均有这种决定。例如，党的机关有《中共中央关于全面深化改革若干重大问题的决定》《中共中央关于全面推进依法治国若干重大问题的决定》等。

（二）奖惩决定

奖惩决定适用于奖惩有关单位和人员。奖惩决定包括表彰决定和处分决定两种。党政机关、检察机关和审判机关有这种决定，人大机关、军队机关和工会机关没有这种决定。

（三）变更决定或撤销决定

变更决定或撤销决定适用于变更或者撤销下级机关不适当的决定事项。党政机关、军队机关和检察机关有这种决定，人大机关、审判机关和工会机关没有这种决定。这种决定在理论上存在，但在实际行文中却很少见。因此，下文在介绍决定的格式和写法时只介绍纲领性决定和奖惩决定的相关内容。

三、决定的格式

(一) 纲领性决定的格式(主体)

×××关于×××的决定
(20××年×月×日)

　　××(前言)。为了×××,×××特作如下决定:

　　××(决定事项)。

　　××××××××××××××××××××××××××××××××××(结语)。

【说明】

(1) 需会议通过的决定,要在标题之下加括号注明"20××年×月×日××会议通过"。

(2) "前言"部分,要写明作出决定的原因或目的。

(3) "结语"部分要写明要求或号召,也可省略。

(二) 奖惩决定的格式

1. 表彰决定的格式(主体)

×××关于表彰×××的决定

×××:

　　××(先进事迹及评价)。为了××××××,×××决定授予×××等×名同志×××称号,授予×××等×个单位(或集体)×××称号。

　　×××希望,××。

　　×××号召,××。

　　附件:××××××名单

×　×　×
20××年×月×日
(加盖印章)

【说明】

(1) 表彰决定有时可演变为两种：一种是单纯地授予某种称号，标题写成"×××关于授予×××(姓名)×××称号的决定"；另一种是单纯地号召向×××学习，标题写成"×××关于向×××学习的决定"。

(2) 没有主送机关、发文机关署名和印章的表彰决定，要在标题之下加括号注明成文日期。

(3) "希望"和"号召"也可以合成一段。

(4) 若受表彰者较少，则可在正文里一一写明而不用附件。

2. 处分决定的格式

【说明】

(1) 没有主送机关、发文机关署名和印章的处分决定，要在标题之下加括号注明成文日期。

(2) "受处分人的简历"部分，要写明受处分人的姓名、性别、年龄、民族、籍贯、家庭出身、本人成分、入党和参加工作时间、历任和现任职务、历史上受过何种奖励和处分。

(3) "主要错误事实"部分，要写明什么时间、地点，在什么情况下犯了什么错误、责任及后果。

(4) "处分内容"部分，要写明哪一级组织讨论决定给予了什么处分。

(5) "生效日期""申诉期限"有时也可以省略。

四、决定的写法

（一）纲领性决定

纲领性决定的"前言"部分要写得简要，说理充分。"决定事项"部分一般采用"小标题式"或"分部分表达式"写法，既要从叙事中提出问题，分清是非；又要据事说理，提出任务；还要阐明完成任务的方针、政策、原则、方法和步骤。

（二）奖惩决定

1. 表彰决定

表彰决定中的先进事迹用概括性语言，希望和号召要用鼓动性语言。

2. 处分决定

处分决定的内容陈述要准确，行文条理要清晰，语言要平实简洁，尤其要准确。

教学视频

教学音频

［例文分析］

【例文一】

中共中央　国务院

关于优化生育政策促进人口长期均衡发展的决定

（2021年6月26日）

人口发展是关系中华民族发展的大事情。为贯彻落实党的十九大和十九届二中、三中、四中、五中全会精神，促进人口长期均衡发展，现就优化生育政策，实施一对夫妻可以生育三个子女政策，并取消社会抚养费等制约措施、清理和废止相关处罚规定，配套实施积极生育支持措施（以下简称实施三孩生育政策及配套支持措施），作出如下决定。

一、充分认识优化生育政策、促进人口长期均衡发展的重大意义

党和国家始终坚持人口与发展综合决策，科学把握人口发展规律，坚持计划生育基本国策，有力促进了经济发展和社会进步，为全面建成小康社会奠定了坚实基础。党的十八大以来，党中央高度重视人口问题，根据我国人口发展变化形势，作出逐步调整完善生育政策、促进人口长期均衡发展的重大决策，各项工作取得显著成效。当前，进一步适应人口形势新变化和推动高质量发展新要求，实施三孩生育政策及配套支持措施，具有重大意义。

（一）有利于改善人口结构，落实积极应对人口老龄化国家战略。……

（二）有利于保持人力资源禀赋优势，应对世界百年未有之大变局。……

（三）有利于平缓总和生育率下降趋势，推动实现适度生育水平。……

（四）有利于巩固全面建成小康社会成果，促进人与自然和谐共生。……

二、指导思想、主要原则和目标

（五）指导思想。坚持以习近平新时代中国特色社会主义思想为指导，立足新发展阶段、贯彻新发展理念、构建新发展格局，实施积极应对人口老龄化国家战略，实施三孩生育政策及配套支持措施，改革服务管理制度，提升家庭发展能力，推动实现适度生育水平，促进人口长期均衡发展，为建设富强民主文明和谐美丽的社会主义现代化强国、实现中华民族伟大复兴的中国梦提供坚实基础和持久动力。

（六）主要原则
　　——以人民为中心。……
　　——以均衡为主线。……
　　——以改革为动力。……
　　——以法治为保障。……
（七）主要目标
　　到2025年，积极生育支持政策体系基本建立，服务管理制度基本完备，优生优育服务水平明显提高，普惠托育服务体系加快建设，生育、养育、教育成本显著降低，生育水平适当提高，出生人口性别比趋于正常，人口结构逐步优化，人口素质进一步提升。
　　到2035年，促进人口长期均衡发展的政策法规体系更加完善，服务管理机制运转高效，生育水平更加适度，人口结构进一步改善。优生优育、幼有所育服务水平与人民群众对美好生活的需要相适应，家庭发展能力明显提高，人的全面发展取得更为明显的实质性进展。
三、组织实施好三孩生育政策
（八）依法实施三孩生育政策。……
（九）取消社会抚养费等制约措施。……
（十）建立健全人口服务体系。……
（十一）加强人口监测和形势研判。……
四、提高优生优育服务水平
（十二）保障孕产妇和儿童健康。……
（十三）综合防治出生缺陷。……
（十四）规范人类辅助生殖技术应用。……
五、发展普惠托育服务体系
（十五）建立健全支持政策和标准规范体系。……
（十六）大力发展多种形式的普惠服务。……
（十七）加强综合监管。……
六、降低生育、养育、教育成本
（十八）完善生育休假与生育保险制度。……
（十九）加强税收、住房等支持政策。……
（二十）推进教育公平与优质教育资源供给。……
（二十一）保障女性就业合法权益。……
七、加强政策调整有序衔接
（二十二）维护好计划生育家庭合法权益。……
（二十三）建立健全计划生育特殊家庭全方位帮扶保障制度。……
（二十四）建立健全政府主导、社会组织参与的扶助关怀工作机制。……
八、强化组织实施保障
（二十五）加强党的领导。……
（二十六）动员社会力量。……
（二十七）深化战略研究。……
（二十八）做好宣传引导。……
（二十九）加强工作督导。……

【分析】
　　这是一份纲领性决定，由标题、成文日期和正文组成。其中，正文由两部分组成：前言

（第一自然段），写明了作出决定的原因；决定事项，共八条。无结语。

【例文二】

人力资源社会保障部　国家安全监管总局
关于表彰全国安全生产监管监察系统先进集体和先进工作者的决定

各省、自治区、直辖市及新疆生产建设兵团人力资源社会保障厅（局）、安全生产监督管理局，各省级煤矿安全监察局：

　　党的十八大以来，在党中央、国务院坚强领导下，全国安全生产监管监察系统广大干部职工高举中国特色社会主义伟大旗帜，以邓小平理论、"三个代表"重要思想、科学发展观为指导，全面贯彻党的十八大及十八届三中、四中、五中全会精神，认真学习贯彻习近平总书记系列重要讲话精神，深入贯彻落实党中央、国务院关于安全生产的决策部署和系列指示精神，以对党和人民事业高度负责的态度，牢记保护人民群众生命财产安全的使命担当，抓执法、强监管，保安全、促发展，不断深化安全生产领域改革创新，加强安全基层基础建设，为持续降低事故总量，防范和遏制重特大事故发生，促进安全生产形势持续稳定好转作出了重要贡献，涌现出一大批先进集体和先进工作者。

　　为表彰先进，弘扬正气，进一步激励各级安全监管监察机构和广大干部职工发扬爱岗敬业、不畏艰险、无私奉献的精神，更加扎实有效地做好安全生产工作，人力资源社会保障部、国家安全监管总局决定，授予北京市大兴区安全监管局等54个单位"全国安全生产监管监察系统先进集体"荣誉称号，授予贾兴华等55名同志"全国安全生产监管监察系统先进工作者"荣誉称号。被授予"全国安全生产监管监察系统先进工作者"荣誉称号的人员，享受省部级劳动模范和先进工作者待遇。希望受到表彰的先进集体和先进工作者珍惜荣誉，谦虚谨慎，戒骄戒躁，勇于站在时代前列，肩负起历史使命，不断锐意进取、主动作为，继续竭尽全力做好安全生产各项工作。

　　各级安全监管监察机构和广大干部职工要以受到表彰的先进集体和先进工作者为榜样，努力学习他们对党忠诚、坚守红线的政治品质，学习他们牢记宗旨、执法为民的公仆情怀，学习他们坚持原则、敢于碰硬的担当精神，学习他们爱岗敬业、履职尽责的职业操守，学习他们雷厉风行、善作善成的工作作风，学习他们严于律己、甘于奉献的道德情操，始终保持坚强的政治定力和旺盛的工作激情，思危担责，严格监管，狠抓落实，推动全国安全生产形势持续稳定好转，切实保护人民群众生命财产安全，努力为实现中华民族伟大复兴和中国梦作出新的更大贡献！

　　附件：1. 全国安全生产监管监察系统先进集体名单
　　　　　2. 全国安全生产监管监察系统先进工作者名单

人力资源社会保障部
国家安全监管总局
20××年10月27日

【分析】

　　这是一份表彰决定，由标题、主送机关、正文、附件说明、发文机关署名和成文日期组成。其中，正文第一自然段为先进事迹及评价，第二自然段为表彰目的、表彰决定和希望，第三自然段为号召。

　　希望应另起一段，或希望和号召合为一段。

【例文三】

××市文化广电新闻出版局关于给予王××开除处分的决定

王××,男,汉族,19××年10月出生,初中文化,19××年11月参加工作,现为××市电影发行放映公司工作人员。

20××年10月6日2时许,王××等人在××市××路×KTV×包厢中,同陈××、赵××发生争执并引发殴打,王××击伤陈××。经鉴定,被害人陈××鼻骨粉碎性骨折损伤程度构成轻伤二级、面部疤痕损伤程度构成轻伤一级。20××年12月24日,××市人民法院作出(20××)×刑初字第××××号刑事判决,以故意伤害罪判处王××有期徒刑一年二个月,缓刑一年六个月。

王××身为事业单位工作人员,犯故意伤害罪,其行为已经违反国家法律。根据《事业单位工作人员处分暂行规定》第二十二条第一款之规定,经研究,决定给予王××开除处分。

本决定自发文之日起生效。如对本处分决定不服,可以自收到处分决定书之日起三十日内,向我局申请复核。

××市文化广电新闻出版局
20××年3月29日
(加盖印章)

【分析】

这是一份处分决定,由标题、正文、发文机关署名、成文日期和印章组成。其中,正文第一自然段为受处分人的简历,第二自然段为主要错误事实,第三自然段为错误性质、处分决定,第四自然段为生效日期和申请复核的期限。

[实践训练]

一、改错题

请修改下面的决定。

中共××县委关于向×××同志学习的决定

××××年×月×日凌晨二点二十五分,共产党员、县供销社仓库主任×××同志值班巡逻到县供销社五号仓库,发现一伙罪犯正在作案。罪犯见他来了,转身就跑,×××大喝一声:"站住!"罪犯怔了一下,见只是×××一个人,便向×××求饶:"你放了我们,哥们日后一定给你好处。""别啰唆,跟我上派出所,争取宽大处理。"×××同志义正词严地说。罪犯见软的不行,凶相毕露,从腰间拔出匕首,向×××围上来,恶狠狠地说:"你识相些,否则别怪我们不客气。"×××同志毫无惧色地说:"你们这是罪上加罪。放下凶器,跟我上派出所。"罪犯一拥而上,匕首向×××同志刺来。×××同志一面高喊:"抓强盗!抓强盗!……"一面与罪犯展开搏斗。没多久,×××同志被罪犯刺了五刀,鲜血直流。但×××同志仍一面高喊抓强盗,一面与罪犯展开殊死搏斗,终因身单力薄,倒在血泊中。职工群众闻声赶到,把他送进医院。医院立即组成抢救小组抢救。因×××同志失血过多,光荣牺牲,年仅三十岁。

为此,县委决定,在全县开展向×××同志学习的活动。

县委号召,全县广大党员、职工、群众,要以×××同志为榜样,忠于职守,勤奋工作,敢于同坏人坏事作斗争,为了国家和人民的利益,不惜献出自己的生命。为争取党风、社会风气的进一步好转,为争取我县物质文明和精神文明建设的新成就而努力奋斗。

20××年×月×日

二、写作题

请根据下面的材料,拟写一份决定。

李××,男,汉族,1976年11月出生,大专文化程度,××街道××村人,2009年12月加入中国共产党,1995年7月参加工作,2011年9月至2012年3月担任××市水利局A水利站水政监察中队长,2012年3月起担任B水利站水政监察中队长。李××同志在担任A水利站水政监察中队长期间,对××江A段的非法采砂行为没有按职责要求跟踪处理、采取有力措施予以有效制止,致使非法采砂行为一直持续,造成重大国有资产流失,经××市人民法院、××市中级人民法院审定,其行为已触犯刑律,构成玩忽职守罪,鉴于其犯罪情节轻微,决定免予刑事处罚。根据其所犯错误的性质,2013年12月19日,中共××市纪律检查委员会研究决定,给予该同志留党察看一年处分。2014年5月19日,××市水利局根据《行政机关公务员处分条例》第二十条之规定,给予李××同志行政撤职处分。

第五章 命令(令)

[知识讲授]

"命令"是从古代的"命"和"令"发展而来的。秦始皇统一中国后,规定皇帝下颁的文书称为"制"或"诏"。"命"逐步消亡,"令"沿用下来。辛亥革命后,南京临时政府废除了"制""诏"等文种,保留了"令(谕)""示""状"等文种。民国时期,"令""命令""通令""训令""委任令"等文种一直沿用。在中国共产党领导的红色政权的公文中,也有"令""命令""通令""训令""指令""任免令"等文种。

中华人民共和国成立后,"命令(令)"被列入法定公文的时间及依据如表5.1所示。

表5.1 中华人民共和国成立后"命令(令)"被列入法定公文的时间及依据

机关类别	时间	依据	备注
行政机关	1951年9月29日	《公文处理暂行办法》	1951年起称"命令",1957年将"令"确定为公文种类之一,1987年起将"命令"和"令"合写成"命令(令)"
党政机关	2012年7月1日	《党政机关公文处理工作条例》	
军队机关	1992年7月1日	《中国人民解放军机关公文处理条例》	称"命令",另有"通令"
检察机关	1995年2月11日	《最高人民检察院机关公文处理规定》	称"命令"
审判机关	1996年5月1日	《人民法院公文处理办法》	

一、命令(令)的用途

《党政机关公文处理工作条例》规定:命令(令)"适用于公布行政法规和规章、宣布施行重大强制性措施、批准授予和晋升衔级、嘉奖有关单位和人员"。

《军队机关公文处理工作条例》规定:命令"适用于发布军事法规、军事规章,确定和调整体制编制,部署部队和军事行动,调动兵力,授予、变更和撤销部队番号,调配武器装备,任免干部,授予和晋升军(警)衔,选取士官,军(警)官和士兵退役,授予荣誉称号等"。

《人民检察院公文处理办法》规定:命令(令)"适用于发布强制性的指令性文件、批准授予和晋升衔级、嘉奖有关单位和人员"。

《人民法院公文处理办法》规定:命令(令)"适用于批准授予和晋升衔级、嘉奖有关单位和人员"。

上述各机关对命令(令)的用途的规定如表5.2所示。

表 5.2　各机关对命令(令)的用途的规定

机关类别	对命令(令)的用途的规定
党政机关	公布行政法规和规章、宣布施行重大强制性措施、批准授予和晋升衔级、嘉奖有关单位和人员
军队机关	发布军事法规、军事规章,确定和调整体制编制,部署部队和军事行动,调动兵力,授予、变更和撤销部队番号,调配武器装备,任免干部,授予和晋升军(警)衔,选取士官,军(警)官和士兵退役,授予荣誉称号等
检察机关	发布强制性的指令性文件、批准授予和晋升衔级、嘉奖有关单位和人员
审判机关	批准授予和晋升衔级、嘉奖有关单位和人员

通过表 5.2 可以看出,党政机关、军队机关、检察机关和审判机关都可以用命令(令)"批准授予和晋升衔级"或"授予和晋升军衔";党政机关、检察机关和审判机关的命令(令)可以"嘉奖有关单位和人员",军队机关的"命令"可以"授予荣誉称号";党政机关和军队机关的命令(令)可以公布或发布法规和规章,其他机关的命令(令)则不可以;军队机关的"命令"可以"任免干部",其他机关的命令(令)则不可以。

二、命令(令)的种类

党政机关的命令(令)根据用途,可分为公布令、强制令、授予(晋升)令和嘉奖令四种。

(一) 公布令

公布令适用于公布行政法规和规章。

(二) 强制令

强制令适用于宣布施行重大强制性措施,如戒严等。

(三) 授予(晋升)令

授予(晋升)令适用于批准授予和晋升衔级。

(四) 嘉奖令

嘉奖令适用于嘉奖有关单位和人员。

三、命令(令)的格式

这里只介绍公布令、强制令、嘉奖令的格式。

(一) 公布令的格式(首页)

×××××× 令

第 × 号

《××××××》已由×××会议于××××年×月×日通过,现予公布,自××××年

×月×日起施行。

×××（职务）　×××（签名章）
20××年×月×日

【说明】

（1）在公布令中，发文机关标志由发文机关全称加"命令"或"令"字组成，居中排布，上边缘至版心上边缘为20mm，推荐使用红色小标宋体字，字号由发文机关酌定。联合行文时，发文机关名称分行编排，两端对齐，"命令"或"令"字置于右侧，上下居中。

（2）令号是命令（令）的编号，写成"第×号"，不编虚位。发文机关标志下空二行，居中排布。

（3）命令（令）一般无标题。令号下空二行直接编排正文。"现予公布，自×××年×月×日起施行"还可写成"现予公布施行""现予公布实施""现公布施行"等。

（二）强制令的格式（主体）

×××（命令缘由）。为此，发布命令如下：

××（命令事项）。

××（执行要求）。

×××（职务）　×××（签名章）
20××年×月×日

【说明】

（1）"命令缘由"部分最后的承上启下的习惯用语还可以写成"特命令如下""特发布如下命令"等。

（2）"执行要求"如已在前两部分讲清，则后文不再重复。

（三）嘉奖令的格式（主体）

×××希望,××。

×××号召,××。

×××（职务）　×××（签名章）
20××年×月×日

【说明】

(1) 嘉奖令的格式与表彰决定、表彰通报的格式基本相同。

(2) 标题还可写成"×××嘉奖令"。

四、命令(令)的写法

这里只介绍公布令、强制令和嘉奖令的写法。

(一) 公布令

公布令的写法,固定而单一,往往不可任意增减文字。

(二) 强制令

强制令中,"命令缘由"部分要写得文字简洁、理由充分;"命令事项"部分可根据不同情况,或分序排列,或一段到底,要写得具体、明确,以便执行。

(三) 嘉奖令

嘉奖令的写法比较灵活。需要注意的问题是:第一,要注意分寸,介绍先进事迹不能言过其实;第二,要注意倾向,体现一个"爱"字。

教学视频

教学音频

［例文分析］

【例文一】

中华人民共和国国务院令
第 738 号

《行政事业性国有资产管理条例》已经 2020 年 12 月 30 日国务院第 120 次常务会议通过,现予公布,自 2021 年 4 月 1 日起施行。

总理　李克强
2021 年 2 月 1 日

【分析】

这是一份公布令,由发文机关标识、令号、正文、签发人职务、签名章和成文日期组成。正文极其简洁。

【例文二】

××市人民政府关于森林草原防火戒严的命令

各旗区人民政府,××新区管理委员会,市人民政府各部门,各直属单位,各大企事业单位:

进入3月以来,全市气温回升,野外风干物燥,森林草原防火形势异常严峻,为切实保护好生态建设成果和人民群众生命财产安全,市人民政府决定在全市范围内实行防火戒严,现命令如下。

一、防火戒严管制期:20××年3月15日至5月30日。

二、防火戒严管制区:国有、集体、个体林场,名胜风景旅游区,林业重点工程区,人工针叶林区,城郊绿化区,森林公园,自然保护区,公路两侧绿化带,生态集中恢复区及各旗区划定的管制区。

三、严禁在防火戒严管制区内上坟烧纸、吸烟和燃放烟花爆竹,严禁在林缘、林草结合部烧荒,严禁将带火星的剩余燃烧物倾倒在户外,严防机动车辆喷火。确需野外施工用火或进行爆破、勘察和实弹演习活动等,须经当地防火指挥部批准。严禁三级以上风力的天气条件下进行任何野外用火行为。

四、防火戒严管制区内各类生产作业点、旅游景点及公路、电力、石油天然气等企事业单位必须排查并消除森林草原火灾隐患,配足扑火机具和安排经过培训的扑火队员。凡不符合《森林防火条例》和《草原防火条例》有关规定的一律整改。

五、交通运输、公路收费、出租车、物流、快递等经营管理单位对过往或管理的车辆人员要加强防火宣传教育,严禁向外丢弃烟蒂等火种。驾驶员、随车管理员为防火责任人。

六、各类扑火队伍时刻保持战备状态,一旦发现火情,集中兵力科学扑救,做到"打早、打小、打了",坚决杜绝人员伤亡事故的发生。

七、因不履行防火责任、拒绝接受防火检查、不消除火灾隐患、未经批准擅自进入防火戒严管制区用火、过失或故意引发森林草原火灾等,根据《森林防火条例》和《草原防火条例》,视情节轻重,对单位处以2000元~10万元的罚款,对个人处以200元~5000元的罚款。涉嫌违法的依法追究法律责任。

八、检查发现辖区内防火责任制不落实、措施不得力、监督检查不到位等问题,按照《××自治区人民政府关于印发〈××自治区森林草原防火工作责任追究办法〉的通知》(××政发〔20××〕66号),严肃追究各级人民政府相关领导的责任。

九、任何单位和个人发现森林草原火情,要及时向当地防火指挥部或市防火指挥部办公室报告。报警电话:12119。任何单位和个人应无偿为报警提供便利,禁止谎报、乱报、瞒报森林草原火情。

××市市长 ×××
20××年3月21日

【分析】

这是一份强制令,由标题、正文、签发人职务、签名章和成文日期组成。其中,正文第一自然段为命令缘由,第二自然段至最后一个自然段为命令事项,无执行要求。

【例文三】
××县人民政府对××建设集团有限公司的嘉奖令

各乡、镇人民政府,团风经济开发区管委会,县政府各部门:

近年来,××建设集团有限公司始终秉持"筑品质山河,成百年基业"企业愿景,开拓进取,勇于改革,大胆创新,立足国内市场,积极开拓国际市场,发展成为集建筑产业、房地产业、投融资业务于一体的大型企业集团,是国家房屋建筑施工总承包特级资质企业,同时具备市政施工总承包、地基基础、机电安装等八项一级资质,先后荣获国家级工程奖项11项,主编住建部行业标准1部,获得国家级工法3项,省级工法17项,取得技术专利23项,取得国家级科技进步奖1项。20××年,××建设集团有限公司进入中国企业500强,市场竞争力和影响力进一步增强。为激励先进,促进我县建筑产业又好又快发展,县政府决定,对××建设集团有限公司给予通令嘉奖,并奖励××建设集团有限公司人民币20万元。

希望××建设集团有限公司以此为契机,加速建立现代企业制度,加快做大做强步伐,为全县建筑企业、中小企业发展壮大探索更多经验,更好地发挥引领作用,为推进"三举三进"战略,加快团风临港经济示范区建设作出新的更大贡献。

县长　×××
20××年2月26日

【分析】

这是一份嘉奖令,由标题、主送机关、正文、签发人职务、签名章和成文日期组成。其中,正文第一自然段为先进事迹及评价和嘉奖决定,第二自然段为希望。

[实践训练]

一、改错题

请修改下面的嘉奖令。

嘉奖令

近年来,××中学以习近平总书记系列重要讲话精神为指导,以素质教育为核心,秉承"立诚勿怠,格物致知"的校训,不断深化教育教学改革,提升精细管理水平,坚持"对学生一生负责,为学生幸福人生奠基"的办学理念,全面实施"立格教育",精心打造名师队伍,狠抓教育教学质量,各项事业取得快速发展,相继获得全国教育系统先进集体、全国绿化模范单位、××省文明单位、××省一级普通高中特色示范学校等20多项荣誉,高考成绩连续七年保持飞速攀升势头。尤其是20××年高考,再次创造新辉煌,为××教育事业发展作出了重要贡献,同时也为我县教育系统赢得了殊荣。为此,县人民政府决定,对××中学予以通令嘉奖。

××县人民政府
20××年9月3日

二、写作题

1. 请根据下面的材料,拟写一份公布令。

2021年4月29日,《中华人民共和国反食品浪费法》由中华人民共和国第十三届全国人民代表大会常务委员会第二十八次会议通过;同日,中华人民共和国主席习近平签发第七十八号主席令,予以公布,自公布之日起施行。

2. 请根据下面的材料,拟写一份嘉奖令。

20××年11月1日凌晨,一名持刀歹徒在××成功劫得一辆的士后,硬闯治安关卡、撞坏两辆警车,疯狂向××逃窜。正在执勤的交警赵××搏斗中身负重伤,但仍独自浴血追出500米,成功将该歹徒擒获,上演了一曲可歌可泣的英雄壮举。随后,生命垂危的赵××被送往××市××医院救治,全身被缝100多针。11月6日,××省公安厅××厅长签署嘉奖令,为英雄民警赵××记个人一等功。

第六章 公报

[知识讲授]

中华人民共和国成立前后,曾用"公报"宣布重大事件。

中华人民共和国成立后,"公报"被列入法定公文的时间及依据如表6.1所示。

表6.1 中华人民共和国成立后"公报"被列入法定公文的时间及依据

机关类别	时间	依据
党的机关	1989年4月25日	《中国共产党各级领导机关文件处理条例》
党政机关	2012年7月1日	《党政机关公文处理工作条例》

一、公报的用途

《党政机关公文处理工作条例》规定:公报"适用于公布重要决定或者重大事项"。

关于公报的用途,关键是如何理解"公报"的"公"字。"公报"中的这个"公"字,不是简单的"公开""公布"。在机关内部公开公布不能用"公报",在国内公开公布也不能用"公报";只有在国内外(全球范围)公开公布,才能用"公报"。

正因为如此,公报的载体就不能单纯使用纸质的文件,而是要借助报纸、广播、电视、网络。

二、公报的种类

公报可分为会议公报、新闻公报和统计公报三种。

(一)会议公报

会议公报适用于公布会议情况和会议成果。

(二)新闻公报

新闻公报其实就是官方发布的消息,详见本书第二十六章。

(三)统计公报

统计公报适用于国民经济和社会发展年报,不属于法定公文。这里不做介绍。

本书只介绍会议公报。

三、公报的格式（主体）

×××会议公报

（20××年×月×日×××会议通过）

　　×××会议，××××年×月×日在××举行。

　　×××（会议的出席者、列席者、主持者、讲话者）。

　　××（会议解决的主要问题）。

　　××××××××××××××××××××××（会议气氛、会议号召）。

【说明】

（1）本格式仅适用于会议公报。

（2）这里的"会议"也可以是"大会""全会"。

（3）"会议解决的主要问题"部分，每个自然段往往用"会议认为""会议强调""会议提出""会议指出""会议要求"等习惯用语引领。

（4）"会议气氛"也可省略。

四、公报的写法

　　第一，会议公报要忠实于会议的情况和结果；要突出会议的中心议题，有时要把事关重大的核心内容提到最醒目的段落上（即安排在会议的名称、时间、地点之后），这就是所谓的"倒金字塔"结构。

　　第二，公议公报的语言要庄重严肃、简洁平实。

教学视频

教学音频

［例文分析］

【例文】

中国共产党第十九届中央委员会第五次全体会议公报

（2020年10月29日中国共产党第十九届中央委员会第五次全体会议通过）

中国共产党第十九届中央委员会第五次全体会议，于2020年10月26日至29日在北京举行。

出席这次全会的有,中央委员198人,候补中央委员166人。中央纪律检查委员会常务委员会委员和有关方面负责同志列席会议。党的十九大代表中的部分基层同志和专家学者也列席会议。

全会由中央政治局主持。中央委员会总书记习近平作了重要讲话。

全会听取和讨论了习近平受中央政治局委托作的工作报告,审议通过了《中共中央关于制定国民经济和社会发展第十四个五年规划和二〇三五年远景目标的建议》。习近平就《建议(讨论稿)》向全会作了说明。

全会充分肯定党的十九届四中全会以来中央政治局的工作。一致认为,一年来,中央政治局高举中国特色社会主义伟大旗帜,坚持以马克思列宁主义、毛泽东思想、邓小平理论、"三个代表"重要思想、科学发展观、习近平新时代中国特色社会主义思想为指导,全面贯彻党的十九大和十九届二中、三中、四中全会精神,增强"四个意识"、坚定"四个自信"、做到"两个维护",统筹推进"五位一体"总体布局,协调推进"四个全面"战略布局,坚持稳中求进工作总基调,坚持新发展理念,坚定不移推进改革开放,沉着有力应对各种风险挑战,统筹新冠肺炎疫情防控和经济社会发展工作,把人民生命安全和身体健康放在第一位,把握扩大内需这个战略基点,深化供给侧结构性改革,加大宏观政策应对力度,扎实做好"六稳"工作、全面落实"六保"任务,坚决维护国家主权、安全、发展利益,疫情防控工作取得重大战略成果,三大攻坚战扎实推进,经济增长好于预期,人民生活得到有力保障,社会大局保持稳定,中国特色大国外交积极推进,党和国家各项事业取得新的重大成就。

全会一致认为,面对错综复杂的国际形势、艰巨繁重的国内改革发展稳定任务特别是新冠肺炎疫情严重冲击,以习近平同志为核心的党中央不忘初心、牢记使命,团结带领全党全国各族人民砥砺前行、开拓创新,奋发有为推进党和国家各项事业,战胜各种风险挑战,中国特色社会主义的航船继续乘风破浪、坚毅前行。实践再次证明,有习近平同志作为党中央的核心、全党的核心领航掌舵,有全党全国各族人民团结一心、顽强奋斗,我们就一定能够战胜前进道路上出现的各种艰难险阻,一定能够在新时代把中国特色社会主义更加有力地推向前进。

全会高度评价决胜全面建成小康社会取得的决定性成就。……

全会强调,全党全国各族人民要再接再厉、一鼓作气,确保如期打赢脱贫攻坚战,确保如期全面建成小康社会、实现第一个百年奋斗目标,为开启全面建设社会主义现代化国家新征程奠定坚实基础。

全会深入分析了我国发展环境面临的深刻复杂变化,认为当前和今后一个时期,我国发展仍然处于重要战略机遇期,但机遇和挑战都有新的发展变化。……

全会提出了到二〇三五年基本实现社会主义现代化远景目标,这就是:……

全会提出了"十四五"时期经济社会发展指导思想和必须遵循的原则,……

全会提出了"十四五"时期经济社会发展主要目标,这就是:……

全会提出,坚持创新在我国现代化建设全局中的核心地位,把科技自立自强作为国家发展的战略支撑,面向世界科技前沿、面向经济主战场、面向国家重大需求、面向人民生命健康,深入实施科教兴国战略、人才强国战略、创新驱动发展战略,完善国家创新体系,加快建设科技强国。……

全会提出,加快发展现代产业体系,推动经济体系优化升级。……

全会提出,形成强大国内市场,构建新发展格局。……

全会提出,全面深化改革,构建高水平社会主义市场经济体制。……

全会提出,优先发展农业农村,全面推进乡村振兴。……
全会提出,优化国土空间布局,推进区域协调发展和新型城镇化。……
全会提出,繁荣发展文化事业和文化产业,提高国家文化软实力。……
全会提出,推动绿色发展,促进人与自然和谐共生。……
全会提出,实行高水平对外开放,开拓合作共赢新局面。……
全会提出,改善人民生活品质,提高社会建设水平。……
全会提出,统筹发展和安全,建设更高水平的平安中国。……
全会提出,加快国防和军队现代化,实现富国和强军相统一。……
全会强调,实现"十四五"规划和二〇三五年远景目标,必须坚持党的全面领导,充分调动一切积极因素,广泛团结一切可以团结的力量,形成推动发展的强大合力。……
全会号召,全党全国各族人民要紧密团结在以习近平同志为核心的党中央周围,同心同德,顽强奋斗,夺取全面建设社会主义现代化国家新胜利!

【分析】

这份会议公报由标题、成文日期和正文组成。正文中,第一至第四自然段为会议情况,接下来为会议要解决的主要问题,最后一个自然段为会议号召。

[实践训练]

一、改错题

请修改下面的会议公报(请按正确的顺序重新排序)。

中国共产党第十九届中央委员会第四次全体会议公报
(2019年10月31日中国共产党第十九届中央委员会第四次全体会议通过)

中国共产党第十九届中央委员会第四次全体会议,于2019年10月28日至31日在北京举行。

全会由中央政治局主持。中央委员会总书记习近平作了重要讲话。

出席这次全会的有,中央委员202人,候补中央委员169人。中央纪律检查委员会常务委员会委员和有关方面负责同志列席会议。党的十九大代表中的部分基层同志和专家学者也列席会议。

全会听取和讨论了习近平受中央政治局委托作的工作报告,审议通过了《中共中央关于坚持和完善中国特色社会主义制度、推进国家治理体系和治理能力现代化若干重大问题的决定》。习近平就《决定(讨论稿)》向全会作了说明。

全会按照党章规定,决定递补中央委员会候补委员马正武、马伟明同志为中央委员会委员。

全会审议并通过了中共中央纪律检查委员会关于刘士余同志严重违纪违法问题的审查报告,确认中央政治局之前作出的给予刘士余同志留党察看二年的处分。

全会充分肯定党的十九届三中全会以来中央政治局的工作。一致认为,面对国内外风险挑战明显增多的复杂局面,中央政治局高举中国特色社会主义伟大旗帜,坚持以马克思列宁主义、毛泽东思想、邓小平理论、"三个代表"重要思想、科学发展观、习近平新时代中国特色社会主义思想为指导,全面贯彻党的十九大和十九届二中、三中全会精神,准确把握国内国际两个大局,着力抓好发展和安全两件大事,加强战略谋划,增强战略定力,坚持稳中求进工作总基调,继续统筹推进"五位一体"总体布局和协调推进"四个全面"战略布局,团结带领全党全国各族人民攻坚克难、砥砺前行,庆祝中华人民共和国成立70周年系列活动极大振奋和凝聚了党心军心民心,庆祝改革开放40周年系列活动增强了将改革进行到底的信心,"不忘初心、牢记使命"主题教育成效明显,深化党和国家机构改革各项工作胜利完成,改革开放全面深化,经济社会保持健康稳定发展,坚决打好三大攻坚战和应对各种风险挑战工作有力有效,国防和军队现代化深入推进,推动党和国家各项事业取得新的重大进展。

全会认为,中国共产党自成立以来,团结带领人民,坚持把马克思主义基本原理同中国具体实际相结合,赢得了中国革命胜利,并深刻总结国内外正反两方面经验,不断探索实践,不断改革创新,建立和完善社会主义制度,形成和发展党的领导和经济、政治、文化、社会、生态文明、军事、外事等各方面制度,加强和完善国家治理,取得历史性成就。……

全会提出,中国特色社会主义制度是党和人民在长期实践探索中形成的科学制度体系,我国国家治理一切工作和活动都依照中国特色社会主义制度展开,我国国家治理体系和治理能力是中国特色社会主义制度及其执行能力的集中体现。

全会提出,坚持和完善中国特色社会主义制度、推进国家治理体系和治理能力现代化的总体目标是,到我们党成立一百年时,在各方面制度更加成熟更加定型上取得明显成效;到二〇三五年,各方面制度更加完善,基本实现国家治理体系和治理能力现代化;到新中国成立一百年时,全面实现国家治理体系和治理能力现代化,使中国特色社会主义制度更加巩固、优越性充分展现。

全会提出,坚持和完善党的领导制度体系,提高党科学执政、民主执政、依法执政水平。……

全会提出,坚持和完善人民当家作主制度体系,发展社会主义民主政治。……

全会提出,坚持和完善中国特色社会主义法治体系,提高党依法治国、依法执政能力。……

全会提出,坚持和完善中国特色社会主义行政体制,构建职责明确、依法行政的政府治理体系。……

全会提出,坚持和完善社会主义基本经济制度,推动经济高质量发展。……

全会提出,坚持和完善繁荣发展社会主义先进文化的制度,巩固全体人民团结奋斗的共同思想基础。……

全会提出,坚持和完善统筹城乡的民生保障制度,满足人民日益增长的美好生活需要。……

全会提出,坚持和完善共建共治共享的社会治理制度,保持社会稳定、维护国家安全。……

全会提出,坚持和完善生态文明制度体系,促进人与自然和谐共生。……

全会提出,坚持和完善党对人民军队的绝对领导制度,确保人民军队忠实履行新时代使命任务。……

全会提出,坚持和完善"一国两制"制度体系,推进祖国和平统一。……

全会提出,坚持和完善独立自主的和平外交政策,推动构建人类命运共同体。……

全会提出,坚持和完善党和国家监督体系,强化对权力运行的制约和监督。……

全会强调,我国国家制度和国家治理体系具有多方面的显著优势,主要是:……

全会强调,必须坚持以马克思列宁主义、毛泽东思想、邓小平理论、"三个代表"重要思想、科学发展观、习近平新时代中国特色社会主义思想为指导,增强"四个意识",坚定"四个自信",做到"两个维护",坚持党的领导、人民当家作主、依法治国有机统一,坚持解放思想、实事求是,坚持改革创新,突出坚持和完善支撑中国特色社会主义制度的根本制度、基本制度、重要制度,着力固根基、扬优势、补短板、强弱项,构建系统完备、科学规范、运行有效的制度体系,加强系统治理、依法治理、综合治理、源头治理,把我国制度优势更好转化为国家治理效能,为实现"两个一百年"奋斗目标、实现中华民族伟大复兴的中国梦提供有力保证。

全会强调,坚持和完善中国特色社会主义制度、推进国家治理体系和治理能力现代化,是全党的一项重大战略任务。……

全会号召,全党全国各族人民要更加紧密地团结在以习近平同志为核心的党中央周围,坚定信心,保持定力,锐意进取,开拓创新,为坚持和完善中国特色社会主义制度、推进国家治理体系和治理能力现代化,实现"两个一百年"奋斗目标、实现中华民族伟大复兴的中国梦而努力奋斗!

二、写作题

请根据下面的材料,拟写一份会议公报。

会议名称:中国共产党第十九届中央委员会第三次全体会议。
会议时间:2018年2月26日至28日。
会议地点:北京。
出席人:中央委员202人,候补中央委员171人。
列席人:中央纪律检查委员会副书记和有关方面负责同志。
主持人:中央政治局。
会议内容:全会听取和讨论了习近平受中央政治局委托作的工作报告。全会审议通过了中央政治局在广泛征求党内外意见、反复酝酿协商的基础上提出的拟向十三届全国人大一次会议推荐的国家机构领导人员人选建议名单和拟向全国政协十三届一次会议推荐的全国政协领导人员人选建议名单,决定将这两个建议名单分别向十三届全国人大一次会议主席团和全国政协十三届一次会议主席团推荐。全会审议通过了《中共中央关于深化党和国家机构改革的决定》和《深化党和国家机构改革方案》,同意把《深化党和国家机构改革方案》的部分内容按照法定程序提交十三届全国人大一次会议审议。

会议主要精神:

全会充分肯定党的十九届一中全会以来中央政治局的工作。一致认为,面对复杂多变的国际形势、艰巨繁重的国内改革发展稳定任务,中央政治局全面贯彻党的十九大和十九届一中、二中全会精神,高举中国特色社会主义伟大旗帜,坚持以马克思列宁主义、毛泽东思想、邓小平理论、"三个代表"重要思想、科学发展观、习近平新时代中国特色社会主义思想为指导,不忘初心、牢记使命,全面加强党对一切工作的领导,坚持稳中求进工作总基调,勇于创新、扎实工作,统筹推进"五位一体"总体布局,协调推进"四个全面"战略布局,团结带领全党全国各族人民,坚定信心,凝心聚力,只争朝夕,真抓实干,着力全面深化改革、保持经济平稳健康发展,着力全面依法治国、推进中国特色社会主义法治体系建设,全力以赴打好防范化解重大风险、精准脱贫、污染防治的攻坚战,着力全面从严治党、切实转变工作作风,全面推进社会主义经济建设、政治建设、文化建设、社会建设、生态文明建设和党的建设,在决胜全面建成小康社会、开启全面建设社会主义现代化国家新征程上迈出新的步伐,推动党和国家各项事业取得新的成绩。

全会认为,开好十三届全国人大一次会议和全国政协十三届一次会议,对动员全党全国各族人民为决胜全面建成小康社会、夺取新时代中国特色社会主义伟大胜利而奋斗具有重大意义。

全会提出,深化党和国家机构改革是推进国家治理体系和治理能力现代化的一场深刻变革。……

全会强调,面对新时代新任务提出的新要求,党和国家机构设置和职能配置同统筹推进"五位一体"总体布局、协调推进"四个全面"战略布局的要求还不完全适应,同实现国家治理体系和治理能力现代化的要求还不完全适应。……

全会强调,深化党和国家机构改革的指导思想是,全面贯彻党的十九大精神,坚持以马克思列宁主义、毛泽东思想、邓小平理论、"三个代表"重要思想、科学发展观、习近平新时代中国特色社会主义思想为指导,适应新时代中国特色社会主义发展要求,坚持稳中求进工作总基调,坚持正确改革方向,坚持以人民为中心,坚持全面依法治国,以加强党的全面领导为统领,以国家治理体系和治理能力现代化为导向,以推进党和国家机构职能优化协同高效为着力点,改革机构设置,优化职能配置,深化转职能、转方式、转作风,提高效率效能,为决胜全面建成小康社会、开启全面建设社会主义现代化国家新征程、实现中华民族伟大复兴的中国梦提供有力制度保障。深化党和国家机构改革,必须贯彻坚持党的全面领导、坚持以人民为中心、坚持优化协同高效、坚持全面依法治国的原则。

全会强调,深化党和国家机构改革是一个系统工程,各级党委和政府要把思想和行动统一到党中央关于深化党和国家机构改革的决策部署上来,增强"四个意识",坚定"四个自信",坚决维护以习近平同志为核心的党中央权威和集中统一领导,把握好改革发展稳定关系,不折不扣抓好党中央决策部署贯彻落实,依法依规保障改革,增强改革的系统性、整体性、协同性,加强党政军群各方面机构改革配合,使各项改革相互促进、相得益彰,形成总体效应。

全会提出,深化党和国家机构改革的目标是,……

全会提出,深化党和国家机构改革的首要任务是,……

全会提出,转变政府职能,优化政府机构设置和职能配置,是深化党和国家机构改革的重要任务。……

全会提出,统筹党政军群机构改革,是加强党的集中统一领导、实现机构职能优化协同高效的必然要求。……

全会提出,治理好我们这样的大国,要理顺中央和地方职责关系,更好发挥中央和地方两个积极性。……

全会提出,机构编制法定化是深化党和国家机构改革的重要保障。……

全会号召,全党全国各族人民要紧密团结在以习近平同志为核心的党中央周围,统一思想,统一行动,锐意改革,确保完成深化党和国家机构改革的各项任务,不断构建系统完备、科学规范、运行高效的党和国家机构职能体系,为决胜全面建成小康社会、加快推进社会主义现代化、实现中华民族伟大复兴的中国梦而奋斗!

第七章　公告

[知识讲授]

民国时期,国民政府和解放区政府即开始使用"公告"。

中华人民共和国成立后,"公告"被列入法定公文的时间及依据如表 7.1 所示。

表 7.1　中华人民共和国成立后"公告"被列入法定公文的时间及依据

机关类别	时间	依　据
行政机关	1951 年 9 月 29 日	《公文处理暂行办法》
党政机关	2012 年 7 月 1 日	《党政机关公文处理工作条例》
人大机关	1998 年 2 月 6 日	《人大机关公文处理办法(试行)》
检察机关	1995 年 2 月 11 日	《最高人民检察院机关公文处理规定》
审判机关	1992 年 1 月 1 日	《人民法院公文处理暂行规定》

一、公告的用途

《党政机关公文处理工作条例》规定:公告"适用于向国内外宣布重要事项或者法定事项"。

《人大机关公文处理办法》规定:公告"适用于发布法律、地方性法规及其他重要事项"。

《人民检察院公文处理办法》规定:公告"适用于向国内外宣布重要事项或者法定事项"。

《人民法院公文处理办法》规定:公告"适用于向国内外宣布重要事项或者法定事项"。

上述各机关对公告的用途的规定如表 7.2 所示。

表 7.2　各机关对公告的用途的规定

机关类别	对公告的用途的规定
党政机关	向国内外宣布重要事项或者法定事项
人大机关	发布法律、地方性法规及其他重要事项
检察机关	向国内外宣布重要事项或者法定事项
审判机关	向国内外宣布重要事项或者法定事项

通过表 7.2 可以看出,党政机关、检察机关和审判机关对公告的用途的规定完全一致,都是"向国内外宣布重要事项或者法定事项"。关于公告的用途,关键是如何理解"公告"的"公"字。同公报中的"公"字一样,这里的"公"字,不是简单的"公开""公布"。在机关内部公

开公布不能用"公告",在国内公开公布也不能用"公告";只有在国内外(全球范围)公开公布,才能用"公告"。在实际工作中,我们经常会看到公告滥用或错用的情况,比如,向机关外部公开公布某个事项,用"公告";甚至在机关内部公开公布某个事项,也用"公告"。这种用法,应予纠正。

人大机关的公告,用途比较特殊,它除了可以发布"重要事项"外,还经常用来"发布法律、地方性法规"。

正因为公告的用途是向"国内外"宣布重要事项或者法定事项,所以它就不能单纯使用纸质的文件,而是要借助报纸、广播、电视、网络。

二、公告的种类

党政机关的公告,根据用途不同,可分为向国内外宣布重要事项的公告和向国内外宣布法定事项的公告两种。

(一)向国内外宣布重要事项的公告

这里所谓的"重要事项",是指国家领导人出访、逝世,答谢国际援助,取得重大科技成果等。

(二)向国内外宣布法定事项的公告

这里所谓的"法定事项",是指我国有关法律法规及规章规定应该向国内外宣布的事项,如公务员招考、注册商标、企业破产、企业换证、质量监督等。

三、公告的格式(主体)

【说明】
(1) 标题,有时可由发文机关和文种构成。
(2) 没有发文机关标识的公告(张贴的公告),有时需单独编号,可在标题之下写成"第

×号"。

(3)"公告缘由"部分最后的习惯用语,还可写成"兹公告如下""现就×××公告如下"等。

(4)"结语"部分,有时要写明希望或执行要求,有时要写明生效日期,有时要写上"特此公告""现予公告"等习惯用语。

四、公告的写法

第一,当公告的内容单一时,全文(包括公告缘由)可一段到底;当公告的内容比较丰富时,"公告事项"部分可分序排列。

第二,"公告事项"部分要写得具体明确、通俗易懂,便于读者领会或遵守。

第三,公告的语言要简洁明快、平实无华、郑重严肃、明白晓畅。

教学视频

教学音频

[例文分析]

【例文】

国务院第七次全国人口普查领导小组办公室公告

根据《中华人民共和国统计法》和《全国人口普查条例》规定,国务院决定于2020年开展第七次全国人口普查。现将有关事项公告如下:

一、普查对象:普查标准时点在中华人民共和国境内的自然人以及在中华人民共和国境外但未定居的中国公民,不包括在中华人民共和国境内短期停留的境外人员。

二、普查内容:姓名、公民身份号码、性别、年龄、民族、受教育程度、行业、职业、迁移流动、婚姻生育、死亡、住房情况等。

三、普查时间:普查标准时点是2020年11月1日零时。入户工作时间是2020年10月11日至12月10日。

四、普查方式:由政府人口普查机构派普查员到住户家中进行登记,或由住户自主填报普查短表。普查员、普查指导员入户登记时应出示县级以上人民政府人口普查机构统一颁发的工作证件。

五、依据《中华人民共和国统计法》和《全国人口普查条例》规定,公民有义务配合人口普查,如实提供普查所需资料。各级普查机构及其工作人员,对普查对象的个人信息必须严格保密。

六、地方各级人民政府、各部门、各单位及其负责人,各级普查机构和普查人员在普查工作中如有违法行为,将依法依规追究相关法律责任。人口普查对象阻碍普查机构和普查人员依法开展人口普查工作,构成违反治安管理行为的,将由公安机关依法给予处罚。

请社会各界及全体普查对象,积极支持配合第七次全国人口普查工作。

国务院第七次全国人口普查领导小组办公室
2020 年 10 月
(加盖印章)

【分析】

这份公告由标题、正文、发文机关署名、成文日期和印章组成。其中,标题由发文机关名称和文种构成;正文第一自然段为公告缘由,第二自然段至第七自然段为公告事项,最后一个自然段为结语。

成文日期应加"×日"。

[实践训练]

一、改错题

请修改下面这则公告。

20××年中央、国家机关公务员录用考试公告

根据国家有关规定,为满足中央、国家机关补充机关工作人员和国家公务员的需要,按照面向社会公开招聘、公平竞争、择优录用的原则,中共中央组织部、人事部将组织实施20××年中央、国家机关以及中央国家行政机关派驻机构、垂直管理系统所属机构(103 个部门)考试录用担任主任科员以下非领导职务的机关工作人员和国家公务员(约 8400 人)工作。现将有关事项公告如下:

一、招考对象

全日制普通高等院校应届毕业生(定向培养、委托培养生除外)和符合职位要求的社会在职人员。

二、报考条件

1.具有中华人民共和国国籍,享有公民的政治权利;2.拥护中国共产党的领导,热爱社会主义;3.遵纪守法,品行端正,具有为人民服务的精神;4.基础理论扎实,有一定的分析、解决问题能力和组织协调能力;5.具有大专以上学历;6.身体健康,年龄为 35 周岁以下;7.具备拟报考职位所需资格条件;8.录用主管机关规定的其他条件。

三、招考职位查询

20××年中央、国家机关各招考部门具体的招考人数、职位、考试类别、资格条件等详见《中央、国家机关 20××年考试录用机关工作人员和国家公务员招考简章》(以下简称《招考简章》),《招考简章》将刊登在《中国大学生就业》杂志 20××年第 19 期,同时从 10 月 15 日开始可通过以下网站查询:新华网政府在线频道(www.xinhuanet.com)。中国网新闻中心(www.china.com.cn)。新浪网教育频道(edu.sina.com.cn)。中华网教育频道(edu.china.com)。中国教育和科研计算机网(www.edu.cn)。中国教育在线(www.eol.cn)。

四、报名方式

本次考试报名全部采取网络报名的方式进行,不设现场报名。报考人员可选择任一省会城市或直辖市参加考试。

五、注意事项

①报名政策、技术和考务方面的咨询可查询人事部网站。②报考所需的报名推荐表、报名登记表等材料可从人事部网站下载、打印。③报考人员只能选择一个部门或单位中的一个职位进行报名。④报考人员不能用新、旧两个身份证同时报名；报名与考场使用的身份证必须一致；资格审查期间和资格审查合格的，报考人员不能再报考其他部门或职位。⑤报名序号是报考人员报名确认领取准考证主证、上网打印准考证副证和后期成绩查询等的关键字，务必牢记。

六、其他注意事项

（1）考生参加考试时，必须同时携带准考证主证、副证和身份证。（2）笔试合格的人员进入面试时，须提供本人身份证、学生证（工作证）原件、准考证主证、所在学校开具的报名推荐表或所在工作单位出具的同意报考的证明、考生报名登记表一份，缺少上述证件者，不得参加面试。

七、考试内容、时间和地点

考试包括笔试（公共科目、专业科目）和面试。中央党群机关、中央国家行政机关以及部分垂直管理机构中的省级机关和直属机构，部分依照公务员制度管理的国务院直属事业单位的招考职位的公共科目为"行政职业能力测验"和"申论"两科。中央垂直管理机构地（市）级以下所有机关及部分中央垂直管理机构中的省级机关和直属机构，部分依照公务员制度管理的国务院直属事业单位的部分招考职位的公共科目为"行政职业能力测验"一科。本次考试不指定考试复习用书，公共科目考试范围以《中央、国家机关20××年录用考试公共科目考试大纲》（以下简称《考试大纲》）为准。《考试大纲》可通过与《招考简章》相同的网站查询。公共科目笔试时间为20××年11月27日（具体地点及时间安排，详见准考证副证）。考生应按照准考证副证上确定的时间地点参加考试。公共科目笔试的成绩可通过人事部网站查询。公共科目笔试结束后，由中共中央组织部和人事部确定笔试合格分数线，各招考部门在笔试合格人员中，按照笔试总成绩从高到低的顺序，按计划录用人数3倍的比例确定参加专业科目笔试和面试的人选。对公共科目笔试合格人数与拟录用人数不足3∶1的，可以进行部门内调剂或进行跨部门调剂。调剂的原则是在同种考试笔试合格人员中进行。需要进行跨部门调剂的，调剂的部门、职位名称、资格条件等将在人事部网站上公布，凡符合条件的人员均可报名参加调剂。由需要调剂的部门进行资格审查后，按规定程序组织专业笔试和面试。专业科目笔试时间和面试时间由招考部门另行通知。面试的时间也可以在人事部网站上查询。招考部门按规定程序和标准从考试成绩、考核和体检结果都合格的人员中择优确定拟录用人员，并将拟录用人员名单在人事部网站公布。

20××年10月14日

二、写作题

请根据下面的材料，拟写一份公告。

20××年×月×日，中华人民共和国水利部在《全国水土保持规划纲要》《全国生态环境建设规划》和全国第二次土壤侵蚀遥感调查成果的基础上，划定42个国家级水土流失重点防治区（包括重点预防保护区、重点监督区、重点治理区），面积222.98万平方公里（包括重点监督区与重点治理区重复面积14.13万平方公里），其中水土流失面积95.46万平方公里

(包括重点监督区与重点治理区重复面积11.28万平方公里),国务院已批准。

重点预防保护区共16个,包括大兴安岭、呼伦贝尔、长白山、滦河、黑河绿洲、塔里木河绿洲、子午岭、六盘山、三江源、金沙江上游、岷江上游、汉江上游、桐柏山大别山、新安江、湘资沅上游和东江上游等预防保护区,总面积97.63万平方公里,其中水土流失面积29.45万平方公里。本区目前水土流失较轻,林草覆盖度较高,但存在水土流失加剧的潜在危险,主要为次生林区、草原区、重要水源、萎缩的自然绿洲区等。要坚持预防为主、保护优先的方针,建立健全管护机构,制定有力措施,强化监督管理。要实施封山禁牧、舍饲养畜、草场封育轮牧、生态修复、大面积保护等措施,坚决限制开发建设活动,有效避免人为破坏,保护植被和生态。

重点监督区共7个,包括辽宁冶金煤矿、晋陕蒙接壤煤炭、陕甘宁蒙接壤石油天然气、豫陕晋接壤有色金属、东南沿海、新疆石油天然气开发监督区和三峡库区监督区,总面积30.60万平方公里,其中水土流失面积17.98万平方公里。本区资源开发和基本建设活动较集中和频繁,损坏原地貌易造成水土流失,水土流失危害后果较为严重,主要为矿山集中开发区、石油天然气开采区、特大型水利工程库区、交通能源等基础设施建设区以及在建的国家特大型工程区。要依法实施重点监督,加强执法检查,加大宣传力度,增强法制观念,有法必依,违法必究。开发建设项目必须依法编报水土保持方案,贯彻执行水土保持"三同时"制度,依靠社会和企业的力量,遏制人为造成新的水土流失。

重点治理区共19个,包括东北黑土地、西辽河大凌河中上游、永定河、太行山、河龙区间多沙粗沙、泾河北洛河上游、祖厉河渭河上游、湟水洮河中下游、伊洛河三门峡库区、沂蒙山、嘉陵江上中游、丹江口水源区、三峡库区、金沙江下游、乌江赤水河上中游、湘资沅澧中游、赣江上游、珠江南北盘江和红河上中游重点治理区,总面积108.88万平方公里,其中水土流失面积59.31万平方公里。本区原生的水土流失较为严重,对当地和下游造成严重水土流失危害,主要为大江、大河、大湖的中上游地区。要调动社会各方面的积极性,依靠政策、投入、科技,开展水土流失综合治理,改善生态环境,改善当地生产条件,提高群众生产和生活水平。

划分国家级水土流失重点防治区的目的:明确国家级水土流失防治重点,实施分区防治战略,分类指导,有效地预防和治理水土流失,促进经济社会的可持续发展。划分国家级水土流失重点防治区的根据:《中华人民共和国水土保持法》以及《中华人民共和国水土保持法实施条例》的有关规定。

第八章 通告

[知识讲授]

中华民国时期,国民政府和解放区政府即开始使用"通告"。

中华人民共和国成立后,"通告"被列入法定公文的时间及依据如表 8.1 所示。

表 8.1 中华人民共和国成立后"通告"被列入法定公文的时间及依据

机关类别	时间	依据
行政机关	1951 年 9 月 29 日	《公文处理暂行办法》
党政机关	2012 年 7 月 1 日	《党政机关公文处理工作条例》
军队机关	1992 年 7 月 1 日	《中国人民解放军机关公文处理条例》
检察机关	1995 年 2 月 11 日	《最高人民检察院机关公文处理规定》
审判机关	1992 年 1 月 1 日	《人民法院公文处理暂行规定》

一、通告的用途

《党政机关公文处理工作条例》规定:通告"适用于在一定范围内公布应当遵守或者周知的事项"。

《军队机关公文处理工作条例》规定:通告"适用于向社会公布应当遵守或者周知的事项"。

《人民检察院公文处理办法》规定:通告"适用于在一定范围内公布应当遵守或者周知的事项"。

《人民法院公文处理办法》规定:通告"适用于在一定范围内公布应当遵守或周知的事项"。

上述各机关对通告的用途的规定如表 8.2 所示。

表 8.2 各机关对通告的用途的规定

机关类别	对通告的用途的规定
党政机关	在一定范围内公布应当遵守或者周知的事项
军队机关	向社会公布应当遵守或者周知的事项
检察机关	在一定范围内公布应当遵守或者周知的事项
审判机关	在一定范围内公布应当遵守或周知的事项

通过表 8.2 可以看出,党政机关、军队机关、检察机关和审判机关对通告的用途的规定是基本一致的,不同仅仅在于党政机关、检察机关和审判机关强调"在一定范围内",军队机关强调"向社会"。

"在一定范围内"是一个模糊的概念,常常要根据通告的具体内容而定。例如,《×××关于严禁携带"三品"进站乘车的通告》,这个"范围"就是车站和列车;《×××关于森林防火的通告》,这个"范围"就是森林。

通告的周知范围一般是超出发文机关,但限于国内。通告最好的公布形式是张贴,同时,通告不能单纯地使用纸质文件,其载体也可以是报纸、电视和网络。

通告与公告的区别。一是知照范围不同:公告的知照范围为"国内外";通告的知照范围为国内,"在一定范围内"或"社会"。二是内容性质不同:公告的内容为"重要事项或者法定事项",重在知照;通告的内容为"应当遵守或者周知的事项",兼有知照和约束的性质。三是发文机关不同:公告的发文机关为国家机关、省部级机关;通告的发文机关为各级机关。四是公布方式不同:公告一般用广播、电视、网络等方式公布;通告一般用张贴、报纸等方式公布。

二、通告的种类

根据用途不同,通告可分为法规性通告和事务性通告两种。

(一) 法规性通告

法规性通告适用于在一定范围内公布应当遵守的事项。例如,公安部门发布的交通管制的通告、禁止私藏枪支或制毒贩毒的通告等,均属于此类。

(二) 事务性通告

事务性通告适用于在一定范围内公布应当周知的事项。例如,公安部门发布的车辆年检的通告,工商部门发布的企业许可证年审的通告等,均属于此类。

三、通告的格式(主体)

×××关于×××的通告

××(通告缘由)。特公告如下:

××(通告事项)。

××(结语)。

×　×　×
20××年×月×日
(加盖印章)

【说明】

(1) 标题,有时可由发文机关和文种构成。

(2)没有发文机关标识的通告(张贴的通告),有时需单独编号,在标题之下写成"第×号"。

(3)"通告缘由"部分最后的习惯用语,还可写成"兹通告如下""现就×××通告如下"等。

(4)"结语"部分,有时要写明希望或执行要求,有时要写明生效日期,有时要写上"特此通告""现予通告"等习惯用语。

四、通告的写法

第一,当通告的内容单一时,全文(包括通告缘由)可一段到底;当通告的内容比较丰富时,"通告事项"部分可分序排列。

第二,"通告事项"部分要写得具体明确、通俗易懂,便于领会或遵守。

第三,通告的语言要简洁明快、平实无华、郑重严肃、明白晓畅。

教学视频

教学音频

[例文分析]

【例文】

中华人民共和国公安部关于人员密集场所加强火灾防范的
通　告

为预防火灾,保护人身、财产安全,维护公共安全,根据《中华人民共和国消防法》等法律法规,特就人员密集场所加强当前火灾防范通告如下:

一、严格落实消防安全责任。法定代表人或者主要负责人是本场所单位的消防安全责任人,对消防安全工作全面负责,建立健全消防安全管理制度,明确消防管理人员,落实逐级和岗位消防安全责任,落实日常消防安全管理。消防安全责任人、管理人应当向公安机关报告备案。

二、全面开展消防安全检查。立即组织开展防火检查、巡查,及时消除火灾隐患。疏散通道、安全出口和消防车通道必须保持畅通,严禁在外墙门窗设置影响逃生和灭火救援障碍物,严禁擅自改变建筑结构和用途,严禁违规使用易燃、可燃材料装修装饰。商场、市场和公共娱乐场所在营业期间严禁违规施工,营业结束时应按规定关闭电源、气源,消除遗留火种。

三、确保消防设施完好有效。立即按规定对建筑消防设施进行维护保养,确保火灾自动报警系统、自动灭火系统、消火栓系统、防烟排烟系统以及应急广播和应急照明、安全疏散设施完好有效。消防控制室值班人员应当持证上岗,保证24小时双人值班。

四、严格用火用电用气管理。立即组织对电器产品、燃气用具及其线路、管路进行全面检查,消除安全隐患。严格落实动火审批制度,严禁违规使用明火作业、照明,严禁违规进行电焊、气焊操作,严禁违规使用大功率电热设备、擅自拉接临时电线。

五、严格易燃易爆危险品管理。严禁违规使用、存放易燃易爆危险品,禁止个人非法携带易燃易爆危险品进入公共场所,严禁在建筑内燃放烟花爆竹。

六、开展全员消防培训演练。立即组织全体员工进行消防培训,制定灭火和应急疏散预案,开展消防演练。员工应懂得本场所火灾危险性、会报火警、会扑救初起火灾、会组织逃生和自救。

七、确保大型活动消防安全。人员密集场所举办大型群众性活动,依法向公安机关申请安全许可。不具备消防安全条件的不得举办。

八、严禁超员使用。严格控制营业期间的人流,并明确疏散引导人员,确保一旦发生火灾,能够立即组织、引导在场人员疏散。人员密集场所严禁违规住人。公共娱乐场所在营业时,不得超过额定人数。

九、配备疏散逃生器材。人员密集场所可以根据人员数量,配备逃生绳、防烟面罩、应急手电等辅助疏散逃生器材。

十、积极举报火灾隐患。公民应自觉遵守消防法律法规和消防安全管理规定,发现火灾隐患和消防安全违法行为,积极拨打"96119"举报电话或者通过有效途径,向公安机关举报。

本通告所称人员密集场所包括宾馆、饭店、商场、集贸市场、客运车站候车室、客运码头候船厅、民用机场航站楼、体育场馆、会堂以及公共娱乐场所等公众聚集场所,医院的门诊楼、病房楼,学校的教学楼、图书馆、食堂和集体宿舍,养老院,福利院,托儿所,幼儿园,公共图书馆的阅览室,公共展览馆、博物馆的展示厅,劳动密集型企业的生产加工车间和员工集体宿舍,旅游、宗教活动场所等。

对违反本通告的行为,公安机关及其消防机构依法予以行政处罚,采取强制措施;构成犯罪的,依法追究刑事责任。

特此通告。

中华人民共和国公安部
2015年1月8日
(加盖印章)

【分析】

这份通告由标题、正文、发文机关署名、成文日期和印章组成。其中,正文第一自然段为通告缘由,第二自然段至第十二自然段为通告事项,最后一个自然段为结语(习惯用语)。

[实践训练]

一、改错题

请修改下面的公文。

公　　告

为搞好交通和治安秩序,加强交通管理,经市人民政府批准,对全市公用机动车停车场实行统一管理。公告如下:

一、凡经批准收费的公用机动车停车场,必须安装市公安局制作的"收费停车场"标志。遵守市公安局交通管理部门的管理规定。

二、凡道路两侧,公共活动场所及游览地区的公用机动车停车场(包括各单位在上述范围内自建的停车场)均属公共交通设施,一律由市公安局交通管理部门统一管理,任何单位不得随意占用或改变使用性质。

三、未经市公安局交通管理部门审核批准而收费的,从十一月十日起到十一月底止,持主办单位申请到市公安局交通管理处(地址:××大街××号)办理审批手续。凡逾期不办审批手续的,要给予取缔。

四、除体育场(馆)、展览馆、火车站及大型歌剧院、饭店等处设立的专用机动车停车场外,其他公共停车场经市公安局交通管理部门审查批准,并领取工商管理部门核发的营业执照后,可以收停车费。收费价格一律按市物价局规定的统一标准。

五、违反上述公告者,由公安机关和工商管理部门依照有关规定进行处理。

××市公安局
20××年×月×日

二、写作题

请根据下面的材料,拟写一份通告。

20××年3月19日,××市人民政府发布××山风景区限制机动车通行的通告。内容如下:

自20××年4月19日起,每天上午6时至下午5时,除执行特殊公务的警车、消防车、救护车、工程救险车和××山风景区环保电瓶车、××山管理部门工作车辆以及经核定的驻山单位工作车辆外,其他机动车辆禁止驶入先限路段。缓限路段在××山西侧大型停车场建成使用前暂时允许通行。

从××山南大门(双燕岗)起至西大门(××外语外贸大学侧)的所有风景区专用道路列为限制机动车区域。其中南大门至明珠楼桃花涧上门岗为先限路段,桃花涧上门岗至西大门为缓限路段。

××山驻山单位的后勤补给运输车辆和在××山担负建设任务的施工单位的工程运输车辆,可以在上午9时之前、下午5时之后通行,其他时间禁止通行。

需进入××山限车区域执行特殊公务的机动车,应主动向××山门岗值班人员说明,经确认后迅速放行;对非执行特殊公务的机动车,门岗应拒绝放行。

除××山管理部门工作车辆和××山风景区环保电瓶车、经核定的驻山单位工作车辆以及执行特殊公务的警车、消防车、救护车、工程救险车等可以往来行驶外,其他机动车严禁逆向行驶。如特殊情况确需逆行的,需报告××山管理部门批准后方可行驶。

第九章 意见

[知识讲授]

长期以来,党政机关和社会团体常用"意见"对重要问题发表见解,如《国家教育委员会关于加强普通高等学校教学工作的意见》(1994年)、《农业部关于稳定和完善土地承包关系的意见》(1995年)。

中华人民共和国成立后,"意见"被列入法定公文的时间及依据如表9.1所示。

表9.1 中华人民共和国成立后意见被列入法定公文的时间及依据

机关类别	时间	依据
党的机关	1996年5月3日	《中国共产党机关公文处理条例》
行政机关	2001年1月1日	《国家行政机关公文处理办法》
党政机关	2012年7月1日	《党政机关公文处理工作条例》
人大机关	1998年2月6日	《人大机关公文处理办法(试行)》
检察机关	1995年2月11日	《最高人民检察院机关公文处理规定》
审判机关	2013年1月1日	《人民法院公文处理办法》
工会机关	2000年2月13日	《中华全国总工会办公厅关于〈全国总工会机关公文处理办法〉的补充规定》

一、意见的用途

《党政机关公文处理工作条例》规定:意见"适用于对重要问题提出见解和处理办法"。

《人大机关公文处理办法》规定:意见"适用于对议案或重要问题提出见解和处理办法等"。

《人民检察院公文处理办法》规定:意见"适用于对重要问题提出见解和处理办法"。

《人民法院公文处理办法》规定:意见"适用于对重要问题提出见解和处理办法"。

《中华全国总工会办公厅关于〈全国总工会机关公文处理办法〉的补充规定》规定:意见"用于对重要问题提出见解和处理办法"。

上述各机关对意见的用途的规定如表9.2所示。

表9.2 各机关对意见的用途的规定

机关类别	对意见的用途的规定
党政机关	对重要问题提出见解和处理办法
人大机关	对议案或重要问题提出见解和处理办法等
检察机关	对重要问题提出见解和处理办法
审判机关	对重要问题提出见解和处理办法
工会机关	对重要问题提出见解和处理办法

通过表 9.2 可以看出,党政机关、人大机关、检察机关、审判机关和工会机关对意见的用途的规定基本一致;不同仅仅在于人大机关对意见的用途的规定除了可以对"重要问题"提出见解和处理办法等外,还可以对"议案"提出见解和处理办法等。

二、意见的种类

根据行文方向不同,意见可分为指示性意见、建议性意见和参考性意见三种。

(一) 指示性意见

指示性意见属于下行文。它是机关作风转变的产物,是机关职能转变的产物。在意见未被列入法定公文之前,上级机关"对重要问题提出见解和处理办法",往往要用指示或命令(令)行文。指示或命令(令)刚性、原则性较强,下级机关必须不折不扣的执行;而意见则具有一定的柔性、灵活性,下级机关可以结合本机关实际变通处理。有时,下级机关对上级机关下发的指示性意见,可用通知进行转发。

(二) 建议性意见

建议性意见属于上行文。它包括呈报型意见和呈转型意见两种。在意见未被列入法定公文之前,下级机关"对重要问题提出见解和处理办法",往往要用报告或请示行文。上级机关对下级机关报送的呈转型意见,要用通知进行批转。

(三) 参考性意见

参考性意见属于平行文。这种意见在理论上存在,但在实际行文中并不多见。

意见是一种比较特殊的法定公文。这种"特殊"主要体现在两个方面:第一,它是一种比较年轻的法定公文;第二,它是唯一一种可以三个方向行文(上行、下行、平行)的法定公文。

三、意见的格式(主体)

×××关于×××的意见

×××:
　　×××(提出意见的缘由)。现提出如下意见:
　　×××(见解和处理办法)。
　　××××××××××××××××××××××(结语)。

×　×　×
20××年×月×日
(加盖印章)

【说明】

(1) 除上级机关负责人直接交办的事项外,下级机关不得以机关名义向上级机关负责人报送意见。

(2) 第一、第二部分之间的习惯用语,还可以是"现就(对)×××提出以下意见"等。

(3) "结语"部分,指示性意见要写明"执行要求",如"以上意见,请认真贯彻执行"等;建议性呈报型意见结语可省略,建议性呈转型意见要写明"以上意见如无不妥,请批转各地区、各部门贯彻(参照)执行""以上意见如无不妥,建议批转各地区、各部门执行"等习惯用语;参考性意见要写明"以上意见仅供参考"等习惯用语。

四、意见的写法

第一,意见中的"见解和处理办法"部分分序排列。

第二,行文的语气要严肃、平和、果断,要把握好语言的分寸;不宜采用明显的命令性词语。建议性呈转型意见虽然是上行文,但其行文目的在于经上级批转后交有关部门执行,因此应按下行文的语气写作。

教学视频

教学音频

[例文分析]

【例文一】

中共中央　国务院
关于全面深化新时代教师队伍建设改革的意见

(2018年1月20日)

百年大计,教育为本;教育大计,教师为本。为深入贯彻落实党的十九大精神,造就党和人民满意的高素质专业化创新型教师队伍,落实立德树人根本任务,培养德智体美全面发展的社会主义建设者和接班人,全面提升国民素质和人力资源质量,加快教育现代化,建设教育强国,办好人民满意的教育,为决胜全面建成小康社会、夺取新时代中国特色社会主义伟大胜利、实现中华民族伟大复兴的中国梦奠定坚实基础,现就全面深化新时代教师队伍建设改革提出如下意见。

一、坚持兴国必先强师,深刻认识教师队伍建设的重要意义和总体要求

1. 战略意义。教师承担着传播知识、传播思想、传播真理的历史使命,肩负着塑造灵魂、塑造生命、塑造人的时代重任,是教育发展的第一资源,是国家富强、民族振兴、人民幸福的重要基石。党和国家历来高度重视教师工作。党的十八大以来,以习近平同志为核心的党中央将教师队伍建设摆在突出位置,作出一系列重大决策部署,各地区各部门和各级各类学校采取有力措施认真贯彻落实,教师队伍建设取得显著成就。广大教师牢记使命、不忘初

衷、爱岗敬业、教书育人、改革创新、服务社会,作出了重要贡献。

当今世界正处在大发展大变革大调整之中,新一轮科技和工业革命正在孕育,新的增长动能不断积聚。中国特色社会主义进入了新时代,开启了全面建设社会主义现代化国家的新征程。我国社会主要矛盾已经转化为人民日益增长的美好生活需要和不平衡不充分的发展之间的矛盾,人民对公平而有质量的教育的向往更加迫切。面对新方位、新征程、新使命,教师队伍建设还不能完全适应。有的地方对教育和教师工作重视不够,在教育事业发展中重硬件轻软件、重外延轻内涵的现象还比较突出,对教师队伍建设的支持力度亟须加大;师范教育体系有所削弱,对师范院校支持不够;有的教师素质能力难以适应新时代人才培养需要,思想政治素质和师德水平需要提升,专业化水平需要提高;教师特别是中小学教师职业吸引力不足,地位待遇有待提高;教师城乡结构、学科结构分布不尽合理,准入、招聘、交流、退出等机制还不够完善,管理体制机制亟须理顺。时代越是向前,知识和人才的重要性就愈发突出,教育和教师的地位和作用就愈发凸显。各级党委和政府要从战略和全局高度充分认识教师工作的极端重要性,把全面加强教师队伍建设作为一项重大政治任务和根本性民生工程切实抓紧抓好。

2. 指导思想。全面贯彻落实党的十九大精神,以习近平新时代中国特色社会主义思想为指导,紧紧围绕统筹推进"五位一体"总体布局和协调推进"四个全面"战略布局,坚持和加强党的全面领导,坚持以人民为中心的发展思想,坚持全面深化改革,牢固树立新发展理念,全面贯彻党的教育方针,坚持社会主义办学方向,落实立德树人根本任务,遵循教育规律和教师成长发展规律,加强师德师风建设,培养高素质教师队伍,倡导全社会尊师重教,形成优秀人才争相从教、教师人人尽展其才、好教师不断涌现的良好局面。

3. 基本原则

——确保方向。坚持党管干部、党管人才,坚持依法治教、依法执教,坚持严格管理监督与激励关怀相结合,充分发挥党委(党组)的领导和把关作用,确保党牢牢掌握教师队伍建设的领导权,保证教师队伍建设正确的政治方向。

——强化保障。坚持教育优先发展战略,把教师工作置于教育事业发展的重点支持战略领域,优先谋划教师工作,优先保障教师工作投入,优先满足教师队伍建设需要。

——突出师德。把提高教师思想政治素质和职业道德水平摆在首要位置,把社会主义核心价值观贯穿教书育人全过程,突出全员全方位全过程师德养成,推动教师成为先进思想文化的传播者、党执政的坚定支持者、学生健康成长的指导者。

——深化改革。抓住关键环节,优化顶层设计,推动实践探索,破解发展瓶颈,把管理体制改革与机制创新作为突破口,把提高教师地位待遇作为真招实招,增强教师职业吸引力。

——分类施策。立足我国国情,借鉴国际经验,根据各级各类教师的不同特点和发展实际,考虑区域、城乡、校际差异,采取有针对性的政策举措,定向发力,重视专业发展,培养一批教师;加大资源供给,补充一批教师;创新体制机制,激活一批教师;优化队伍结构,调配一批教师。

4. 目标任务。经过5年左右努力,教师培养培训体系基本健全,职业发展通道比较畅通,事权人权财权相统一的教师管理体制普遍建立,待遇提升保障机制更加完善,教师职业吸引力明显增强。教师队伍规模、结构、素质能力基本满足各级各类教育发展需要。

到2035年,教师综合素质、专业化水平和创新能力大幅提升,培养造就数以百万计的骨干教师、数以十万计的卓越教师、数以万计的教育家型教师。教师管理体制机制科学高效,实现教师队伍治理体系和治理能力现代化。教师主动适应信息化、人工智能等新技术变革,积极有效开展教育教学。尊师重教蔚然成风,广大教师在岗位上有幸福感、事业上有成就感、社会上有荣誉感,教师成为让人羡慕的职业。

二、着力提升思想政治素质,全面加强师德师风建设

5. 加强教师党支部和党员队伍建设。……

6. 提高思想政治素质。……

7. 弘扬高尚师德。……

三、大力振兴教师教育,不断提升教师专业素质能力

8. 加大对师范院校支持力度。……

9. 支持高水平综合大学开展教师教育。……

10. 全面提高中小学教师质量,建设一支高素质专业化的教师队伍。……

11. 全面提高幼儿园教师质量,建设一支高素质善保教的教师队伍。……

12. 全面提高职业院校教师质量,建设一支高素质双师型的教师队伍。……

13. 全面提高高等学校教师质量,建设一支高素质创新型的教师队伍。……

四、深化教师管理综合改革,切实理顺体制机制

14. 创新和规范中小学教师编制配备。……

15. 优化义务教育教师资源配置。……

16. 完善中小学教师准入和招聘制度。……

17. 深化中小学教师职称和考核评价制度改革。……

18. 健全职业院校教师管理制度。……

19. 深化高等学校教师人事制度改革。……

【分析】

这是一份指示性意见,由标题、成文日期和正文组成。其中,正文由两部分组成:第一自然段为提出意见的缘由,接下来是全面深化新时代教师队伍建设改革的见解和处理办法。没有结语。

【例文二】

关于加快国有林场改革与发展的意见

省人民政府:

我省国有林场自20世纪50年代初创建以来,在培育森林资源、改善生态环境、发展旅游事业、繁荣农村经济等方面作出了重要贡献。但是,随着社会主义市场经济体制的建立,国有林场的发展也面临着不少新的情况和问题。为尽快建立起符合社会主义市场经济规律并体现国有林场特点的管理体制和经营机制,形成比较完备的林业生态体系和比较发达的林业产业体系,促进国有林场持续、健康发展,现结合我省实际,就加快国有林场改革与发展提出如下意见:

一、实行分类经营管理

根据国家《林业经济体制改革总体纲要》和我省国民经济发展对现代林业的需求,以森林分类经营为基础,综合考虑区域自然、社会、经济状况,将国有林场划分为生态公益型、商品经营型、混合经营型等三类,实行分类经营管理。……

二、加快劳动、人事和分配制度改革

取消国有林场固定用工和自然增长招工制度,根据生产经营需要确定劳动用工数量,采取多种用工形式。……

精简国有林场内部管理机构。……

改革国有林场分配制度,……

三、积极发展多种经济成分

国有林场要积极发展多种经济成分,使林场国有经济和非国有经济相互补充、相互促进、共同发展。……

四、大力推进科技进步和调整产业结构

国有林场要十分重视科技进步,转变经济增长方式,创造良好的资源利用率、土地产出率和劳动生产率。……

五、稳定和完善扶持国有林场发展的经济政策

当前有关农业和农村经济发展的各项政策,凡按规定适用于国有林场的都应落实到位。……

六、切实加强对国有林场工作的领导

各级政府要把促进国有林场改革与发展列入议事日程,纳入地方经济发展计划。要加强国有林场领导班子建设,保持国有林场领导班子的相对稳定。加强对林场领导班子的管理和监督,实行定期政绩考核和离职审计制度,建立健全约束机制和激励机制,促进国有林场持续、稳定发展。

以上意见如无不妥,请批转各地各有关部门贯彻执行。

××省林业厅
20××年×月×日
(加盖印章)

【分析】

这是一份建议性呈转型意见,由标题、主送机关、正文、发文机关署名、成文日期和印章组成。其中,正文由三部分组成:第一部分为提出意见的缘由(加快国有林场改革与发展),第二部分是加快国有林场改革与发展的见解和处理办法,第三部分为结语(习惯用语)。标题应加发文机关名称。

[实践训练]

一、改错题

请修改下面的意见。

××师范学院关于加强重点学科建设的意见

(二○××年一月六日)

最近,学院领导办公室根据××市领导同志的意见,讨论了关于我校学科建设的问题。现对有关问题作出以下指示:

一、重点学科建设是增强教师队伍素质,提高教学质量,申办学科硕士点的需要,是实现下一步目标——建设师范大学的需要。各系、部领导,行政、教职工人员应认清学科建设的意义,加强学科建设的力度。

二、重点学科建设首先应该凝炼学科的方向,汇聚学科队伍,构筑学科基地。

三、重点学科建设首先应做强特色学科(化学、客家研究);做优传统学科(中文、数学、物理等);培养新兴学科(心理学、管理学),加强弱势学科。

各系(部)要立足本单位实际情况,采取灵活多变的途径和手段,全面加强重点学科建设,切实做好今年增加硕士点的申报工作。

二、写作题

1. 根据下面的材料,拟写一份意见。

大学生社团是由高校学生依据兴趣爱好自愿组成,按照章程自主开展活动的学生组织。高校学生社团活动是实施素质教育的重要途径和有效方式,在加强校园文化建设、提高学生综合素质、引导学生适应社会、促进学生成才就业等方面发挥着重要作用,是新形势下有效凝聚学生、开展思想政治教育的重要组织动员方式,是以班级年级为主开展学生思想政治教育的重要补充。

随着社会发展、科技进步和教育改革的不断深入,高校学生社团在发展过程中出现了网络社团增多、跨校活动增多、与社会联系增多等新情况和新趋势。大学生社团在建设中存在着管理不够规范、硬件条件有限、发展还不平衡等问题。

在新形势下,各地各高校要从加强和改进大学生思想政治教育,全面推进素质教育,实施科教兴国、人才强国战略,培育中国特色社会主义事业合格建设者和可靠接班人的高度进一步加强和改进大学生社团工作。

20××年1月13日,共青团中央、教育部就加强和改进大学生社团工作下发了一个意见。意见的主要内容为:

加强和改进大学生社团工作的总体要求是:以习近平新时代中国特色社会主义思想为指导;以推动大学生全面发展为目标,坚持以人为本,全面推进素质教育,充分发挥学生自我教育、自我管理、自我服务的积极性;坚持建设和管理并重,积极扶持、规范运作,促进健康发展;推动学生社团在活跃校园文化、加强和改进大学生思想政治教育、服务学校改革发展稳定等方面发挥更大的作用。

加强和改进大学生社团工作的主要任务是:积极支持学生社团活动,大力促进学生社团发展;切实加强对学生社团的管理,引导学生社团健康发展。

此外,意见的内容还有:支持学生社团开展活动。支持和引导学生社团依据国家的法律法规,按照各自的章程,独立自主地开展理论学习、学术科技、文化娱乐、社会实践、志愿服务、体育竞技等活动。各地各高校可以根据实际情况,通过举办优秀社团评比展示、社团文化节、社团活动展演等方式,进一步活跃社团活动,扩大社团在学生中的影响,为学生社团发展注入活力、创造条件、搭建舞台、营造氛围。团中央、教育部将定期组织社团开展交流活动,评选全国优秀学生社团。加强对学生社团的指导。在学生社团发展过程中,要加强工作指导,把握正确方向。大力扶持理论学习型社团,热情鼓励学术科技型社团,正确引导兴趣爱好型社团,积极倡导社会公益型社团。要充分调动专业教师的积极性,选派有专长和责任心强的教师指导学生社团建设,并创造条件,提高社团指导教师的主动性、积极性、创造性和工作水平。加强学生社团骨干队伍建设。高度重视对学生社团负责人的选拔培养,使那些思想过硬、作风正派、素质全面、有社会工作能力的学生担任社团负责人。要有计划地对学生社团负责人进行培训,有针对性地提高他们的综合素质。要把学生社团负责人和骨干人员纳入团学干部体系,在推优评奖和综合测评等方面充分考虑他们从事社团工作及其业绩,通过他们凝聚更多的学生,使社团聚集在党团组织周围。加大对学生社团建设的投入。高校要提供学生社团活动的必要经费,保证学生社团活动正常开展。要积极支持和引导监督学生社团通过吸纳社会赞助和提供有偿服务的方式募集活动资金。要在活动场地、活动条件等方面给予学生社团以优惠和支持,有条件的学校建设学生社团活动中心,为学生社团开展活动提供有力的物质保障。建立健全领导体制。各级党委教育部门、共青团组织要切实加强对高校学生社团工作的领导。高校党委要把加强和改进学生社团工作作为学校贯彻党的教育方针、推进素质教育的重要组成部分,纳入学校整个工作计划之中;学校团委要在党委领导下,切实承担起对学生社团的指导和日常管理工作;学校宣传、学生管理、教务、科研等部门要结合工作职能,为学生社团的建设和发展给予支持,提供必要的指导;学校后勤等相关部门要加强对学生社团开展活动的支持和帮助,形成党委领导,行政支持,团组织具体管理,各部门共同关心的管理格局。切实加强政治领导。学校团委和有关部门要在党委领导下把握学生社团建设和发展的方向。对学生社团组织大规模社会调查、举办哲学社会科学讲座和报告会等活动要严格把关,并加强监督,不使违背宪法和党的路线方针政策的错误观点和言论通过学生社团或社团活动散布、传播。要探索和推进在学生社团中建立党组织、团组织,加强政治指导,在社团活动中融入生动有效的思想政治教育,使学生社团在大学生思想政治教育中更好地发挥作用。规范完善管理办法。学校团委要设社团部或指派专人负责社团工作,社团数量较多的高校可成立社团联合会,作为学生社团自我管理、自我服务的载体,由校团委负责指导,社团联合会主要负责人由学生会(研究生会)负责社团工作的同学兼任。各地方和学校要依据本意见制定、修订具体的《学生社团管理办法》,在社团成立、审批、活动开展、工作考核、评优奖先、财务管理和监督、队伍建设等重点环节明确管理内容、目标和办法。要督促学生社团制定、执行《社团章程》和内部工作制度,对学生社团及其成员的行为加以规范,保证学生社团健康、持续、稳定发展。要根据实际情况集中力量建设一批特色鲜明、管理规范、在校园有广泛和积极影响的社团,发挥其示范和带动作用。不断推动工作创新。要密切关注和研究学生社团发展中的新情况和新问题,以求真务实、与时俱进的精神改进和创新学生社团工作。要积极探索网上社团活动、跨校社团活动、学生社团刊物与宣传活动的管理方式和办法,认真研究学生社团之间竞争加剧、学生社团与学生会及其他学生组织的关系处理、学生社团活动个性化和社会化程度增强等问题。要通过创新工作内容和形式,适应学生需求,增强学生社团和社团活动的吸引力和凝聚力,努力形成新形势下通过学生社团开展思想政治教育的新手段、新方法。探索评价机制。要把学生社团活动作为学校贯彻党的教育方针,推进素质教育的重要组成部分,以育人功能和活动效果为主要指标,以年度考核为主要方式,综合评价学生社团的活动和建设。要把学生参与社团活动的情况作为《大学生素质拓展证书》记录的重要内容之一,并纳入学生综合测评体系之中。完善激励机制。要定期对表现优秀的学生社团、成效显著的社团活动、工作出色的社团负责人、积极参与社团活动的学生、成绩突出的社团指导教师和工作人员给予适当的表彰和奖励。建立研究机制。要以专家学者、干部教师和学生骨干为主体构建研究队伍,关注和研究学生社团发展中出现的新情况、新问题,掌握学生社团工作的动态信息,总结和把握高校学生社团发展的规律,为学生社团的繁荣发展提供理论支持。

  2. 请拟写一份《××大学关于加强学生管理的意见》。
  3. 请拟写一份《××大学关于加强网络管理的意见》。

第十章　通知

[知识讲授]

"通知"产生于中华民国时期。中华人民共和国成立后,"通知"被列入法定公文的时间及依据如表10.1所示。

表10.1　中华人民共和国成立后"通知"被列入法定公文的时间及依据

机关类别	时间	依据
党的机关	1989年4月25日	《中国共产党各级领导机关文件处理条例》
行政机关	1951年9月29日	《公文处理暂行办法》
党政机关	2012年7月1日	《党政机关公文处理工作条例》
人大机关	1998年2月6日	《人大机关公文处理办法(试行)》
军队机关	1992年7月1日	《中国人民解放军机关公文处理条例》
检察机关	1995年2月11日	《最高人民检察院机关公文处理规定》
审判机关	1992年1月1日	《人民法院公文处理暂行规定》
工会机关	1996年3月19日	《全国总工会机关公文处理办法》

一、通知的用途

《党政机关公文处理工作条例》规定:通知"适用于发布、传达要求下级机关执行和有关单位周知或者执行的事项,批转、转发公文"。

《人大机关公文处理办法》规定:通知"适用于传达指示,转发公文,传达需要办理、执行或周知的事项,任免人员等"。

《军队机关公文处理工作条例》规定:通知"适用于传达需要下级机关执行和有关单位周知或者办理的事项,转发上级机关和不相隶属机关的公文,批转下级机关的公文"。

《人民检察院公文处理办法》规定:通知"适用于发布、传达要求下级人民检察院执行和有关单位周知或者执行的事项,批转、转发公文"。

《人民法院公文处理办法》规定:通知"适用于发布、传达要求下级人民法院和有关单位办理、周知或执行的事项,任免和聘用机关工作人员,批转、转发公文"。

《全国总工会机关公文处理办法》规定:"传达上级机关的指示,要求下级机关了解、办理或执行的事项,颁发条例、规定、办法及其他有关事项,批转下级机关的公文或者转发上级机关、同级机关和不相隶属机关的公文,用'通知'。"

上述各机关对通知的用途的规定如表10.2所示。

表 10.2　各机关对通知的用途的规定

机关类别	对通知的用途的规定
党政机关	发布、传达要求下级机关执行和有关单位周知或者执行的事项,批转、转发公文
人大机关	传达指示,转发公文,传达需要办理、执行或周知的事项,任免人员等
军队机关	传达需要下级机关执行和有关单位周知或者办理的事项,转发上级机关和不相隶属机关的公文,批转下级机关的公文
检察机关	发布、传达要求下级人民检察院执行和有关单位周知或者执行的事项,批转、转发公文
审判机关	发布、传达要求下级人民法院和有关单位办理、周知或执行的事项,任免和聘用机关工作人员,批转、转发公文
工会机关	传达上级机关的指示,要求下级机关了解、办理或执行的事项,颁发条例、规定、办法及其他有关事项,批转下级机关的公文或者转发上级机关、同级机关和不相隶属机关的公文

通过表 10.2 可以看出,党政机关、人大机关、军队机关、检察机关、审判机关和工会机关对通知的用途的规定是不尽相同的,有的是两个用途,有的是三个用途,有的是四个用途。这六个机关的通知的用途中,有两个是相同的,即"发布、传达要求下级机关执行和有关单位周知或者执行的事项"和"批转、转发公文"。人大机关通知的"传达指示""任免人员",审判机关通知的"任免和聘用机关工作人员",工会机关通知的"传达上级机关的指示""颁发条例、规定、办法及其他有关事项",这些用途完全可以纳入"发布、传达要求下级机关执行和有关单位周知或者执行的事项"之中。

在所有的公文中,通知的使用频率最高。

二、通知的种类

根据用途不同,通知可分为发布、传达通知和批转、转发通知两种。

(一) 发布、传达通知

发布、传达通知适用于发布、传达要求下级机关执行和有关单位周知或者执行的事项。这类通知具体包括以下六种。

(1) 印发通知:印发(颁发、发布)本机关的一般规范性公文、计划类公文(如计划、规划、纲要、要点、方案等)、领导讲话等。

(2) 传达通知:传达上级机关的指示,具体包括命令性通知、通告性通知、规定性通知等。

(3) 会议通知:召开会议。

(4) 活动通知:举办活动(如庆典、比赛等)。

(5) 任免通知:任免、聘用干部或人员。

(6) 其他通知:公布比赛(评比)结果,成立、合并、撤销机构,启用、废止印章,要求报送材料等。

在实际工作中,有的机关用通知来表彰先进,这是一种错误的用法。

(二) 批转、转发通知

批转、转发通知适用于批转、转发公文。这类通知具体包括以下两种。

(1) 批转通知:批转下级机关的公文,如意见等。

（2）转发通知：转发上级机关或不相隶属机关的公文，如通知、意见、领导讲话等。

三、通知的格式

下面我们介绍一下传达通知、会议通知、活动通知、任免通知，以及转发（批转、印发）通知的格式。

（一）传达通知的格式（主体）

×××关于×××的通知

×××：

　　××（通知缘由）。特通知如下：

　　××（通知事项）。

　　××××××××××××××××××××××××××××××（结语）。

× × ×
20××年×月×日
（加盖印章）

【说明】

（1）正文第一、第二部分之间的习惯用语还可写成"现通知如下""特作如下通知"等，有时也可省略。

（2）"结语"部分，有的可写习惯用语，如"特此通知"等；有的要写明执行要求，如"以上通知，望认真贯彻执行"等；有的要写明生效日期，如"本通知自下发之日起实行"等；有的也可省略。

（二）会议通知的格式（主体）

×××关于召开×××会议的通知

×××：

　　为了×××，×××，×××，根据×××，×××决定召开×××会议。现将有关事宜通知如下：

　　一、会议时间

　　××××××××××××××××。

　　二、会议地点

　　××××××××××××××××。

　　三、会议内容

　　××××××××××××××××××××××××××××××

××××××××××××××××××××××××××××××××××。

　　四、参会人员

　　××。

　　五、有关要求

　　××。

×　×　×

20××年×月×日

（加盖印章）

【说明】

（1）这里的"会议"，有时也可以是"大会"。

（2）"会议内容"也可写成"会议议题"。

（3）"有关要求"也可写成"其他事项"。

（4）"会议内容""参会人员""有关要求"这三部分，当内容比较多时，可分序排列。

（5）会议通知若有《×××会议参会回执》等附件，则需在正文之后加附件说明。

（三）活动通知的格式（主体）

×××关于开展（举办）×××（活动）的通知

×××：

　　为了×××，×××，×××，根据×××，×××决定开展（举办）×××（活动）。现将有关事宜通知如下：

　　××（通知事项）。

×　×　×

20××年×月×日

（加盖印章）

【说明】

（1）"通知事项"部分要分序写明活动时间、活动地点、活动主题、活动规则、奖励办法、有关要求（其他事项）等。

（2）活动通知若有《×××报名表》《×××评比标准》等附件，则需在正文之后加附件说明。

（四）任免通知的格式（主体）

×××关于×××等同志任（免）职的通知

×××：

　　经××××年×月×日×××会议研究决定，

　　任命：

　　×××（姓名）为×××（职务）；

×××(姓名)为×××(职务)。
免去：
×××(姓名)×××职务；
×××(姓名)×××职务。

× × ×
20××年×月×日
(加盖印章)

【说明】
(1) 任职通知和免职通知,可合用,也可分用。
(2) 正文开头还可写成"×××决定"等。
(3) 对公务员的任职,要在职务后加括号注明级别等；对公务员的免职,要在职务后加括号注明是否保留原级别等。

(五) 转发(批转、印发)通知的格式(主体)

×××关于转发(批转、印发)《×××××××》的通知

×××：
　　《×××××××》业经××××年×月×日×××会议讨论通过[或写成"×××《×××××××》已经×××同意(或批准)"],现转发(批转、印发)给你们,请认真贯彻(参照)执行。
　　××(执行意义或执行要求)。

× × ×
20××年×月×日
(加盖印章)

【说明】
(1) 标题中层的发文机关名称、所有外层的"关于"和文种可省略,比如《×××市人民政府关于转发×××省人民政府关于转发国务院关于×××的通知的通知的通知》可省略为《×××市人民政府转发国务院关于×××的通知》。
(2) "执行意义或执行要求"部分可省略。
(3) 正文之后不标注附件说明。

四、通知的写法

第一,"通知缘由"部分要写得简明扼要。
第二,"通知事项"要写得全面具体,当事项较多时,应分序排列。

教学视频

教学音频

[例文分析]

【例文一】
国务院关于深化"证照分离"改革,进一步激发市场主体发展活力的通知

各省、自治区、直辖市人民政府,国务院各部委、各直属机构:

开展"证照分离"改革,是落实党中央、国务院重大决策部署,深化"放管服"改革、优化营商环境的重要举措,对于正确处理政府和市场关系、加快完善社会主义市场经济体制具有重大意义。为深化"证照分离"改革,进一步激发市场主体发展活力,国务院决定在全国范围内推行"证照分离"改革全覆盖,并在自由贸易试验区加大改革试点力度。现就有关事项通知如下:

一、总体要求

(一)指导思想。以习近平新时代中国特色社会主义思想为指导,全面贯彻党的十九大和十九届二中、三中、四中、五中全会精神,持续深化"放管服"改革,统筹推进行政审批制度改革和商事制度改革,在更大范围和更多行业推动照后减证和简化审批,创新和加强事中事后监管,进一步优化营商环境、激发市场主体发展活力,加快构建以国内大循环为主体、国内国际双循环相互促进的新发展格局。

(二)改革目标。自2021年7月1日起,在全国范围内实施涉企经营许可事项全覆盖清单管理,按照直接取消审批、审批改为备案、实行告知承诺、优化审批服务等四种方式分类推进审批制度改革,同时在自由贸易试验区进一步加大改革试点力度,力争2022年底前建立简约高效、公正透明、宽进严管的行业准营规则,大幅提高市场主体办事的便利度和可预期性。

二、大力推动照后减证和简化审批

法律、行政法规、国务院决定设定(以下统称中央层面设定)的涉企经营许可事项,在全国范围内按照《中央层面设定的涉企经营许可事项改革清单(2021年全国版)》(见附件1)分类实施改革;在自由贸易试验区增加实施《中央层面设定的涉企经营许可事项改革清单(2021年自由贸易试验区版)》(见附件2)规定的改革试点举措,自由贸易试验区所在县、不设区的市、市辖区的其他区域参照执行。省级人民政府可以在权限范围内决定采取更大力度的改革举措。地方性法规、地方政府规章设定(以下统称地方层面设定)的涉企经营许可事项,由省级人民政府统筹确定改革方式。

(一)直接取消审批。……

(二)审批改为备案。……

(三)实行告知承诺。……

(四)优化审批服务。……

三、强化改革系统集成和协同配套

(一)实施涉企经营许可事项清单管理。……

(二)深化商事登记制度改革。……

(三)推进电子证照归集运用。……

四、创新和加强事中事后监管

(一)适应改革要求明确监管责任。……

(二)根据改革方式健全监管规则。……

（三）结合行业特点完善监管方法。……
五、采取有力措施确保改革落地见效
（一）健全改革工作机制。……
（二）加强改革法治保障。……
（三）抓好改革实施工作。……
本通知实施中的重大问题，省级人民政府、国务院有关部门要及时向国务院请示报告。

附件：1.中央层面设定的涉企经营许可事项改革清单(2021年全国版)
　　　2.中央层面设定的涉企经营许可事项改革清单(2021年自由贸易试验区版)
　　　3.国务院决定在自由贸易试验区暂时调整适用行政法规有关规定目录

国务院
2021年5月19日
（此件公开发布）　　　　　　　　　　　　　　（加盖印章）

【分析】
这是一份传达通知，由标题、主送机关、正文、附件说明、发文机关署名、成文日期、印章和附注组成。其中，正文由三部分组成：通知缘由，写明了深化"证照分离"改革，进一步激发市场主体发展活力意义和目的；通知事项，共五条；结语，写明了执行要求。

【例文二】

××市人民政府办公厅关于召开全市商务工作会议的通知

各区县（自治县）人民政府，市政府有关部门，有关单位：

为进一步做好全市商务工作，经市政府同意，决定召开20××年全市商务工作会议。现将有关事项通知如下：

一、会议时间
20××年2月9日（星期四）9:30，会期半天。
二、会议地点
市商务委四楼会议中心（××区××路162号，××大桥南桥头市商务委新办公楼）。
三、参会人员
（一）各区县（自治县）人民政府、××区管委会、××区管委会分管负责人及商务主管部门主要负责人。
（二）市级有关部门、有关单位分管负责人（名单见附件1）。
（三）市级大型商贸企业及商贸行业协会代表（名单见附件2）。
（四）市商务委领导班子成员，各处室（含专项办、驻委纪检组）主要负责人，委属直属事业单位主要负责人。
（五）××电视台、××日报、××广播电台等新闻媒体。
四、会议议程
（一）市商务委主任××作工作报告；
（二）××副市长讲话。
五、有关事项
（一）请参会单位于20××年2月7日15:00前将《参会回执》反馈市商务委办公室。
（二）远郊区县需住宿参会人员2月8日18:00前到××滨江皇冠假日酒店报到。报到地点：××区南坪东路587号××滨江皇冠假日酒店；联系电话：86368888。

（三）请参会人员提前15分钟进入会场，遵守会场纪律，会议期间将手机关闭或调为静音状态。

附件：1. 市政府有关部门、有关单位名单
　　　2. 市级大型商贸企业及商贸行业协会代表名单
　　　3. 参会回执

××市人民政府办公厅
20××年2月6日
（加盖印章）

【分析】

这是一份会议通知，由标题、主送机关、正文、附件说明、发文机关署名、成文日期和印章组成。其中，正文由两部分组成：通知缘由，写明了召开会议的目的；通知事项，写明了会议的时间、地点、参会人员、议程和有关事项。

正文中"名单见附件1""名单见附件2"与附件说明重复。

【例文三】

××市人民政府关于罗××等同志任免职的通知

各区、县、自治县人民政府，××高新区、××开发区管委会，市政府各工作部门：

市人民政府决定：

罗××同志任××经济开发区管理委员会主任；

免去舒××同志××市旅游发展委员会副主任，××山旅游景区管理委员会主任职务。

××市人民政府
20××年7月24日
（加盖印章）

【分析】

这是一份任免职通知，由标题、主送机关、正文、发文机关署名、成文日期和印章组成。

【例文四】

国务院办公厅关于印发20××年政务公开工作要点的通知

各省、自治区、直辖市人民政府，国务院各部委、各直属机构：

《20××年政务公开工作要点》已经国务院同意，现印发给你们，请结合实际认真贯彻落实。

国务院办公厅
20××年4月2日
（加盖印章）

（此件公开发布）

【分析】

这是一份印发通知，由标题、主送机关、正文、发文机关署名、成文日期、印章和附注组成。正文只有一个自然段，极其简洁。

【例文五】
转发《中共××市委办公室××市人民政府办公室关于做好20××年元旦春节期间有关工作的通知》的通知

各党委（党组）、工委，各乡镇人民政府、街道办事处，区直各部门：

现将《中共××市委办公室××市人民政府办公室关于做好20××年元旦春节期间有关工作的通知》（×办秘〔20××〕114号）转发给你们，并提出以下工作要求，请严格遵照执行。

一要高度重视。各级各部门要认真组织学习通知精神，领会通知精神实质和内容要求，切实做好20××年元旦春节期间有关工作。

二要强化责任。各级各部门主要负责人要亲自研究、部署节日期间帮扶救助、市场平稳、安全生产、信访维稳、廉洁过节、值守应急各项工作，做到任务明确、责任到人、措施到位。

三要廉洁过节。严格执行廉洁从政各项规定，认真贯彻落实中央八项规定精神和省区市有关规定，严肃查处隐形变异"四风"，及时通报曝光，坚决防止"节日腐败"。

四要应急处置。健全节日期间应急工作机制，遇有突发事件或紧急情况，立即请示报告，及时妥善处置，并按有关规定上报信息。

五要加强督查。区纪委、区委办公室、区政府办公室要认真开展督查，对责任不落实、工作不到位的，进行通报批评；造成严重后果的，要严肃追究相关领导及责任人员的责任。

中共××区委办公室（加盖印章）　　　　　　××区人民政府办公室（加盖印章）
20××年12月29

【分析】

这是一份转发通知，由标题、主送机关、正文、发文机关署名、成文日期和印章组成。其中，标题省略了发文机关名称和"关于"，正文与例文四的不同之处是增加了"执行要求"。

[实践训练]

一、改错题

请修改下面的通知。

会议通知

各市、县、自治县人民政府，省政府直属各有关单位：

为落实国务院下发的《全国农村公路建设规划》精神，进一步明确各市、县政府农村公路建设的组织和管理责任，确保按时、保质、保量完成今年农村公路"通畅工程"建设任务，省政府决定于20××年4月3日下午14:45在省政府办公楼二楼报告厅召开全省农村公路建设工作会议。现通知如下：

一、会议内容是传达《××省人民政府办公厅关于推进我省农村公路建设管理与养护体制改革的实施意见》，省政府与各市、县政府签订20××年农村公路"畅通工程"建设责任书。

二、参加会议的人员有各市、县政府分管负责人；省发展与改革厅、省财政厅、省审计厅分管负责人，省交通厅及所属公路相关事业单位主要负责人；各市、县交通局和地方道路管理站主要负责人;邀请省第三派驻纪检监察组、国家开发银行××省分行分管负责人出席会议;请××日报社、××广播电视台派记者报道。

三、各市县交通局、地方公路管理站参加会议人员由各市、县政府负责通知,省交通厅所属公路相关事业单位参加会议人员由省交通厅负责通知。

四、请与会人员于20××年4月3日上午12:00前到××宾馆总服务台报到并领取会议文件。

五、会务工作由省交通厅负责。

联系人:熊××;联系电话:65306×××,65332×××(传真)。

省政府办公厅
20××年3月31日

二、写作题

1. 请根据下面的材料,拟写一份通知。

20××年4月14日,××省环境保护厅向各设区市环保局、××市环保局发出通知,定于20××年4月21日在××国际大酒店(××路195号,联系电话:×××××××)召开全省环境宣传教育工作会议。会期1天,4月20日下午报到,21日上午会议,下午返程。会议主要内容是总结、交流20××年全省环境宣传教育工作,部署20××年全省环境宣传教育重点工作;部署落实首个"××生态日"系列活动相关工作。要求各设区市环保局、××市环保局宣教工作分管领导、宣教中心(宣教处或负责宣教工作的处室)负责人参加会议。各环保局请将《会议回执》于4月19日前传真返回。联系人:寿××,电话:×××××××,传真:×××××××。

2. 请拟写一份《××大学××学院关于举办第×届××杯演讲比赛的通知》。

第十一章　通报

[知识讲授]

中华人民共和国成立后,"通报"被列入法定公文的时间及依据如表 11.1 所示。

表 11.1　中华人民共和国成立后通报被列入法定公文的时间及依据

机关类别	时间	依据
党的机关	1989 年 4 月 25 日	《中国共产党各级领导机关文件处理条例》
行政机关	1951 年 9 月 29 日	《公文处理暂行办法》
党政机关	2012 年 7 月 1 日	《党政机关公文处理工作条例》
人大机关	1998 年 2 月 6 日	《人大机关公文处理办法(试行)》
军队机关	1992 年 7 月 1 日	《中国人民解放军机关公文处理条例》
检察机关	1995 年 2 月 11 日	《最高人民检察院机关公文处理规定》
审判机关	1992 年 1 月 1 日	《人民法院公文处理暂行规定》
工会机关	1996 年 3 月 19 日	《全国总工会机关公文处理办法》

一、通报的用途

《党政机关公文处理工作条例》规定：通报"适用于表彰先进、批评错误、传达重要精神和告知重要情况"。

《人大机关公文处理办法》规定：通报"适用于表彰先进,批评错误,传达重要精神或者情况"。

《军队机关公文处理工作条例》规定：通报"适用于表彰先进,批评错误,传达重要精神或者告知重要情况"。

《人民检察院公文处理办法》规定：通报"适用于表彰先进、批评错误、传达重要精神和告知重要情况"。

《人民法院公文处理办法》规定：通报"适用于表彰先进、批评错误、传达重要精神和告知重要情况"。

《全国总工会机关公文处理办法》规定："传达重要精神、情况及领导讲话,介绍具有普遍意义的工作经验和教训,表彰先进,批评错误,用'通报'。"

上述各机关对通报的用途的规定如表 11.2 所示。

表 11.2 各机关对通报的用途的规定

机关类别	对通报的用途的规定
党政机关	表彰先进、批评错误、传达重要精神和告知重要情况
人大机关	表彰先进、批评错误、传达重要精神或者情况
军队机关	表彰先进、批评错误、传达重要精神或者告知重要情况
检察机关	表彰先进、批评错误、传达重要精神和告知重要情况
审判机关	表彰先进、批评错误、传达重要精神和告知重要情况
工会机关	传达重要精神、情况及领导讲话,介绍具有普遍意义的工作经验和教训,表彰先进,批评错误

通过表 11.2 可以看出,党政机关、人大机关、军队机关、检察机关、审判机关和工会机关对通报的用途的规定是基本一致的。工会机关通报传达"领导讲话""介绍具有普遍意义的工作经验和教训"的用途可以纳入"传达重要精神和告知重要情况"之中。

同样是用于表彰或嘉奖,通报与决定、命令(令)的区别主要体现在三个方面。第一,发文机关不同:命令(令)的发文机关有严格的限制,决定和通报则不受此限;第二,法定权威不同:命令(令)的法定权威最高,决定居中,通报最低;第三,事迹性质不同:特别突出的、非常规的先进事迹用命令(令),比较突出的、非常规的先进事迹用决定,一般的、常规的先进事迹用通报。

二、通报的种类

根据用途不同,通报可分为表彰通报、批评通报和传达通报(告知通报)三种。

(一) 表彰通报

表彰通报也称表扬通报,适用于表彰先进。

(二) 批评通报

批评通报适用于批评错误。

(三) 传达通报(告知通报)

传达通报(告知通报)适用于传达重要精神和告知重要情况。

三、通报的格式

(一) 表彰通报的格式(主体)

×××关于表彰×××的通报

×××:
　　××××××××××××××××××××××××××××××××××××
××××××××××××××××××××××××××××××××××××××

××××××××××××××××××××××××××××××××
××××××××××××××××××××××(先进事迹及评价)。
　　××××××××××××××××××××××(表彰决定)。
　　××××××××××××××××××××××(通报要求)。

×　×　×
20××年×月×日
(加盖印章)

【说明】
(1) 表彰通报的格式与表彰决定的格式基本相同。
(2) 表彰通报的标题还可写成"×××关于对×××进行表彰的通报"。

(二) 批评通报的格式(主体)

×××关于×××问题的通报

×××：
　　××××××××××××××××××××××
××××××××××××××××××××××××
××××××××××××××××××××××××
××××××××××××××××××××××××
××××××××××××××××××××(错误事实及定性)。
　　××××××××××××××××××××××(处分决定)。
　　××××××××××××××××××××××(通报要求)。

×　×　×
20××年×月×日
(加盖印章)

【说明】
(1) 批评通报的格式与处分决定的格式类似。
(2) "通报要求"部分，要写明应当记取的教训。

(三) 传达通报(告知通报)的格式(主体)

×××关于×××的通报

×××：
　　××××××××××××××××××××××
××××××××××××××××××(通报缘由)。现将有关情况通报如下：
　　××××××××××××××××××××××

××
××
×××××××××××××××××××××××××××××××(情况分析)。
××
×××××××××××××××××××××××××(通报要求)。

×××
20××年×月×日
(加盖印章)

【说明】
(1)"通报缘由"部分,有时要写明事件发生的时间、地点、简要经过和结果等。
(2)"情况分析"部分,要写明事件的原因、处理意见、整改措施等。
(3)"通报要求"部分,要有针对性地提出要求,有时这部分也可以省略。

四、通报的写法

第一,写通报要做到"三要",即要选择典型的事件,要突出关键情节,要有鲜明的倾向。

第二,传达通报(告知通报)的"情况分析"部分,要分序排列,抓住要害,严格控制"分析量"。

第三,"通报要求"部分要有较强的针对性,不能泛泛而谈;要明确具体,以便执行。

教学视频

教学音频

[例文分析]

【例文一】

××市人民政府办公厅关于表彰20××年度现代服务业先进单位的
通　　报

各区、县(市)人民政府,市政府各部门、各直属单位:

20××年,我市各地各部门认真贯彻落实"服务业优先"发展战略,保持服务业稳步发展的良好态势,为我市产业结构调整和经济转型升级作出了积极贡献。为表彰先进,市政府决定,授予××区政府等3个单位现代服务业发展综合优秀奖、××区政府等3个单位现代服务业贡献奖、××区政府等6个单位现代服务业工作先进奖、××区政府等3个单位现代服务业重大项目先进奖、××市政府等2个单位现代服务业集聚区建设奖、××通信股份有限公司等60个单位"现代服务业先进企业"荣誉称号,并予以通报表彰。

希望受表彰的单位继续努力,奋发有为。各地各部门要以先进为榜样,推进服务业创新发展,为我市实现高起点上新发展,确保继续走在全国重要城市前列作出新的贡献。

附件:20××年度现代服务业先进单位名单

××市人民政府办公厅
20××年3月25日
(加盖印章)

【分析】

这是一份表彰通报,由标题、主送机关、正文、附件说明、发文机关署名、成文日期和印章组成。其中,正文第一自然段为先进事迹及评价、表彰决定,第二自然段为希望和号召。

【例文二】

关于对××市××区"10·21"事故
和××区"11·3"事故有关责任人员处理的通报

各市(州)住房城乡建设局、××新区规划建设局,××市、××县住房和城乡建设局,中国水利水电第×工程局有限公司、××建工集团有限公司、××建设有限责任公司,各相关单位:

20××年10月21日,××建工集团第二建筑工程有限公司承接的××小区棚户区改造工程九号楼在施工过程中发生一起高处坠落事故,造成2人死亡。20××年11月3日,××建工集团第二建筑工程有限公司承接的××市××区××镇××广场××展馆工程发生一起起重伤害事故,造成2人死亡,3人受伤。根据有关法律法规、当地人民政府出具的事故调查处理批复以及住房城乡建设主管部门提交的处理建议,我厅决定对"10·21"和"11·3"事故相关责任人员作如下处理:

一、××市××区"10·21"事故相关责任人员

(一)根据《建设工程安全生产管理条例》第五十八条之规定,对××建工集团第二建筑工程有限公司××小区棚户区改造工程九号楼项目经理吴××(证书编号:××384648,注册编号:××52131502659)全省通报批评,停止执业3个月。

(二)根据《建筑施工企业主要负责人、项目负责人和专职安全生产管理人员安全生产管理规定》第三十二条、《××省建筑施工企业主要负责人、项目负责人和专职安全生产管理人员安全生产考核与监督管理规定》第二十七条之规定,对××建工集团第二建筑工程有限公司××小区棚户区改造工程九号楼项目专职安全生产管理人员张平(证书编号:建安C〔20××〕0018859)、韩××(证书编号:建安C〔20××〕0011521)全省通报批评,收回安全生产考核合格证书,并对其安全生产能力进行重新核查(具体时间由我厅另行通知)。安全生产能力核查通过后90日方可向我厅提出安全生产能力重新考核申请;考核不合格的,注销其安全生产考核合格证。

(三)根据《建设工程安全生产管理条例》第五十八条之规定,对××航空工程建设监理有限责任公司××小区棚户区改造工程九号楼项目总监张×(证书编号:××222901,注册编号:××000028)全省通报批评,停止执业3个月。

(四)对××航空工程建设监理有限责任公司××小区棚户区改造工程九号楼项目现场监理工程师丁××,监理员马××、赵××、郝××作全省通报批评。

二、××市××区"11·3"事故相关责任人员

(一)根据《建设工程安全生产管理条例》第五十八条之规定,对××建工集团第二建筑工程有限公司××广场一期项目××展馆工程项目经理周××(证书编号:××

51080902970，安全生产考核合格证书编号：×建安B〔20××〕0004152)全省通报批评，停止执业3个月。

（二）根据《建筑施工企业主要负责人、项目负责人和专职安全生产管理人员安全生产管理规定》第三十二条、《××省建筑施工企业主要负责人、项目负责人和专职安全生产管理人员安全生产考核与监督管理规定》第二十七条之规定，对××建工集团第二建筑工程有限公司××广场一期项目××展馆工程项目专职安全生产管理人员黄×（证书编号：×建安C〔20××〕0023163)、宫××（证书编号：×建安C〔20××〕0023161)全省通报批评，收回安全生产考核合格证书，并对其安全生产能力进行重新核查（具体时间由我厅另行通知）。安全生产能力核查通过后90日方可向我厅提出安全生产能力重新考核申请；考核不合格的，注销其安全生产考核合格证。

（三）根据《建设工程安全生产管理条例》第五十八条之规定，对××建工集团第二建筑工程有限公司××广场一期项目××展馆工程项目总监李××（证书编号：××390473)、项目安全监理员李××（证书编号：×监安C62120206)全省通报批评，停止执业3个月。

各相关单位要深刻吸取事故教训，全面落实安全生产主体责任，强化安全生产工作基础。各施工单位要将本通知内容传达到各在建项目部，进一步加强施工现场安全生产管理，认真防范类似事故再次发生。

××省住房和城乡建设厅
20××年2月26日
（加盖印章）

【分析】

这是一份批评通报，由标题、主送机关、正文、发文机关署名、成文日期和印章组成。其中，标题不应省略发文机关名称；正文第一自然段为错误事实，中间部分为处分决定，最后一个自然段为通报要求。

【例文三】

××县人民政府办公室关于政府系统20××年1—6月公文质量情况的
通　报

各街道办事处、乡镇人民政府，县政府各部门，有关单位：

今年以来，各乡镇人民政府（街道办事处），县政府各部门，有关单位认真贯彻执行《党政机关公文处理工作条例》《党政机关公文格式》以及《××市党政机关公文处理工作细则》等规定，加强公文处理工作，规范公文运转流程，坚持质量标准，严格审核把关，有效保证了公文质量及运转时效。但在公文报送和处理中也还存一些不容忽视的问题。根据政府系统公文质量提升活动整体要求并经县政府同意，现将1—6月政府系统公文质量情况通报如下：

一、基本情况

（一）公文报送退文情况。1—6月，全县政府系统上报公文中，经县政府办公室初核，共退文25件。错情较多的有县水务局、××街道办事处、××镇人民政府。其中，水务局上报公文24件，错情公文9件，错情率为37.5%；××街道办事处上报公文9件，错情公文3件，错情率为33.3%；××镇上报公文7件，错情公文2件，错情率为28.6%。

（二）公文抽查评比情况。6月17日，县政府办公室组织评委会，对各单位今年以来上报公文随机抽取1件进行现场评比。从评比情况看，绝大多数单位能够严格按照《党政机关公文处理工作条例》及《党政机关公文格式》规范报文。但也有部分单位在报文时责任心不强，报送的公文极不规范，严重影响公文时效。从乡镇（街道）的评比情况看，××街道、××

镇、××镇、××镇和××乡报送的公文相对较为规范;××镇、××镇、××镇、××镇和××乡报送的公文问题较多。从县级部门、有关单位的评比情况看,县发展改革委、县经济信息委、县国土房管局、县审计局和县气象局报送的公文相对较为规范;县工业园区管委会、县边城文化旅游管委会、县行政服务中心管理办公室、县工商局和县食品药品监督管理局报送的公文问题较多。

二、主要错情

综合办公室来文初核和公文抽查评比情况,各单位公文错情主要表现在以下几个方面:

(一)公文文种使用错误。常见的错误是对请示、报告文种辨识不清,对其使用范围和特点把握不准。有的单位向县政府报送报告,但报告中明显夹带请示事项;有的一事多请;有的将意见与报告重复使用为"××意见的报告";有的生造文种,把汇报、说明、建议等直接作为公文文种。

(二)公文格式不够规范。常见错误是公文要素不全、排版不符合格式标准;公文版头不规范,上行公文误用下行公文版头,红色分隔线上随意加五角星符号;上行公文不标注发文字号和签发人,以非正式的形式上报正式公文;上报请示不规范标注联系人和联系电话;公文标题不完整或概括不准确,标题中随意使用标点符号;附件标注不规范,附件名称后随意标注标点符号。

(三)违反公文行文规则。常见错误主要是部分单位越级报送公文、直接转报下级公文等;主送单位不准确,有的单位报送公文不清楚主送县政府办公室还是县政府,出现向县政府办公室报送请示、报告的情况;有的单位直接向县政府转报下属企业公文,未提出处理意见建议;有的跨越主管部门直接向县政府报送请示。特别县政府办公室多次强调,公文严禁不经审核登记直接送给领导个人,但有的单位依然我行我素,明知故犯。

(四)公文内容不够严谨。有的请示事项不明确,请示内容与标题严重不符,让人不知所云;有的在引用公文时表述不规范、不完整;有的公文叙述很多与该公文主题无关的内容;有的语言不规范、不严谨,在公文中出现口头语、地方土话。有的对正文中的结构层次序数掌握不准,存在结构层次序数混乱的情况;有的请示内容本属部门职责范围内的事项,却向县政府行文请示;有的公文结束语自出心裁、五花八门,极不规范。

以上错情产生主要原因,一是少数单位对公文处理工作重视不够,对《党政机关公文处理工作条例》和《党政机关公文格式》理解不准,贯彻不力;二是对公文处理制度执行不严,审核把关不到位;三是办文人员工作粗心,缺乏应有的责任心,例如,一件公文多次出现"以此为准"的情况。这些问题,亟待各单位引起高度重视,进一步增添工作措施,切实扭转公文处理工作被动局面。

三、工作要求

(一)高度重视公文处理。公文是党政机关开展公务活动的重要工具,公文质量直接关系政务运转效率。各单位要高度重视公文处理工作,切实研究解决公文处理存在的问题。各单位负责人要经常过问公文处理工作,结合工作实际研究制定具体公文处理工作制度。文秘工作人员要本着高度负责的态度,严格遵守公文处理各项规章制度,高标准、严要求,认真做好公文处理工作。

(二)认真执行各项规定。各单位要认真贯彻执行《党政机关公文处理工作条例》《党政机关公文格式》和《××市党政机关公文处理工作细则》的有关规定,做到规范报送公文,尽可能减少因报送公文不符合规范要求而退文的情况,不断提高公文质量和运转效率。

(三)加大公文审核力度。公文审核是公文处理工作的重要环节。各单位要进一步强化公文审核工作,健全相关工作制度,明确公文审核责任人,严把公文质量关,切实降低报送公文的错情发生率。

××县人民政府办公室
20××年6月28日
（加盖印章）

【分析】
这是一份传达通报（告知通报），由标题、主送机关、正文、发文机关署名、成文日期和印章组成。其中，正文第一自然段为通报缘由，第二自然段至最后一个自然段为情况分析，内容涉及"基本情况""主要错情""工作要求"三个方面。

[实践训练]

一、改错题

请修改下面的通报。

关于给大公无私的李××同志记功表彰的通报

集团各单位：

李××同志是××工区基建办公室的负责人，长期管理基建物资，共产党员。

20××年12月21日晚上，外地某砖厂的负责人到他家谈城砖问题。客人临走时说，李××对他们的工作一贯很支持，为了感谢特送两瓶酒、一条烟。李××怎么也不收，客人趁机放下礼物转身出了门。李××追出门。客人说："这是我们单位同志的一片心意，再说这件事也没有别人知道。"李××回家一看，除了烟酒外，还有×万元人民币。第二天，李××向领导汇报了这件事，表示拒收礼物和钱，让组织代他退还。

有个砖厂的负责人多次请李××吃饭，李××都拒绝了。对这个砖厂提供的城砖，凡是不合格的，李××坚持退货，先后两批退了××多块砖。

李××平时对自己要求很严格，常对周围的同志说："大家做事一定要秉公无私，敢于抵制不正之风。"

经十二月二十七日集团董事会讨论决定，给予李××同志记功一次的奖励，并通报全集团，号召全集团广大员工向李××同志学习，以李××同志为榜样，保护好集团的财产。

××建设集团
20××年12月27日

二、写作题

1. 请根据下面的材料，拟写一份通报。

20××年，××市安监局党组在市委、市政府的正确领导下，在省安监局、××煤监局的大力指导下，认真贯彻落实党的十九大及十九届三中、四中、五中全会精神和市委会议精神，团结带领干部职工紧紧围绕全市经济社会发展大局，聚焦主责主业，推进重点落实，坚持一手抓安全生产监管工作，一手抓党风廉政建设，全市安全生产形势持续稳定好转，各项事故指标显著下降,安全监管执法、矿山及化工领域克难攻坚、宣传教育培训、标准化建设、职业安全健康监管、隐患排查整治、党风廉政建设、机关党建等工作均取得明显成效,在实际工作中涌现出一批德能勤绩廉表现优秀的工作者。

局党组研究决定,授予杨××、王××、肖××、吕××、程××、黄××、付××、赵××、邓××等9名同志20××年度优秀工作者荣誉称号。

2. 请拟写一份《××大学关于表彰20××—20××学年"三好学生"的通报》。

第十二章 报告

[知识讲授]

在我国古代，与"报告"类似的文种有：上书（上古时期）、奏（秦代）、章（汉代）、表（汉代）、议（汉代）、疏（汉代）、弹事（汉代）、封事（汉代）、启（魏晋）、表状（唐代）、劄子（宋代）、状（宋代）、对（明代）、呈（民国时期）等。

中华人民共和国成立后，"报告"被列入法定公文的时间及依据如表12.1所示。

表12.1 中华人民共和国成立后"报告"被列入法定公文的时间及依据

机关类别	时间	依据	备注
党的机关	1989年4月25日	《中国共产党各级领导机关文件处理条例》	
行政机关	1951年9月29日	《公文处理暂行办法》	当时报告兼有请示用途，1957年请示从报告中分离
党政机关	2012年7月1日	《党政机关公文处理工作条例》	
人大机关	1998年2月6日	《人大机关公文处理办法（试行）》	
军队机关	1992年7月1日	《中国人民解放军机关公文处理条例》	
检察机关	1995年2月11日	《最高人民检察院机关公文处理规定》	
审判机关	1992年1月1日	《人民法院公文处理暂行规定》	
工会机关	1996年3月19日	《全国总工会机关公文处理办法》	

一、报告的用途

《党政机关公文处理工作条例》规定：报告"适用于向上级机关汇报工作、反映情况，回复上级机关的询问"。

《人大机关公文处理办法》规定：报告"适用于汇报工作、反映情况、提出建议等"。

《军队机关公文处理工作条例》规定：报告"适用于向上级机关汇报工作、反映情况、回复询问"。

《人民检察院公文处理办法》规定：报告"适用于向上级机关汇报工作、反映情况、回复询问"。

《人民法院公文处理办法》规定：报告"适用于向同级人民代表大会及其常务委员会、上级机关汇报工作、反映情况、回复询问"。

《全国总工会机关公文处理办法》规定："向上级机关汇报工作、反映情况、提出建议，答复上级机关的询问，向本级机关有关会议报告工作，用'报告'。"

上述各机关对报告的用途的规定如表12.2所示。

表12.2 各机关对报告的用途的规定

机关类别	对报告的用途的规定
党政机关	向上级机关汇报工作、反映情况,回复上级机关的询问
人大机关	汇报工作、反映情况、提出建议等
军队机关	向上级机关汇报工作、反映情况、回复询问
检察机关	向上级机关汇报工作、反映情况、回复询问
审判机关	向同级人民代表大会及其常务委员会、上级机关汇报工作、反映情况、回复询问
工会机关	向上级机关汇报工作、反映情况、提出建议,答复上级机关的询问,向本级机关有关会议报告工作

通过表12.2可以看出,党政机关、人大机关、军队机关、检察机关、审判机关和工会机关对报告的用途的规定完全相同的内容有:"向上级机关汇报工作""向上级机关反映情况"。党政机关、军队机关、检察机关、审判机关和工会机关的报告有"回复上级机关的询问"或"答复上级机关的询问"的用途。人大机关和工会机关的报告有"提出建议"或"向上级机关反映情况,提出建议"的用途,即所谓"建议报告"。审判机关和工会机关的报告还有"向同级人民代表大会及其常务委员会汇报工作"或"向本级机关有关会议报告工作"的用途,即所谓"大会工作报告"(此用途本书不做介绍)。

二、报告的种类

根据不同的标准,报告可分为不同的种类。

(一) 根据性质进行划分

根据性质不同,报告可分为综合报告和专题报告两种。

1. 综合报告

综合报告是某一机关全面工作的报告。

2. 专题报告

专题报告是某一机关的某项工作或某项工作的某一方面的报告。

(二) 根据用途进行划分

根据用途不同,报告可分为工作报告、情况报告、回复报告三种。

1. 工作报告

工作报告适用于向上级机关汇报工作。

2. 情况报告

情况报告适用于向上级机关反映情况。

3. 回复报告

回复报告适用于回复上级机关的询问。

人大机关和工会机关还有一种报告,叫"建议报告"。建议报告具体又包括呈报型报告和呈转型报告两种。有人笼统地说有一种报告叫"建议报告",这会使人误以为其他机关也有这种报告。

三、报告的格式(主体)

×××关于×××的报告

×××：
　　×××(报告缘由)。现将有关情况报告如下：
　　××(报告事项)。
　　特此报告。

× × ×
20××年×月×日
(加盖印章)

【说明】

(1) 除上级机关负责人直接交办的事项外，下级机关不得以机关名义向上级机关负责人报送报告，一般不得越级报送报告。

(2) 工作报告的标题可写成《×××关于×××工作的报告》，情况报告的标题可写成《×××关于×××情况的报告》。

(3) "报告事项"部分，工作报告要写明取得的主要成绩(成效、效果、经验)，存在的主要缺点(不足、困难)，今后的工作任务(打算、思路、努力方向)；情况报告要写明"八个什么"——什么时间、什么地点、什么人、什么事、什么原因、什么结果、什么问题、什么意见；回复报告要问什么答什么，不能答非所问。

(4) 结尾的习惯用语，还可写成"以上报告，请审阅""以上报告如有不当，请指示"等。人大机关和工会机关的呈转型建议报告，结尾的习惯用语应写成"以上报告如无不妥，请批转各地区各部门贯彻(参照)执行"等。

四、报告的写法

第一，当报告内容较多时，"报告事项"部分可分序排列；当报告内容单一时，"报告事项"部分可一段到底，甚至可将"报告缘由"和"报告事项"两部分合二为一。

第二，报告的内容中不得夹带请示事项。

教学视频

教学音频

[例文分析]

【例文一】
××镇人民政府关于20××年度法治政府建设工作的报告

××县人民政府：

根据×府法函〔20××〕1号文件的要求，现将我镇20××年度法治政府建设工作报告如下：

一、全力推进法治政府建设

一年来，我镇在县委、县政府的领导下，在县法制办的指导下，紧紧围绕推进依法行政、建设法治政府工作要求，全面梳理权责清单，不断提升科学民主决策和依法行政水平，深入开展普法宣传，依法行政制度进一步完善，法治政府建设基础进一步夯实，法治氛围更加浓厚。

（一）依法全面履行政府职能

一是健全依法行政领导机构建设，成立了推进依法行政工作领导小组，负责组织和协调全镇依法行政工作，进一步细化依法行政工作任务，有计划、有步骤、有重点地推进依法行政工作，切实加强了对本镇范围内的依法行政工作领导。二是严格依法履行职责。严格依法行使权力、履行职责，认真落实违法案件转办督察制度，严厉查处违法案件，规范行政行为。三是建立并运行镇政府权力清单、公共服务清单制度，动态更新行政权力清单。四是做好县级行政审批下放项目承接工作，建立镇政府行政审批事项配套制度及办事流程，并按规定进行公布。

（二）健全依法决策机制

一是建立健全行政决策听取公众意见和听证制度，充分听取人大代表、党代表和广大群众各方面意见，并进行公开公示。二是建立健全重大事项行政决策集体研究决策与合法性审查、行政决策终身责任追究及责任倒查机制，重大事项行政决策由镇政府领导会议研究审议。三是完善政府法律顾问制度。聘请专业律师担任我镇法律顾问，依法开展人民调解工作，为党委政府的重大决策、重大项目安排、重大民生工作和重大信访案件处置等工作提供法律服务。

（三）深化行政执法体制改革

一是开展规范性文件实施效果测评和定期清理工作，按时开展政策性文件清理。二是认真回复市县政府规范性文件征求意见函，按照程序依法规范办理。三是配齐配强城镇管理综合执法工作队伍，定期开展业务培训，提高执法人员综合素质。

（四）严格规范工作，文明执法

一是完善以随机抽查为重点的日常监管制度，加强镇域内食品药品、环境保护等重点领域执法力度，开展季节性苕淀粉加工场所专项清理工作，按要求关停企业2家，处理环保信访案件3件，成功创建升级生态乡镇。二是执行重大行政执法决定法制审核制度，在作出行政处罚等重大行政执法决定前，由法制工作机构进行审核。三是规范和完善行政执法程序。坚持文明执法，加强程序制度建设，健全行政执法调查规则，规范取证活动，细化执法流程，明确执法环节和步骤，保障程序公正。

（五）强化对行政权力的制约和监督

坚持民主集中制原则，完善了重大决策集体讨论研究的制度，倡导机关干部勤奋学习理论,尊重法律,维护法制权威,积极规范自己的行为,树立国家公务员的良好形象,不断提高干部业务素质和法律素质,从而全面推进了依法行政的各项工作顺利开展。

（六）深入推进政务公开

健全政府信息发布协调机制,完善政府信息主动公开、申请公开、保密审查、监督检查等一系列制度,加强政府公共资源配置、重大项目建设、社会公益事业建设等信息公开工作,按时更新政府网站,全年共公开政府工作动态信息200余条。

（七）建强法治工作队伍

落实"一月一学法"、会前学法等活动,全年共组织镇村干部开展学法活动12次、普法宣传活动10余次;以"转变作风、提升素质"为主题,举办行政执法工作人员行政执法知识培训2次;组织6名干部参加行政执法考试,依法获取执法证。

（八）落实法治工作保障措施

落实"一月一学法"、会前学法等活动,实现了干部学法常态化;推行依法行政责任制,与单位主要负责人签订《依法行政责任书》,定期、不定期开展日常督促、检查,对推进工作不理、态度不端、作风不正的干部进行通报批评;落实依法行政年度报告制度,按时向上级政府和本级人大报送依法行政工作报告。

二、依法行政工作存在的问题

20××年我镇依法行政工作取得了一定成效,行政执法水平有所提高。但也存在一些问题,主要表现在以下几个方面：

1. 执法者的业务素质有待于进一步提高。

2. 依法行政的环境建设有待完善。主要是法治理念的氛围还没有建立起来,依法办事的环境还没有形成。一方面是执法人员的法治意识有待提高;另一方面普法工作形式化,广大群众的法治观念淡薄。

3. 对依法行政的监督还不到位。行政监督体系建设还不到位,法律监督、舆论监督、群众监督、媒体监督等有待加强。

三、下一步打算

1. 要加大普法力度。加大投入和力度,营造一个良好的法治环境。

2. 健全完善相关规章制度。用规章制度来武装干部,让行政执法有理有据。

3. 提高执法者的素质。要完善领导干部带头学法制度,进一步加强培训,提高执法者的素质。

4. 要牢固树立执政为民的理念。明确依法行政的关键是依法治官而非治民,是依法治权而非治事。

5. 要建立健全依法行政监督体系。包括从自我监督、法律监督、舆论监督等方面做起。

××镇人民政府
20××年1月25日
（加盖印章）

【分析】

这是一份工作报告,由标题、主送机关、正文、发文机关署名、成文日期和印章组成。其中,正文由两部分组成：报告缘由,引据上级要求;报告事项,写明了"全力推进法治政府建设"（即取得的主要成绩）"依法行政工作存在的问题""下一步打算"这三个问题。

【例文二】

关于召开专题民主生活会有关情况的报告

市委：

根据市纪委、市委组织部、市委党的群众路线教育实践活动领导小组《关于在党的群众路线教育实践活动中开好专题民主生活会的通知》（青组〔20××〕13号）要求，现将局党委召开专题民主生活会的有关情况报告如下：

一、会前准备情况

按照中央、省、市委统一部署，根据局党委群众路线教育实践活动实施方案的安排，局党委班子成员在加强学习教育、广泛征求各方面意见的基础上，加强了相互间的谈心谈话，认真开展批评与自我批评，亲自撰写对照检查材料，为召开一次高质量的专题民主生活会奠定了坚实的基础。

（一）认真组织开展学习教育，进一步提高思想认识水平

一是制定下发了《××市盐务局党委党的群众路线教育实践活动学习教育、听取意见环节工作安排》，加强了对全系统学习教育、听取意见环节的指导。二是建立健全了学习制度，对学习教育提出了明确要求。……三是积极抓好了规定内容的学习。……四是认真加强了党员干部的思想教育。……

（二）广泛征求意见建议，认真查摆存在的问题

一是到联系点听取基层干部职工意见。……二是通过调查问卷形式征求意见。……三是召开座谈会征求意见。……四是我们还利用政风行风日常评议听取社会监督员对盐业工作的意见建议。……

（三）认真开展谈心谈话，进一步增进了共识

根据工作安排，局党委认真开展了谈心谈话，主要负责同志与班子成员逐一进行了谈心，班子成员之间、班子成员与分管部门负责同志之间也相互进行了谈心。通过敞开心扉、坦诚相见地相互谈心，班子成员之间、班子成员与分管部门负责同志之间相互沟通了思想、增进了了解、取得了共识，同时，通过谈心谈话大家相互查找了"四风"方面存在的问题，提出了改进的建议。

（四）认真撰写对照检查材料，进一步提高认识，查找问题，明确整改方向

自己动手撰写对照检查材料是群众路线教育实践活动要求的一项重要内容，是进一步提高思想认识、分析查找"四风"问题、明确整改方向的重要措施。局党委领导班子对撰写对照检查材料思想认识到位，高度重视，把撰写对照检查材料作为一次再学习、再认识、再剖析、再提高的过程。……

二、专题民主生活会情况

在市委督导组和市委党的群众路线教育实践活动领导小组办公室的指导下，经过认真充分地准备，11月28日，局党委召开了专题民主生活会。局党委5位班子成员全部出席会议，市委督导组全体同志列席了会议。

专题民主生活会的议程共有4项：第一项，由党委书记王建中同志代表局党委班子作对照检查。……

局党委通过召开专题民主生活会，按照"照镜子、正衣冠、洗洗澡、治治病"的总要求，以为民务实清廉为主题，聚焦"四风"突出问题，明确了下一步整改落实、建章立制的思路和措施。各位班子成员普遍感到经受了一次深刻的马克思主义群众观教育和党性党风的锻炼，取得了"红脸出汗、加油鼓劲"的效果，进一步找到了自身存在的差距，提高了发现和解决自

身问题的能力,宗旨意识、群众观念进一步增强,为进一步加强自身建设奠定了基础。

三、制定整改措施等情况

专题民主生活会后,局党委立即责成局教育实践活动领导小组办公室认真抓好专题民主生活会后的整改落实、建章立制环节的工作,认真抓好各项整改措施的梳理、落实工作,进一步固化专题民主生活会的成果,努力把民主生活会和教育实践活动取得的成果,转化到促进××盐业干部职工精神面貌的根本转变上来,转化到推动××盐业科学持续健康发展的轨道上来。

下一步,我们要重点抓好以下几方面工作:

一是以学习贯彻党的十八届三中全会精神为契机,认真抓好习近平总书记一系列重要讲话精神的学习。通过反复加强学习,进一步领会新一届中央领导集体治国理政的总体思路和理念,更好地把思想统一到中央决策部署上来,为坚定地贯彻落实中央决策部署奠定坚实的思想基础。

二是认真对局党委领导班子对照检查中查摆的问题、整改落实措施进行责任分解,该建章立制的建章立制,该抓好工作落实的抓好工作落实,确保活动取得扎扎实实的成效。对查摆出来的问题,坚持一个一个整改,并在一定范围内公开,接受群众监督,推动作风整体转变,使贯彻党的群众路线成为党员干部长期自觉的行动。

三是继续抓好教育实践活动其他工作的落实。认真高标准地抓好机关党委和局属各单位党组织领导班子专题民主生活会的召开,认真抓好基层党组织的组织生活会的召开,指导局属各单位抓好专题民主生活会后整改落实、建章立制环节的工作落实。

中共××市盐务局委员会
20××年12月18日
(加盖印章)

【分析】

这是一份情况报告,由标题、主送机关、正文、发文机关署名、成文日期和印章组成。其中,正文由两部分组成:报告缘由,写明了报告的根据;报告事项,写明了三个方面的情况,即"会前准备情况""专题民主生活会情况""制定整改措施等情况"。

标题应加发文机关名称。

[实践训练]

一、改错题

请修改下面的报告。

关于×××公安分局破获一起伪造、印刷、贩卖客运票据重大团伙案件情况的
报　　告

××市人民政府:

我局根据××市政府领导的批示认真组织×××公安分局等有关单位,对非法使用伪造小型公共汽车等票据一案进行了侦破。8月26日到9月3日,×××公安分局民警根据线索,经过8个昼夜的艰苦工作,终于查清了这起我市近年来罕见的团伙伪造、印刷、贩卖客

运票据案件。初步查证,这起案件涉及我市、××县和××省××市数十人,现已上缴伪造的客运票据(包括小型公共汽车、出租车、长途客车和旅店发票)价值60多万元,赃款、赃物合人民币4万余元,已抓获人犯8人,目前正在进一步深挖和审理中。

这起案件的侦破,对于推动当前我市交通运输市场的整顿,打击扰乱市场秩序的非法行为,具有重要的意义。为此,我们的意见是:

一、案情查清后,对案犯从快从重公开进行处理,以巩固交通运输市场整顿的大好形势,震慑扰乱客运秩序的不法分子。

二、建议由新闻单位对此案的侦破进行广泛宣传。

三、对公安分局有关单位和人员立功授奖。

特此报告。

××市公安局
二〇××年×月×日

二、写作题

请根据下面的材料,以××镇人民政府的名义,给××县人民政府拟写一份报告。

20××年×月×日,××镇区域内及上游地区普降大暴雨,降雨量达×毫米以上。山洪暴发,横冲直撞,沿河两岸一片汪洋,大片良田沃土被淹没冲毁。×月×日又下了大暴雨,洪水猛涨。两次洪灾,××镇受灾面积共达×亩,其中冲毁耕地×亩,预计损失粮食×吨,直接经济损失×元,×余人生命财产受到洪灾严重威胁,给××镇农业生产、群众生活造成重大影响。灾情发生后,镇党委、政府迅速组织脱产干部到灾区慰问灾民,察看灾情。据统计:全镇受灾×村,×户,×人,受灾面积×亩。其中:淹没水稻×亩,成灾×亩;淹没玉米×亩,成灾×亩;淹没花生×亩,成灾×亩;淹没蔬菜×亩,成灾×亩;淹没豆类、西瓜×亩,成灾×亩;水毁耕地×亩,垮塌房屋×间,×户,×人受伤;滑坡×处,毁坏耕地×亩;毁坏乡、村公路×处,×米;毁坏渠道×处,×米;水毁河堤×米;垮塌山坪塘×口。××等村受灾尤为严重。救灾措施:(1)组织有序,抗灾主动。洪灾发生前,镇党委、政府认真落实了镇、村两级防汛领导班子和抢险队伍,制定了防洪预案。镇、村组织抢险队×个,共×人,其中镇应急抢险队由机关、企事业单位精壮职工×人组成,汛期坚持了昼夜值班制度。×月×日晚×点×分,镇指挥部发出防汛紧急通知,并迅速调集抢险队待命。由于组织健全,措施到位,抢险主动,两次洪灾,人、畜无一伤亡。(2)核实灾情,慰问灾民。镇党委、政府一边抢险,一边派出工作人员深入灾区,核实灾情,稳定社会秩序,组织群众奋力抢险救灾。因此,灾区秩序井然,无一起治安案件。(3)落实措施,指导自救。灾情发生后,为全年双增收目标的实现增大了难度。党委、政府把着力点放到了落实救灾措施、指导生产自救上。×月×日连夜召开了党委会,对抗灾救灾作了进一步部署。×月×日上午召开了各村、镇属单位党支部书记会议,专题部署抗洪救灾工作,落实以下措施:帮助灾民树立信心,打气鼓劲,增强斗志,激发生产自救的激情;洪水退去后立即组织洗苗、扶苗工作,对不能恢复的,提出改种补种意见,并组织了种源,对受灾的农作物病虫防治进行了统筹安排,力争把灾害损失降到最低;帮助农民发展短线经济,增加当年收入;加大小家禽及草食畜禽的发展力度,号召灾民人平均养家禽×至×只。(4)加强疫病监测,控制疫病流行。政府和卫生院(所)分别已派出工作人员和医务人员深入灾区,对人畜饮水严格消毒,控制疾病源头,杜绝疾病流行。(5)对重灾户的生产、生活进行妥善安排，特别是垮屋的×户、×人，人人落实住处，个个有饭吃。(6)迅速组织恢复交通。乡村公路数处滑坡、垮塌、毁坏严重，×村河沟公路长达×米的路基被全部冲毁，恢复难度较大。其余地段已投入力量抢修，以方便群众生产生活。(7)迅速组织力量修复河堤，严防下次洪灾造成更大损失。为保证大春灌溉，对水毁渠道已进行全面抢修。××镇两次洪灾面积大，损失重，涉及面广，情况较为严重，镇党委、政府正全力以赴帮助灾民克服困难，生产自救，重建家园。

第十三章 请示

[知识讲授]

从先秦时期至1957年,"请示"与"报告"是合在一起的,而且在不同的历史时期有不同的名称(详见本书第十二章"报告")。1957年,行政机关将"请示"从"报告"中分离出来,并确定为公文种类之一(实际上,早在1938年,晋察冀边区行政委员会发布的第4号指示信《改革公文程式的理论与实践》中就已经把"请示"确定为公文种类之一)。

中华人民共和国成立后,"请示"被列入法定公文的时间及依据如表13.1所示。

表13.1 中华人民共和国成立后"请示"被列入法定公文的时间及依据

机关类别	时间	依 据
党的机关	1989年4月25日	《中国共产党各级领导机关文件处理条例》
行政机关	1981年2月27日	《国家行政机关公文处理暂行办法》
党政机关	2012年7月1日	《党政机关公文处理工作条例》
人大机关	1998年2月6日	《人大机关公文处理办法(试行)》
军队机关	1992年7月1日	《中国人民解放军机关公文处理条例》
检察机关	1995年2月11日	《最高人民检察院机关公文处理规定》
审判机关	1992年1月1日	《人民法院公文处理暂行规定》
工会机关	1996年3月19日	《全国总工会机关公文处理办法》

一、请示的用途

《党政机关公文处理工作条例》规定:请示"适用于向上级机关请求指示、批准"。

《人大机关公文处理办法》规定:请示"适用于请求指示、批准事项"。

《军队机关公文处理工作条例》规定:请示"适用于请求上级机关指示、批准事项"。

《人民检察院公文处理办法》规定:请示"适用于向上级机关请求指示、批准"。

《人民法院公文处理办法》规定:请示"适用于向上级机关请求指示、批准"。

《全国总工会机关公文处理办法》规定:"向上级机关请求指示或批准,用'请示'。"

上述各机关对请示的用途的规定如表13.2所示。

表13.2 各机关对请示的用途的规定

机关类别	对请示的用途的规定
党政机关	向上级机关请求指示、批准
人大机关	请求指示、批准事项
军队机关	请求上级机关指示、批准事项
检察机关	向上级机关请求指示、批准
审判机关	向上级机关请求指示、批准
工会机关	向上级机关请求指示或批准

通过表 13.2 可以看出,党政机关、人大机关、军队机关、检察机关、审判机关和工会机关对请示的用途的规定是完全一致的。

在党政机关 15 种法定公文中,有两个纯粹的上行文:一个是报告,另一个就是请示。在向上级机关行文时,什么时候用报告,什么时候用请示,有些下级机关就搞不清楚了。常见的请示与报告不分的现象主要有两种:一是在行文中。工作人员在行文时该用报告却用请示,该用请示却用报告或使用"请示报告"。二是在口语中。例如,领导在向秘书人员交代工作时说:"向上级打个报告,请示一下。"

请示与报告不分的原因有两个:一是客观原因。行政机关 1951 年将报告列入法定公文。当时,报告兼有请示的用途(1951 年 9 月 29 日政务院发布的《公文处理暂行办法》规定,报告适用于"对上级陈述或请示事项")。二是主观原因。秘书人员和有关领导对公文的相关知识掌握得不够准确。

实际上,请示与报告是比较容易区别的。请示与报告的区别主要有五个方面:

① 行文目的不同——报告用于向上级机关汇报工作、反映情况、回复询问,请示用于向上级机关请求指示、批准。

② 行文时间不同——报告可在事前、事中或事后行文,请示必须在事前行文。

③ 内容含量不同——报告有综合性的,请示必须一文一事。

④ 处理办法不同——报告不需复文,请示必须复文。

⑤ 习惯用语不同——报告结尾的习惯用语有"特此报告""以上报告,请审阅""以上报告如有不当,请指示"等,请示结尾的习惯用语详见下文。

二、请示的种类

根据用途不同,请示可分为政策性请示和事务性请示两种。

(一) 政策性请示

政策性请示适用于向上级机关请求指示。以下三种主要情况应使用政策性请示:第一,涉及政策法规界限方面的疑难问题;第二,遇有新情况、新问题无章可循;第三,平行机关之间意见分歧难以统一。

(二) 事务性请示

事务性请示适用于向上级机关请求批准。以下三种主要情况应使用事务性请示:第一,所办之事缺乏人力、物力、财力;第二,对要解决的问题负有责任但又不在自身权限范围之内;第三,提出某一事项的解决方案按法定程序报请批准。

有人认为,还有一种请示,叫请求批转的请示。编者不敢苟同。批转一定是下级机关对重要问题提出见解和处理办法后,借助上级的权威,转给其他机关贯彻(参照)执行的。请示是有一个事情在办理之前向上级机关请求指示或批准,把这种公文批转给其他机关没有意义。在意见没有被列入法定公文之前,这种请示确实存在过,但对照一下我们就会发现,这种请示的内容其实与意见是一样的,即一定是对重要问题提出见解和处理办法。现在,意见已经被纳入法定公文的行列,专门用于对重要问题提出见解和处理办法,这时候再用请示对重要问题提出见解和处理办法显然是错误的。

三、请示的格式

【格式一】(主体)

×××关于×××的请示

×××：

　　××××××××××××××××××××××××××××
××××××××××××××××××××××××××××××
××××××××××××××××××××××××××××××
×××××××××××××××××××××××(请示理由)。
　　××××××××××××××××××××××××××××
××××××××××××××××××××××××(请示事项)。
　　妥否,请批复(示)。

× × ×
20××年×月×日
(加盖印章)

(联系人：×××,电话：××××××××)

【格式二】(主体)

×××关于×××的请示

×××：

　　××××××××××××××××××××××××××××
××××××××××××××××××××××(请示事项)。理由如下：
　　××××××××××××××××××××××××××××
××××××××××××××××××××××××××××××
××××××××××××××××××××××××××××××
××××××××××××××××××××××××××××××
×××××××××××××××××××××××(请示理由)。
　　妥否,请批复(示)。

× × ×
20××年×月×日
(加盖印章)

(联系人：×××,电话：××××××××)

【说明】

（1）请示一般只写一个主送机关,需要同时送其他机关的,应当用抄送形式,但不得抄送其下级机关。除上级机关负责人直接交办的事项外,下级机关不得以机关名义向上级机关负责人报送请示。下级机关一般不得越级请示。

（2）"请示理由"包括请示事项的情况介绍和请示缘由(请示的目的和根据)两部分。

（3）结尾的习惯用语,还可写成"当否,请批复(示)""上述请示妥(当)否,请批复(示)""以上请示如无不妥(当),请批复(示)"等。

四、请示的写法

第一,要把理由写得充分而且必要,以增加被上级批准的可能性。

第二,应当做到一文一事。

教学视频

教学音频

[例文分析]

【例文一】

××乡人民政府关于撤乡建镇的请示

××县人民政府:

××乡位于××县西北部,北临沙河,与××县××乡接界,南临××乡、东接××镇、西连××县××乡。灰河、沙河穿境而过,气候宜人,环境优美,交通便利,章太路、马章路在境内纵横交叉而过。东距107国道、京广线、××市区45公里,石武高铁40公里;西距××市区20公里;北距××县20公里;南距××县城30公里,省道S241公路5公里,南洛高速20公里;全乡总面积47.3平方公里,辖28个村民委员会,42个自然村,3.8万人,其中非农业人口11570人,耕地4万亩。政府所在地常住人口8500人,乡人民政府驻××村长安路1号。

20××年全乡实现工农业总产值4.49亿元。其中,工业产值2.78亿元,占工农业总产值的62%,地方公共财政预算收入1549万元,农民人均纯收入6220元,社会消费品零售总额达1.8亿元。

一、街区建设发展迅速

为进一步加快小城镇建设步伐,推进城镇化进程,全面建成小康社会,××乡制定规划了面积8.2平方公里的街区远景规划。……

街区道路规划科学。……

街道管理规范有序。……

街区服务部门齐全。……

环境和绿化工作成效明显。……

二、工商业发展迅猛

近年来,××乡以招商引资、项目建设为突破口,以"飞地经济"为平台,抢抓有利时机,采取有效措施,整合优势资源,大力发展工商业经济。目前,拥有亿元以上工业企业5家,总引资额11亿元,分别是××生物医药、××配线器材、××饲料、××物流、××钢构。招商引资工作位居全县前列,是县招商引资和项目建设先进乡镇。乡域内非公企业快速发展,"××市鑫利养殖有限公司""××市昊天食用菌有限公司"等企业管理规范、效益良好,成为拉动全乡私营工业经济发展的强劲动力。集镇商贸业繁荣发展，建有大型综合性超市3家，集贸市场1处，各类商户700多家。

三、特色农业优势凸显

围绕优质烟叶、花生、大棚蔬菜和小麦良种繁育等特色农业，按照"企业＋基地＋合作社（家庭农场）＋农户"的产业化发展目标，以土地流转为抓手，强化农产品专业市场建设，引进农业产业化龙头企业，提升农业产业化水平。截至20××年年底，共引进农业产业化企业3家，发展农业种植（农机）合作社、家庭农场15家，建成高标准农田4万亩。种植基地3万余亩，其中：烟叶2000亩、花生1.9万亩、优质小麦良种繁育基地1万亩、无公害瓜菜种植基地1000亩。20××年，全乡农业增加值完成1.71亿元。

四、社会事业蓬勃发展

目前，全乡建有标准化敬老院2座，其中1所敬老院被评为一星级敬老院，五保供养率达75％以上。新型农村合作医疗制度全面落实，新农合参合率达100％。城乡社会居民养老制度健全，城乡居民养老保险参保率99.9％。建有标准化幼儿园6所，幼师112人，入学幼儿2000余人。小学11所，在校生2500余人，专任教师105人，小学适龄儿童入学率100％。初中2所，在校生1020人，教师110人，初中适龄人口入学率100％，小升初升学率100％，九年义务教育覆盖率达100％。建有各级各类医疗卫生机构29个，其中，乡卫生院1个，村卫生所28个，乡村医生28人。专业卫生人员40人，其中执业医师20人，执业助理医师20人。注册护士15人。新建农家书屋28个，新建村级文化广场13个。

全乡现有舞龙、舞狮、腰鼓、秧歌、剧团等民间艺术团队38个。每年举办一届民间艺术大赛，××乡文化站连年被评为"县先进文化站"。人口和计划生育政策全面落实，人口自增率和政策生育率均控制在市定指标以内，是市县优质服务先进乡镇。

××乡撤乡建镇后将进一步扩大经济辐射力和吸引力，有利于发挥小城镇的中心作用，吸引更多的投资，促进××乡的经济发展，有利于改善居民的生产生活环境，提高群众的生活水平。

按照国务院国发〔20××〕165号文件精神，依据我乡经济社会现状及社会发展需要，经过客观、科学分析与论证，在充分征求群众意见的基础上，经乡党委、政府研究和乡人大主席团决议通过，认为××乡已具备撤乡建镇的条件。特申请将××乡撤乡建镇，实行镇管村体制，原辖区不变。

妥否，请批复。

××乡人民政府

20××年1月11日　（加盖印章）

（联系人：×××，联系电话：××××××××××××）

【分析】

这是一份按"格式一"写成的请示，由标题、主送机关、正文、发文机关署名、成文日期、印章和附注组成。其中，正文首先阐释了将××乡撤乡建镇的理由，最后写明了请示事项"将××乡撤乡建镇"。

【例文二】

××乡人民政府关于××乡改制建镇的请示

××县人民政府：

多年来，我乡在县委、县政府的正确领导下，坚持以习近平新时代中国特色社会主义思想为指导,围绕"立足城郊、融入城关、优农兴企、富民强乡"发展战略,充分发挥靠近城关的地理优势,积极打造城郊宜适集镇,促进了全乡经济社会又好又快发展。为进一步推进小城镇建设,推动××实现跨越发展,根据全乡广大群众的强烈意愿,经乡党政联席会议研究,拟向上级申请把我乡改为镇建制。现将有关乡改镇事宜请示如下:

一、基本情况

××乡位于××县西南部,与城关毗邻。……

××乡坚持以习近平新时代中国特色社会主义思想为统领,立足本地实际,发挥地处城郊优势,经济发展势头良好。……

社会各项事业齐头并进。……

集镇功能趋于完善。……

二、撤乡建镇的规划

××乡撤乡建镇后将紧紧围绕建设优美宜居的城郊型集镇的小城镇发展战略,全面推进××的改革和发展。具体发展定位和发展目标是:

(一)发展定位:紧抓纳入县城规划区"一城八片"核心控制区的契机,大力推进工业化、城镇化和现代化进程,加快融入"大城关"发展腹地,促进经济、社会、文化、生态等的全面可持续发展,全力打造"经济发展、功能齐全、环境优美、人文宜居"的城郊型现代集镇。

(二)发展目标:未来五年内,将完成××至××的市政道路建设和8公里的防洪堤建设,完成××公路的提级改造,高起点、高标准科学规划××镇区的发展蓝图。

一是产业布局方面:……

二是经济发展目标:……

三是控制目标:……

三、撤乡建镇的理由

(一)是经济社会发展的必然要求。

近年来,××乡党委政府坚持以习近平新时代中国特色社会主义思想为指导,组织带领全乡广大干部群众,解放思想、更新观念、抢抓机遇、奋力发展,经济和社会各项事业取得突飞猛进的发展。……

(二)是全乡广大群众的热切愿望。

近10多年来,全乡广大干部群众热切要求将××乡撤乡建镇。……

(三)是推进小城镇建设的有力保障。

2009年,××乡政府所在地××村被纳入××城区规划区"一城八片"核心控制区之一,镇区建设迎来前所未有的发展机遇,通过撤乡建镇,能够争取建制镇相关的配套政策和管理职权,能够进一步强化政府职能,为推进小城镇建设提供更好的政策保障。

(四)是推动跨越发展的迫切需要。

××镇区距离城关只有6.3公里,东南与高速路口相连,城郊区位优势明显,撤乡建镇能进一步加快融入"大城关"发展腹地,完善基础设施,进一步引导资金、劳动力资源和生产资料资源向镇区聚集,为招商引资创造良好的投资环境,带动全乡经济跨越发展。……

撤乡建镇是全乡广大干部群众的殷切希望,是造福子孙、促进经济社会事业协调发展的大好事,百利而无一害。全乡广大干部群众一定有决心、有能力按照上级的部署和要求,精心组织、扎实推进、稳步实施,圆满完成撤乡建镇工作。乡改镇后,所管辖的行政区域不变,镇政府驻地不变。

以上请示如无不妥,请转报××市、××省人民政府审批。

附件:1. ××乡人大主席团决定
　　　2. ××乡撤乡建镇专题会议纪要
　　　3. ××乡撤乡建镇座谈会纪要
　　　4. ××乡行政区划示意图
　　　5. ××乡集镇总体规划图

××乡人民政府
20××年×月×日
(加盖印章)

(联系人:×××,联系电话:135××××7691)

【分析】

这是一份按【格式二】写成的请示,由标题、主送机关、正文、附件说明、发文机关署名、成文日期、印章和附注组成。其中,正文首先写明了请示事项——"拟向上级申请把我乡改为镇建制",接着阐释了××乡的"基本情况""撤乡建镇的规划""撤乡建镇的理由"。其实,××乡的"基本情况""撤乡建镇的规划"也是撤乡建镇的很好的理由。

[实践训练]

一、改错题

1. 请修改下面的公文。

关于我市副厅级领导干部今年下半年出访计划的报告

省人民政府:

经市委、市政府研究,计划今年下半年由×××、×××等三人,应日本××××协会邀请,赴日本×××艺术交流活动,在日时间×天。

特此报告,请批示。

××市人民政府
20××年×月×日

2. 请修改下面的公文。

关于要求补助档案抢救经费的申请报告

由于今年我省遭受"××"台风的袭击,以至部分地区档案馆的文件受到不同程度的损坏,有些档案库房大量进水,加上高温高湿,导致文件霉变。据不完全统计,全省受损档案共10万余卷,档案是党和国家的宝贵财富,保护好档案是关系到我们子孙后代的大事;为此,根据档案法的有关规定,抢救受损档案,特向省财政厅申请补助档案抢救经费50万元。

此致

敬礼

××省档案局
20××年8月5日

二、写作题

请根据下面的材料,拟写一份请示。

××县位于××西北部,××高原东南麓,是通向世界顶级旅游景区××的必经之路,又是××通往××省的重要门户。全县面积2053.13平方公里,总人口18.5万人。××××年被国务院定为全国特困县之一,××××年经××人民政府批准同意××县享受少数民族自治县待遇,是国家新一轮扶贫开发重点县。近年来,随着改革开放的不断深入,××县旅游业迅速发展,全县流动人口数量急剧增加,城市生活无着的流浪、乞讨人员不断涌入,年涌入量达400人次以上,给××县救助工作造成了极大的困难。根据国务院《城市生活无着的流浪乞讨人员救助管理办法》有关规定,为做好××县城市无着的流浪、乞讨人员的救助工作,保障他们的基本生活权益,××县计划在县城建设"××县救助站"。经概算,该项目建设总投资140万元。由于××县财政十分困难,无力筹足项目建设资金,只能自筹40万元,尚有缺口资金100万元,为此,特要求××民政厅解决缺口资金。

第十四章　批　复

[知识讲授]

以上答下的被动的下行文,我国历代有种种名目,如"批""批答""批文"等。"批复"这一文种,最早见于1948年11月18日华北人民政府政务会议通过的《办事规则》。

中华人民共和国成立后,"批复"被列入法定公文的时间及依据如表14.1所示。

表14.1　中华人民共和国成立后"批复"被列入法定公文的时间及依据

机关类别	时间	依　据
党的机关	1989年4月25日	《中国共产党各级领导机关文件处理条例》
行政机关	1951年9月29日	《公文处理暂行办法》
党政机关	2012年7月1日	《党政机关公文处理工作条例》
人大机关	1998年2月6日	《人大机关公文处理办法(试行)》
军队机关	1992年7月1日	《中国人民解放军机关公文处理条例》
检察机关	1995年2月11日	《最高人民检察院机关公文处理规定》
审判机关	1992年1月1日	《人民法院公文处理暂行规定》
工会机关	1996年3月19日	《全国总工会机关公文处理办法》

一、批复的用途

《党政机关公文处理工作条例》规定:批复"适用于答复下级机关请示事项"。
《人大机关公文处理办法》规定:批复"适用于答复请示事项"。
《军队机关公文处理工作条例》规定:批复"适用于答复下级机关请示事项"。
《人民检察院公文处理办法》规定:批复"适用于答复下级人民检察院请示事项"。
《人民法院公文处理办法》规定:批复"适用于答复下级人民法院的请示事项"。
《全国总工会机关公文处理办法》规定:"上级机关答复下级机关的请示事项,用'批复'。"
上述各机关对批复的用途的规定如表14.2所示。

表14.2　各机关对批复的用途的规定

机关类别	对批复的用途的规定
党政机关	答复下级机关请示事项
人大机关	答复请示事项
军队机关	答复下级机关请示事项
检察机关	答复下级人民检察院请示事项
审判机关	答复下级人民法院的请示事项
工会机关	上级机关答复下级机关的请示事项

通过表14.2可以看出，党政机关、人大机关、军队机关、检察机关、审判机关和工会机关对批复的用途的规定是完全一致的。

批复与请示对应。下级机关有请示，上级机关必有批复。

二、批复的种类

根据用途不同，批复可分为指示性批复和批准性批复两种。

（一）指示性批复

指示性批复对应的是请求指示的请示。

（二）批准性批复

批准性批复对应的是请求批准的请示。

三、批复的格式

【格式一】（主体）

××× 关于×××的批复

×××：

你×（省、市、县、局）××××年×月×日《关于×××的请示》（×〔××××〕×号）收悉。现批复如下：

××××××××××××××××××××××××××××××××
××××××××××××××××××××××××××××××××
××××××××××××××××××××××××××××××××
××××××××××××××××××××××××××××××××
××××××××××××××××××××（批复意见、批复要求）。

此复。

×××
20××年×月×日
（加盖印章）

【格式二】（主体）

××× 关于×××的批复

×××：

你×（省、市、县、局）××××年×月×日《关于×××的请示》（×〔××××〕×号）收悉。×××同意（"原则同意"）×××××××。

××××××××××××××××××××××××××××××××
××××××××××××××××××××××××（批复说明）。

×××××××××××××××××××××××××××××（批复要求）。

此复。

　　　　　　　　　　　　　　　　　　　　　　　　　　　×　×　×
　　　　　　　　　　　　　　　　　　　　　　　　　　20××年×月×日
　　　　　　　　　　　　　　　　　　　　　　　　　　　（加盖印章）

【说明】

（1）批复缘由还可写成"你×（省、市、县、局）《关于×××的请示》（×〔××××〕×号）收悉""《×××关于×××的请示》（×〔××××〕×号）收悉"等。以下写法均应视为不规范："你×（省、市、县、局）×年×月×日《关于×××的请示》收悉""你×（省、市、县、局）×年×月×日请示收悉""你×（省、市、县、局）《关于×××的请示》收悉""你×（省、市、县、局）×〔　〕×号请示收悉""你×（省、市、县、局）〔　〕×号《关于×××的请示》收悉"等。在"收悉"之后，还可写成"经研究""经×××研究""根据×××规定"等。

（2）"批复说明"部分，要写明肯定性意见或不同意的理由。这部分可省略。

（3）"批复要求"部分，要写明希望、要求或注意事项等。这部分可省略。

（4）结尾的习惯用语还可写成"特此批复"等。习惯用语可省略。

四、批复的写法

第一，批复的标题应针对请示的标题具体确定。

第二，【格式一】"批复意见、批复要求"部分要分序排列。【格式二】带有"批复说明"和"批复要求"的，可分段表述；不带有"批复说明"和"批复要求"的，可一段到底。

第三，批复的态度要明朗庄重，措辞要简洁准确。"批复说明"和"批复要求"要有针对性，不要泛泛而谈或节外生枝。

教学视频

教学音频

[例文分析]

【例文一】

国务院关于同意设立南京江北新区的批复

江苏省人民政府：

　　《江苏省人民政府关于设立南京江北新区的请示》（苏政发〔20××〕68号）收悉，现批复如下：

　　一、同意设立南京江北新区。南京江北新区位于江苏省南京市长江以北，包括南京市浦口区、六合区和栖霞区八卦洲街道，规划面积788平方公里。南京江北新区是长江经济带与东部沿海经济带的重要交汇节点，区位条件优越、产业基础雄厚、创新资源丰富、基础设施完善、承载能力较强,具备了加快发展的条件和实力。要把建设南京江北新区作为实施区域发展总体战略、贯彻落实《国务院关于依托黄金水道推动长江经济带发展的指导意见》(国发〔20××〕39号)的重要举措,充分发挥南京江北新区在创新驱动发展和新型城镇化建设等方面的示范带动作用,推动苏南现代化建设和长江经济带更好更快发展。

　　二、南京江北新区建设,……
　　三、江苏省人民政府要切实加强对南京江北新区建设的组织领导,……
　　四、国务院有关部门要按照职能分工,……

　　设立并建设好南京江北新区,对于推进长江经济带建设、培育东部沿海地区率先转型发展的新增长极具有重要意义。各有关方面要统一思想,密切合作,勇于创新,扎实工作,共同推动南京江北新区持续健康发展。

国务院
20××年6月27日
(加盖印章)

(此件公开发布)

【分析】
　　这是一份按【格式一】写成的批复,由标题、主送机关、正文、发文机关署名、成文日期、印章和附注组成。其中,正文第一自然段为批复缘由,其他自然段为批复意见和批复要求。

【例文二】
××省人民政府关于同意修改××市和××县土地利用总体规划的批复

××市人民政府:
　　你市《关于局部修改××市和××县土地利用总体规划(20××—20××年)的请示》(×政文〔20××〕30号)收悉。经研究,同意你市上报的××市、××县土地利用总体规划(20××—20××年)局部修改方案,将县××10000亩新增城乡建设用地指标调剂给××市使用。请你市按规定相应修改相关乡镇土地利用总体规划,规划修改成果及时上报省国土资源厅。各项建设按规定办理规划选址、环境保护、建设用地等审批手续。

××省人民政府
20××年8月8日
(加盖印章)

(此件公开发布)

【分析】
　　这是一份按【格式二】写成的批复,由标题、主送机关、正文、发文机关署名、成文日期、印章和附注组成。其中,正文只有一个自然段,内容为批复缘由、批复意见和批复要求。

[实践训练]

一、改错题

请修改下面的批复。
关于若干问题的批复

××乡政府并电影公司:
　　对你乡的多次请示,一并答复如下:

一、原则批准你乡建立水果生产工贸公司,负责本乡水果的加工、销售工作。

二、今年你乡要盖礼堂一座,并准备开辟为对外营业的影剧院,有利于活跃农村生活,增加宣传阵地。基本同意你们这一要求。

三、你乡提出试行《关于违反××规定的处罚办法》,最好不执行,因为这个办法违反上级有关文件精神。

特此作答。

××县人民政府
20××年3月2日

二、写作题

1. 请根据下面的请示,拟写一份批复。

××市人民政府关于要求将××市列为全国小型农田水利建设试点市的
请　　示

国家发改委:

据悉,为了探索新形势下开展农田水利建设的新机制和新办法,积累建设经验,国家发改委拟开展小型农田水利工程建设的试点。我市对小型农田水利工程建设非常关注,期望国家发改委将试点工作安排在××开展。其理由如下:

一、我市是农业大市。全市有农业人口580万,耕地650万亩,山场1100万亩,水面351万亩,是全国商品粮基地之一。20××年粮食产量344万吨,居全省第三位,约占全国粮食总产的7‰;油料产量29万吨,居全省第三位;农业增加值80亿元,三次产业结构中,一产占31.6%。农业经济的发展对全市经济的影响举足轻重,开展试点可以有力促进农业经济和全市经济发展,政府重视,群众拥护。

二、我市水利工程种类齐全。市内既有灌区,又有非灌区;既有自流灌,又有排灌和提灌;既有平原,又有岗地和山区。水利工程有河、渠、库、塘、堰、坝等多种类型,在我市开展试点具有广泛的代表性。

三、我市建设水利工程积极性很高。税改前,群众积极主动投入水利工程建设,年投工约12000万个。税改后,我市积极探索新方法、新途径,20××年,境内×县实行"民决策、民建管、民受益"的方法,建设各种水利工程900余处,完成土石方880万方;××县开展"一圩一议"治理丰乐河;××县组建用水协会收水费,××县与××镇大力推进小型水利工程产权改革等取得积极成效。在我市开展试点具有较好的现实基础。

四、我市是革命老区和贫困地区。××享有"红色故乡""将军摇篮"的盛名。这里是鄂豫皖革命根据地的重要组成部分,刘邓大军千里跃进大别山,在这里留下了光辉的足迹,拥有××、原××县两个将军县。境内五县二区均是国定贫困县(区),20××年人均国内生产总值是全国平均水平的35%,人均财政收入是全国平均水平的15%。在我市开展试点能够充分体现党和国家对革命老区、贫困地区的关怀。

妥否,请审示。

××市人民政府
20××年3月3日

2. 请根据第十三章请示例文一,拟写一份批复。

3. 请根据第十三章请示例文二,拟写一份批复。

第十五章 议案

[知识讲授]

"议案"这个文种,最早见于1931年中共中央制定的《文件处置办法》。

中华人民共和国成立后,"议案"被列入法定公文的时间及依据如表15.1所示。

表 15.1 中华人民共和国成立后"议案"被列入法定公文的时间及依据

机关类别	时间	依 据
行政机关	1994年1月1日	《国家行政机关公文处理办法》
党政机关	2012年7月1日	《党政机关公文处理工作条例》
人大机关	1998年2月6日	《人大机关公文处理办法(试行)》
检察机关	1995年2月11日	《最高人民检察院机关公文处理规定》
审判机关	1992年1月1日	《人民法院公文处理暂行规定》

一、议案的用途

《党政机关公文处理工作条例》规定:议案"适用于各级人民政府按照法律程序向同级人民代表大会或者人民代表大会常务委员会提请审议事项"。

《人大机关公文处理办法》规定:议案"适用于根据法律规定,依据法定程序,提案人向人大及其常委会提请审议的事项"。

《人民检察院公文处理办法》规定:议案"适用于各级人民检察院按照法律程序向同级人民代表大会或者人民代表大会常务委员会提请审议事项"。

《人民法院公文处理办法》规定:议案"适用于各级人民法院依照法律程序向同级人民代表大会或其常务委员会提请审议事项"。

上述各机关对议案的用途的规定如表15.2所示。

表 15.2 各机关对议案的用途的规定

机关类别	对议案的用途的规定
党政机关	各级人民政府按照法律程序向同级人民代表大会或者人民代表大会常务委员会提请审议事项
人大机关	根据法律规定,依据法定程序,提案人向人大及其常委会提请审议的事项
检察机关	各级人民检察院按照法律程序向同级人民代表大会或者人民代表大会常务委员会提请审议事项
审判机关	各级人民法院依照法律程序向同级人民代表大会或其常务委员会提请审议事项

通过表15.2可以看出,党政机关、检察机关和审判机关对议案的用途的规定除法定作

者不同外,主送机关和内容都是相同的。主送机关是"同级人民代表大会或者人民代表大会常务委员会",这说明议案是"平行文";内容"提请审议事项",包括:① 立法;② 重大事项决议决定(如区域调整、财政预算等);③ 任免;④ 撤职;⑤ 授予荣誉称号。

  人大机关的议案不同于党政机关、检察机关和审判机关的议案。人大机关的议案是提案人(人大代表或有关部门)向人大及其常委会提出的议事原案。根据《中华人民共和国全国人民代表大会组织法》和《中华人民共和国全国人民代表大会议事规则》的规定,全国人民代表大会主席团、全国人民代表大会常务委员会、全国人民代表大会各专门委员会、国务院、中央军委、最高人民法院、最高人民检察院,以及一个代表团或者30名以上的代表联名,可以向全国人民代表大会提出属于全国人民代表大会职权范围内的议案,由主席团决定是否列入会议议程,或者先交有关的专门委员会审议,提出是否列入会议议程的意见,再决定是否列入会议议程。全国人民代表大会各代表团全体会议、代表小组会议对议案进行审议,主席团可以将议案交有关专门委员会进行审议、提出报告,由主席团审议决定提请大会全体会议表决。经表决,议案由全体代表的过半数通过。

  人大机关的议案也不同于政协提案和职代会提案。政协提案是政协委员向人民政协组织,并通过政协组织向人民代表大会或人民政府就有关国家或地方大政方针、社会生活等重大问题提出意见和建议的形式。政协提案实行提出提案的时间不限、内容不限、人数不限的"三不限制"原则。提出提案一般有四种形式:一是政协委员以个人或者联名方式提出提案;二是政协全体委员会议期间以小组或者联组名义提出提案;三是参加政协的各党派和人民团体,以本党派、团体名义提出提案;四是政协各专门委员会以本专门委员会名义提出提案。提案办理有专门机构负责,要求件件有着落,案案有答复。人大机关的议案与政协提案的不同之处在于:人民代表大会是权力机关,人大机关的议案一经通过,就具有法律效力;而人民政协是统一战线组织,政协提案是民主监督的一种形式,没有法律的约束力。另外,人大机关的议案,一般只在大会期间提出;而政协提案,既可在全体会议期间提出,也可在休会期间提出。

二、议案的格式(主体)

×××关于提请审议×××的议案

××人民代表大会(或××人民代表大会常务委员会):
    ××(议案缘由)。
    ×××(议案事项及形成过程)。
  现提请审议。

×××(职务) ×××(签名章)
20××年×月×日

【说明】
(1) 此格式适用于党政机关、检察机关和审判机关。

(2)"议案缘由""议案事项及形成过程"和最后的习惯用语,有时也可一段到底。
(3)最后的习惯用语,还可写成"请大会审议决定"等。

三、议案的写法

第一,写议案时必须"一事一案"。
第二,应做到文字简明,篇幅短小。
第三,要体现庄重性和规范性。

教学视频

教学音频

[例文分析]

【例文一】

××市人民政府关于提请审议
《××市实施〈中华人民共和国道路交通安全法〉办法(草案)》的议案

市人大常委会:

《××市实施〈中华人民共和国道路交通安全法〉办法(草案)》已经20××年8月20日市人民政府第61次常务会议讨论通过,现提请审议。审议时,委托市公安局局长赵×到会作说明。

市长 唐××
20××年9月2日

【分析】

这是一份立法议案,由标题、主送机关、正文、签发人职务、签名章和成文日期组成。其中,正文只有一个自然段,但内容却涉及议案事项、形成过程等。

【例文二】

××市人民政府关于提请审议《××市20××年政府投资项目计划(草案)》的
议　　案

市人大常委会:

为充分发挥政府投资项目在我市经济社会发展中的基础配置和引领作用,在深入调研的基础上,围绕中原经济区副中心城市建设及加快推进城镇化的总体要求,按照"保民生、促畅通、活产业、顾长远"的思路,根据《××市政府投资项目管理条例》相关规定,结合省、市经济工作会议精神及市政府工作报告,市政府拟定了《××市20××年政府投资项目计划(草案)》(以下简称《计划(草案)》)的议案。《计划(草案)》已经市政府常务会议研究确定并报市人大常委会主任会议审议通过。现提请本次会议研究,请予审议。

一、项目总体安排情况

……

二、亿元以上项目安排情况

……

三、主要措施

……

市　长　×××
20××年4月26日

【分析】

这是一份重大事项决议决定议案,由标题、主送机关、正文、签发人职务、签名章和成文日期组成。

【例文三】

××市人民政府关于提请任免彭××等同志职务的议案

市人大常委会:

根据工作需要,现提请任命:

彭××同志任××市发展和改革委员会主任。

提请免去:

马×同志所任××市发展和改革委员会主任职务。

请审议决定。

市　长　刘××
20××年7月1日

【分析】

这是一份任免议案,由标题、主送机关、正文、签发人职务、签名章和成文日期组成。

【例文四】

××市人民政府关于提请授予哈萨克斯坦总理卡里姆·马西莫夫
××市荣誉市民称号的议案

市人大常委会:

经市人民政府第101次常务会议讨论通过,拟授予哈萨克斯坦总理卡里姆·马西莫夫××市荣誉市民称号。根据《××市授予荣誉市民称号规定》(×政规〔20××〕14号)的规定,现提请市人大常委会予以审议。审议时,委托市人民政府外事办公室主任安××到会作说明。

市　长　唐××
20××年8月19日

【分析】

这是一份授予荣誉称号议案,由标题、主送机关、正文、签发人职务、签名章和成文日期组成。

[实践训练]

一、改错题

请修改下面的议案。

××省人民政府关于《××省国防教育条例(草案)》的议案

省人大常委会：

为了加强国防教育，提高公民的国防素质，省军区起草了《××省国防教育条例(草案)》。现将这个地方性法规草案送上，请予审议。

××省人民政府
二〇××年三月五日

二、写作题

1. 请根据下面的材料，拟写一份议案。

××省法制办结合本省实际拟订了《××省渔业港口和渔业船舶管理条例(草案)》。该条例草案业经第72次省政府常务会议通过。20××年7月18日，××省省长韩××向××省人民代表大会常务委员会提请审议。制定该条例的目的：加强渔业港口和渔业船舶管理，保护渔业港口和渔业船舶所有者和经营者的合法权益，保障公民人身和财产安全，促进渔业经济可持续发展。制定该条例的根据：有关法律、法规。

2. 请根据下面的材料，拟写一份议案。

20××年4月19日，××市人民政府向市人大常委会提请审议《××市公共信用信息条例(草案)》。这个《条例(草案)》已于20××年4月19日经市政府第37次常务会议讨论通过。提请审议的根据是《××市制定地方性法规条例》。授权杨杰同志到会作说明。

第十六章 函

[知识讲授]

在我国古代,与函类似的文种有书(上古)、移(汉代)、笺(汉代)、关(魏晋)、牒(魏晋)、简(清)、札(清)、咨(中华民国初期)等。中华民国时期,开始用"函"或"公函"。中国共产党成立后,各机关先后使用过"函""公函""便函""信函"等。

中华人民共和国成立后,"函"被列入法定公文的时间及依据如表16.1所示。

表16.1 中华人民共和国成立后"函"被列入法定公文的时间及依据

机关类别	时间	依据	备注
党的机关	1989年4月25日	《中国共产党各级领导机关文件处理条例》	
行政机关	1981年2月27日	《国家行政机关公文处理暂行办法》	1951年将"公函"和"便函"列入法定公文;1957年取消"公函",1981年取消"便函"
党政机关	2012年7月1日	《党政机关公文处理工作条例》	
人大机关	1998年2月6日	《人大机关公文处理办法(试行)》	
军队机关	1992年7月1日	《中国人民解放军机关公文处理条例》	
检察机关	1995年2月11日	《最高人民检察院机关公文处理规定》	
审判机关	1992年1月1日	《人民法院公文处理暂行规定》	
工会机关	1996年3月19日	《全国总工会机关公文处理办法》	

一、函的用途

《党政机关公文处理工作条例》规定:函"适用于不相隶属机关之间商洽工作、询问和答复问题、请求批准和答复审批事项"。

《人大机关公文处理办法》规定:函"适用于不相隶属机关之间商洽工作、询问和答复问题;向有关主管部门提出请求事项等"。

《军队机关公文处理工作条例》规定:函"适用于无隶属关系的机关之间商洽工作、征求意见、询问和答复问题、通报情况、请求批准和答复审批事项"。

《人民检察院公文处理办法》规定:函"适用于不相隶属机关之间商洽工作、询问和答复问题、请求批准和答复审批事项"。

《人民法院公文处理办法》规定:函"适用于人民法院之间或人民法院同其他不相隶属的机关之间商洽工作、询问和答复问题、请求批准和答复审批事项"。

《全国总工会机关公文处理办法》规定:"相互之间商洽工作,询问和答复问题,通知一般事项,向有关的主管部门进行请示等,用'函'。"

上述各机关对函的用途的规定如表 16.2 所示。

表 16.2　各机关对函的用途的规定

机关类别	对函的用途的规定
党政机关	不相隶属机关之间商洽工作、询问和答复问题、请求批准和答复审批事项
人大机关	不相隶属机关之间商洽工作、询问和答复问题;向有关主管部门提出请求事项等
军队机关	无隶属关系的机关之间商洽工作、征求意见、询问和答复问题、通报情况、请求批准和答复审批事项
检察机关	不相隶属机关之间商洽工作、询问和答复问题、请求批准和答复审批事项
审判机关	人民法院之间或人民法院同其他不相隶属的机关之间商洽工作、询问和答复问题、请求批准和答复审批事项
工会机关	相互之间商洽工作,询问和答复问题,通知一般事项,向有关的主管部门进行请示等

通过表 16.2 可以看出,党政机关、人大机关、军队机关、检察机关、审判机关和工会机关对函的用途的规定的相同之处为:都用于"商洽工作""询问和答复问题""请求批准和答复审批事项"(或"向有关主管部门提出请求事项等""向有关主管部门进行请示")。各机关对函的用途的规定的不同之处主要有以下几点:

第一,党政机关、人大机关、军队机关和检察机关的函用于"不相隶属机关之间"或"无隶属关系的机关之间",而审判机关和工会机关的函用于"人民法院之间"或"相互之间"。对于党政机关、人大机关、军队机关和检察机关来说,函只能平行使用;而对于审判机关和工会机关来说,函既可平行使用,也可上行或下行使用。

第二,军队机关的函可以用来"征求意见""通报情况",而其他机关的函则不可以。

第三,工会机关的函可以用来"通知一般事项",而其他机关的函则不可以。

在"请求批准"这个问题上,函与请示的用途是相同的。因此,在实际工作中,就会出现函与请示不分的情况,其严重程度甚至高于请示与报告不分的情况。根据编者的实际调查,县级以上人民政府,请示与报告不分的情况几乎是销声匿迹了;但函与请示不分的情况,各级各类机关却依然不同程度地存在。

函与请示不分的原因主要有两个方面:一是发文机关方面——秘书人员或主管领导因素质(学习不够)或观念(如认为函不正规,或认为求人办事用函显得不够尊重等)问题而主动使用;二是主送机关方面——秘书人员或主管领导因素质或观念问题而明确要求。

函与请示的区别主要有三个方面:一是行文对象不同—— 请示的行文对象是上级机关,有隶属关系;函的行文对象是有关主管部门,无隶属关系。这是根本区别。二是行文语气不同——请示因行文对象是上级机关,故要用敬重、恳切的语气;函因行文对象是有关主管部门(不相隶属机关),故要用谦逊、委婉的语气(不卑不亢、彬彬有礼)。三是结尾用语不同——请示结尾的习惯用语有"妥否,请批复(示)""当否,请批复(示)"等;函结尾的习惯用语详见下文。

这里,要强调一个问题,函不同非法定公文便函,更不同私人之间使用的信函;它是党政机关名正言顺的 15 种法定公文之一,与其他法定公文具有同等地位和效力。

另外,要注意,函不同于信函格式(函的形式):函是党政机关 15 种法定公文之一,信函格式(函的形式)是党政机关公文 4 种格式之一。

二、函的种类

根据不同的标准,函可以分为不同的种类。

(一) 根据行文进行划分

根据行文不同,函可分为去函和复函两种。

1. 去函

去函是指主动发出的函,文种名称为"函"。

2. 复函

复函与去函对应,文种名称为"复函"。因此,有人把函和复函合写成"函(复函)",就像把命令和令合写成"命令(令)"一样。有时,复函也用来答复请示,主要是收到请示的上级机关授权它的办公部门以复函的形式答复报送请示的机关。

(二) 根据用途进行划分

根据用途不同,函可分为商洽函、询问函(答复函)和请求批准函(答复审批函)三种。

1. 商洽函

商洽函适用于"机关之间"或"不相隶属机关之间"商洽工作。比如人员调动、人员培训、参观考察等,可用函来商洽。

2. 询问函(答复函)

询问函(答复函)适用于"机关之间"或"不相隶属机关之间"询问和答复问题。

3. 请求批准函(答复审批函)

请求批准函(答复审批函)适用于"不相隶属机关之间"请求批准和答复审批事项。工会机关"通知一般事项"的函,另当别论。

三、函的格式

下面我们主要介绍一下去函和复函两种函的格式。

(一) 去函的格式(主体)

×××关于×××的函

×××:
　　×××××××××××××××××××××××××××××××
××××××××××××××××××××××××××(去函缘由)。
　　×××××××××××××××××××××××××××××××
×××××××××××××××××××××××××××××××××
×××××××××××××××××××××××××××××××××
×××××××××××××××××××××××××××××××××
×××××××××××××××××××××××××××××××××
×××××××××××××××××××××××××××(函请事项)。

××(希望、要求)。

敬请函复。

              ×　×　×
              20××年×月×日
              （加盖印章）

【说明】

（1）去函结尾的习惯用语，还可写成"盼复""盼予函复""请予支持""特此函请查照""请研究函复为盼""请予大力协助是荷""特此致函，敬请函复""专此函答，希见复为荷""如果你们同意，请即复函""可否，请函复"等。

（2）去函一般不用"此致敬礼""祝工作顺利"做结语（非法定公文之便函不受此限）。

（二）复函的格式（主体）

       ×××关于×××的复函

×××：

  你×（省、市、县、局）××××年×月×日《关于×××的函》（×〔××××〕×号）收悉。关于××××××问题，答复如下：

×××（答复事项）。

特此函复。

              ×　×　×
              20××年×月×日
              （加盖印章）

【说明】

（1）复函缘由还可写成"你×（省、市、县、局）《关于×××的函》（×〔××××〕×号）收悉""《×××关于×××的函》（×〔××××〕×号）收悉"等。以下写法均应视为不规范："你×（省、市、县、局）××××年×月×日《关于×××的函》收悉""你×（省、市、县、局）××××年×月×日函收悉""你×（省、市、县、局）《关于×××的函》收悉""你×（省、市、县、局）×〔　〕×号函收悉""你×（省、市、县、局）×〔　〕×号《关于×××的函》收悉"等。在"收悉"之后，还可写"经研究，函复如下"等。用来答复请示的复函，务必在"收悉"之后写上"经×××同意"或"经×××批示同意"。

（2）复函结尾的习惯用语还可写成"此复""特此回复""谨作答复""特此函告""专此函达"等。

四、函的写法

第一，函应一函一事，如内容较多，可分序排列；如内容单一，可一段到底。

第二,去函的事项要明确具体,提出要求应给对方留有余地,不要强人所难,有时可写出自己的看法、打算,以供对方抉择参考;复函要针对来函提出的问题明确作答,不能模棱两可,答非所问。

第三,具有上行性质的函,要表现出诚恳;具有下行性质的函,要表现出谦逊;具有平行性质的函,要表现出礼貌。

第四,函有"四忌":忌说套话,忌话空说,忌说假话,忌打官腔。

教学视频

教学音频

[例文分析]

【例文一】

关于征求《关于进一步推进工程总承包发展的若干意见
(征求意见稿)》意见的函

各省、自治区住房城乡建设厅,直辖市城乡建设委,北京市规委,国务院有关部门建设司(局),有关行业协会:

为贯彻落实党的十八大和十八届三中、四中全会精神,深化我国工程建设项目组织实施方式改革,提高工程建设管理水平,增强我国工程建设领域企业综合实力和国际竞争力,我司组织起草了《关于进一步推进工程总承包发展的若干意见(征求意见稿)》,现送你单位征求意见,请于20××年2月16日前将意见函告我司勘察设计监管处。

联系人:宋涛　电话:010-58934169　　传真:010-58933759

附件:关于进一步推进工程总承包发展的若干意见(征求意见稿)

中华人民共和国住房和城乡建设部建筑市场监管司
20××年1月21日
(加盖印章)

【分析】

这是一份去函,由标题、主送机关、正文、附件说明、发文机关署名、成文日期和印章组成。其中,正文第一自然段为去函缘由、函请事项和希望要求,最后一个自然段为联系方式。标题应加发文机关名称。

【例文二】

关于推进电能替代的指导意见(征求意见稿)意见的复函

国家能源局综合司:

你司《关于征求对〈关于推进电能替代的指导意见(征求意见稿)〉意见的函》(国能综电力〔20××〕563号)收悉。经研究,现函复如下:

一、电能替代应以确保电力供应端符合各项环境保护要求为前提,建议在第2页最后一段"坚持有序推进"中增加"根据资源环境承载能力科学调控新增火电建设,主要依托可再生能源和发挥现有火电机组潜力保障替代电力供应"。

二、我国《能源发展战略行动计划》提出到20××年,一次能源消费总量控制在48亿吨标准煤左右。第3页"(三)总体目标"提出,要实现2.5亿吨标煤替代,简单计算可知约占能源消费总量的5.2%,远高于总体目标中提出的"带动电能占终端能源消费比重提高2%,带动电煤占煤炭消费比重提高2.6%"的比例,建议对此予以分析。同时,建议说明"2.5亿吨标煤替代"目标的制定依据,分析与"十三五"电力规划和国家控制煤炭消费比重相关要求的一致性,以及环境合理性。

三、实施好电能替代的关键是在控制能源消费总量的同时压减散烧煤、燃油消费量,建议在第3页"三、重点任务"部分增加保障相关领域散烧煤、燃油消费量同步压减的要求以及可落实、可考核的具体措施,核算初步经济代价,确保发挥电能替代的环境正效应且经济技术可行。

四、建议将第5页第3至4行"省级能源主管部门应将电能替代全面融入各地大气污染防治工作"修改为"地方各级政府应将电能替代全面融入当地大气污染防治工作"。

五、建议将第6页第5行"强化环保强制措施"修改为"严格节能环保措施"。

特此函复。

环境保护部办公厅
20××年10月26日
(加盖印章)

【分析】

这是一份复函,由标题、主送机关、正文、发文机关署名、成文日期和印章组成。其中,正文第一自然段为复函缘由,第二自然段至第六个自然段为答复事项。

标题不够规范,应改为"环境保护部办公厅关于对《关于推进电能替代的指导意见(征求意见稿)》提出修改意见的复函"。

[实践训练]

一、改错题

请修改下面的函。

关于联系教师进修的函

××大学教务处:

首先让我们以××市工业学校的名义,向贵处表示衷心的感谢,过去为我校办学给予了很大的帮助。目前我校又面临一个很难解决的问题。

事情是这样的:我校开办不久,师资力量很差,决定派××位年轻教师到贵校旁听进修一年。我校与有关部门多次商量,但××位教师进修住宿问题,至今也没有得到解决。提高教学质量的关键是师资。为提高我校教育质量,恳请贵处设法在贵校给解决住宿问题。但不知贵处是否有什么困难。如果需要我校给贵处办什么事情,请尽管提出,我校会竭力去办。再说一句,贵处如有给解决我校进修教师住宿问题,我们将以我校领导的名义向贵校领导深深地表示谢意。

致以崇高的敬礼

××市工业学校
20××年×月×日

二、写作题

1. 请根据下面的材料，拟写一份函。

A公司去年曾想办班重点培训一批企业秘书人员，最后因力量不足未能办成。今年听到B大学将于近期举办一期秘书培训班，系统地培训秘书人员的消息，A公司打算派10名秘书人员去B大学随班学习，让该校代培。如果该校同意，A公司将感谢不尽。代培所需费用由A公司如数拨付。

2. 请根据下面的函，拟写一份复函。

××市人民政府办公室关于前往××市考察学习的函

××市人民政府办公室：

我市副市长游××带队于×月×日至×日，前往贵市考察学习城市规划、建设、管理和公交管理体制的先进经验。×日晚餐后从××到××。建议日程安排：×日上午参观学习，下午座谈城市规划、建设、管理和公交管理体制的先进经验。

请予接洽为谢！

此函。

附件：考察学习人员名单

××市人民政府办公室
20××年3月19日
（印章）

3. 请根据第十五章函例文一，拟写一份复函。

第十七章 纪要

[知识讲授]

中华人民共和国成立后,"纪要"被列入法定公文的时间及依据如表 17.1 所示。

表 17.1 中华人民共和国成立后"纪要"被列入法定公文的时间及依据

机关类别	时间	依据	备注
党的机关	1989 年 4 月 25 日	《中国共产党各级领导机关文件处理条例》	称"会议纪要"
行政机关	1987 年 2 月 18 日	《国家行政机关公文处理办法》	称"会议纪要"
党政机关	2012 年 7 月 1 日	《党政机关公文处理工作条例》	
人大机关	1998 年 2 月 6 日	《人大机关公文处理办法(试行)》	称"会议纪要"
军队机关	1992 年 7 月 1 日	《中国人民解放军机关公文处理条例》	称"会议纪要"
检察机关	1995 年 2 月 11 日	《最高人民检察院机关公文处理规定》	称"会议纪要"
审判机关	1992 年 1 月 1 日	《人民法院公文处理暂行规定》	称"会议纪要"
工会机关	1996 年 3 月 19 日	《全国总工会机关公文处理办法》	称"会议纪要"

一、纪要的用途

《党政机关公文处理工作条例》规定:纪要"适用于记载会议主要情况和议定事项"。
《人大机关公文处理办法》规定:会议纪要"适用于记载、传达会议情况和议定事项"。
《军队机关公文处理工作条例》规定:纪要"适用于记载会议主要情况和议定事项"。
《人民检察院公文处理办法》规定:纪要"适用于记载会议主要情况和议定事项"。
《人民法院公文处理办法》规定:纪要"适用于记载会议主要情况和议定事项"。
《全国总工会机关公文处理办法》规定:"记载和表达会议议定事项和主要精神,要求有关单位遵守和执行的,用'会议纪要'。"

上述各机关对纪要的用途的规定如表 17.2 所示。

表 17.2 各机关对纪要的用途的规定

机关类别	对纪要的用途的规定
党政机关	记载会议主要情况和议定事项
人大机关	记载、传达会议情况和议定事项
军队机关	记载会议主要情况和议定事项
检察机关	记载会议主要情况和议定事项
审判机关	记载会议主要情况和议定事项
工会机关	记载和表达会议议定事项和主要精神,要求有关单位遵守和执行的

通过表 17.2 可以看出,党政机关、人大机关、军队机关、检察机关、审判机关和工会机关对纪要的用途的规定是基本一致的,只是在语言表述上有一点细微的差别。

"会议主要情况"或"会议情况"是指会议的目的、根据、时间、地点、主持人、出席人、议题等,"议定事项"是指会议围绕某个议题所作出的决议或决定。并非所有的会议都要发纪要,只有形成了"议定事项"的会议才有必要发纪要。

二、纪要的种类

纪要可分为决策性纪要和非决策性纪要两种。

(一) 决策性纪要

决策性纪要适用于各级常务会议、办公会议、专题会议、党政联席会议等。它属于法定公文。

(二) 非决策性纪要

非决策性纪要适用于年会、学术会议、研讨会议、座谈会议等。它属于非法定公文。

三、纪要的格式

(一) 决策性纪要的格式

×××纪要
(×××)

××××××	20××年×月×日

×月×日,××(职务)×××(姓名)主持召开了×××会议。现将会议精神和议定事项纪要如下:

×××××××××××××××××××××××××××××××××××××
××××××××××××××××××××××××××××××××××××××
×××××××××××××××××××××××××××××××××××××
×××××××(议定事项)。

出席:×××、×××、×××、×××、×××、×××。
请假:×××。
列席:×××、×××、×××。

分送:×××、×××、×××、×××、×××、×××、×××。	
×××办公厅(室)	20××年×月×日印发

【说明】

(1) 发文机关标志由会议名称加"纪要"组成,居中排布,上边缘至版心上边缘为 35mm,

推荐使用红色小标宋体字,字号由发文机关酌定。

(2) 编号可写成"第×号",也可写成"〔20××〕×号",不编虚位。发文机关标志下空二行,居中排布。

(3) 编号下空一行左空一字编排发文机关,同行右空一字编排成文日期。

(4) 第一、第二自然段之间承上启下的习惯用语还可写成"现纪要如下""会议议定事项如下"等。

(5) "议定事项"部分要写明传达的会议(或文件)精神,讨论的问题,作出的决议或决定(包括提出的任务、确定的措施等)。

(6) 一般用3号黑体字标注出席人员名单,在正文或附件说明下空一行左空二字编排"出席"二字,后标全角冒号,冒号后用3号仿宋体字标注出席人单位、姓名,回行时与冒号后的首字对齐。标注请假和列席人员名单,除依次另起一行并将"出席"二字改为"请假"或"列席"外,编排方法同出席人员名单。出席人也可移至开头会议名称之后叙述。

(7) 分送机关(不分主送和抄送)编排方法与抄送机关相同。

(8) 不加盖印章。

(二) 非决策性纪要的格式

【说明】

(1) 标题还可写成"×××关于×××的纪要"。

(2) "会议主要情况"部分要写明召开会议的目的、根据、时间、地点、主持人、出席人、议题等,可加承上启下的习惯用语。

(3) "议定事项"部分的说明同决策性纪要。

(4) "结语"部分,或发出希望和号召,或交代会议有关事项,或向对会议的召开作出突出贡献的单位和个人表示谢意,有时也可省略。

(5) 发文机关署名和成文日期也可移至标题之下(不加盖印章)。

四、纪要的写法

第一,"议定事项"部分通常采用分项表达式写法,可排序号,也可不排序号。这部分常常用"会议提出""会议认为""会议决定""会议要求""会议号召"等习惯用语统领段落。

第二,"议定事项"要在会议记录的基础上进行综合、压缩,要突出中心、层次分明、详略得当。

教学视频

教学音频

[例文分析]

【例文一】

主任办公会议纪要

20××年第1次

××市发展和改革委员会办公室　　　　　　　　　　　　20××年1月19日

1月18日上午,主任唐××同志主持召开了主任办公会议。现将有关事项纪要如下:

一、传达学习市委三届九次全会和市政府第一次全体扩大会议精神

会议要求:委各领导、各科室要认真传达学习贯彻落实会议精神,切实把机关干部职工的思想统一到会议部署上来。要根据市委、市政府总体部署,精心谋划、理清思路,突出重点、细化措施,抓紧安排好20××年发展改革各项工作,要及早谋划和推进重大项目。同时要严肃过节纪律,全力做好迎接考核工作,扎实做好当前各项工作。

二、安排部署全市发展改革工作会议有关工作

会议决定:按照市政府领导意见,初步定于1月20日召开全市发展改革工作会议,传达贯彻落实全省发展改革、物价、粮食工作会议精神,研究部署20××年全市发展改革工作,衔接20××年国民经济和社会发展计划、重点项目计划草案。由政办科负责,做好会务组织、会场布置、食宿安排;由邢××同志负责,安排相关科室做好会议材料准备等工作。

三、审议关于市政府与省农发行战略合作的建议

会议决定:由江××同志牵头,财外科负责,按照市政府领导批示精神,结合我委工作实际,研究提出修改意见,报市政府审定。

四、各科室通报近期重点工作

会议决定:由邓××同志牵头,项目科负责继续做好上报的川陕革命老区振兴发展规划项目争取工作;……

五、审议关于评选推荐全省发展改革(物价)系统先进集体和先进工作者有关事宜

会议决定,一是在充分考虑各县区发展改革局推进县域经济发展、完成重点工作和纪检监察情况的基础上,参考市对县重点项目建设、服务业增加值、主体功能区建设等三个单项考核情况,经综合平衡后由政办科提出意见,报委党组会审定。二是由于我委近五年工作实绩突出,决定申报先进集体。三是我委先进个人推荐人选,由各分管领导组织各分管业务科室提出1名推荐人选后,经委党组会研究确定。

出席：唐××、邓××、曾××、王××、方××、王××、常××、江××、李××、姚××、邢××。

列席：各科室负责人。

分送：委各领导，各科室。

【分析】

这是一份决策性纪要，在格式上略有改动。

应在版记中加印发机关和印发日期。

【例文二】

第六届全国力学史与方法论学术研讨会纪要

（20××年10月9日）

"第六届全国力学史与方法论学术研讨会"于20××年8月21—24日在银川召开。会议由中国力学学会力学史与方法论专业委员会主办，宁夏大学承办。北京大学武际可，清华大学余寿文、徐秉业、朱克勤，上海交通大学刘延柱、丁祖荣，太原理工大学杨桂通，大连理工大学张鸿庆，大连交通大学吴昌华，上海大学戴世强、王道增，北京工业大学隋允康等来自全国26个单位的55位学者参加会议，其中包括力学界的一批资深教授，其中一些活跃在力学科研与教学第一线的中青年教师也踊跃参加了会议。

会议开幕式由宁夏大学研究生院常务副院长冯秀芳主持，中国力学学会力学史与方法论专业委员会主任委员戴世强教授致开幕词，宁夏大学副校长张成教授致欢迎词。

在学术交流过程中，与会的资深学者做了精彩纷呈的报告：武际可教授指出科学研究可视为研究模型，而模型是对实际的略去了次要方面的一种近似，不能轻易批评某些研究"脱离实际"；戴世强教授通过追本溯源和案例分析，讲述了科学方法的内涵和发展历程，着重指出爱因斯坦的关于"方法比知识更重要"的论断的正确性；余寿文教授通过辨析损伤力学的本构关系，阐述了不同类型的损伤模型的建立和演化方程由简及繁的演绎方法；隋允康教授把中国绘画界指出自然科学研究与绘画艺术是相通的，"师造化得心源"方面的命题同成立"师古人不如师造化"等几个命题引申到科研界，表明这些命题对于更广泛的人类精神活动包括科学研究也能成立；……

与会的中青年学者也分别报告了各自的研究成果，内容涉及力学各分支学科的发展史、科研和教学方法、著名力学家的学术思想和贡献、我国力学家的学术谱系、力学与哲学的关系等。首都师范大学和内蒙古师范大学的力学史研究团队在会上非常活跃，引起与会者注意，近年来，他们在国家自然科学基金项目的支持下，作出了许多有广度和深度的工作。

会议期间还召开了中国力学学会第三届力学史与方法论专业委员会扩大会议，评价了本届会议，部署了今后工作，初步决定下一届会议由首都师范大学承办，在20××年召开。

在会议闭幕式上，专业委员会副主任委员隋允康教授致辞，简要总结了此次会议，希望经过同仁们的共同努力，涌现更多更深层次的研究成果，并期待两年后的重逢。

会议的组织工作得到了与会者的一致好评，大家对东道主宁夏大学研究生院为会议所做的大量细致而有效的会务工作表示诚挚的谢意。

【分析】

这是一份非决策性纪要。正文第一、二自然段为会议主要情况，第三至第四自然段为会议议定事项，第五至第七自然段为结语（交代会议有关事项，向有关方面表示感谢）。

[实践训练]

一、改错题

请修改下面的纪要。

关于审批××镇商业服务业网点现场办公会议纪要

20××年×月×日,区委常务副书记×××,区政府常务副区长×××,在××镇召开了审批商业、服务业网点现场办公会。区委、区政府以及有关委、办、局、公司和镇党委等单位负责同志参加了会议。会上,听取了××镇党委书记×××同志"关于××镇2016年至2020年第三产业发展规划"的汇报。然后,与会人赴现场查看了商业服务网点建设用地情况。

一、同意在×××至××街地段建设商业街。××地段现在即可施工,××街地段因有移树问题,待春季再动工。

二、同意将×××街至×××地段两侧建成商业街。有关事宜要与邻近单位协商好,建设网点临时设施要让开地下管道,保护好路旁树木。同时对×××商业摊车也要整顿。

三、原则同意在×××街北段两侧建设商业街。新建商业服务网点临时设施,待公路修好后施工。四、同意将×大街建成便民服务街。可采取城乡结合,以××镇与×××农工商联合公司联合兴办的形式进行建设。此事请×××同志牵头,做好城乡双方的谈判工作。

会上,×××同志指出,××镇党委在发展第三产业工作上,思想比较解放,规划比较现实。在指导思想上既注意抓好物质文明建设又注意抓好精神文明建设。如在发展第三产业的同时,注意美化市容、居委会建设等想法都是值得肯定的。今后在修改"规划"时,要根据××镇的地位和我区分区规划的要求,着重考虑长远的总体设想问题,也要实事求是根据本地区实际适当发展第二产业。

×××同志肯定了××镇发展第三产业的指导思想:"方便群众、美化市容、便利交通、增加收入。"肯定了他们建设商业街讲求速度的精神。如×××、×××街这两条商业街的建设,要在春节前后开业,这种加速兴办第三产业的精神是值得提倡的。

他还指出:我们要贯彻整党精神,做到边整边改,未整先改,积极发展第三产业,全心全意为人民服务,为基层服务,不断提高工作效率。今后要坚持现场办公会的工作方法,同时带领基层一起改进工作作风。今后现场办公会,各部、各有关局、公司,要出席能解决事情的负责人。有关执法的综合部门,在发现某个企业的某些方面不符合法规或规定时,不但要严格执行政策,还要帮助分析原因使其及时改正,但不要轻易下令停产。今后下令停产必须经过区经济改革办公室同意。今天,对各有关部门再一次提出要求,凡现场办公会上决定的事情,大家要积极地给以支持。我们要齐心协力迈大步,共同把我区发展第三产业的工作做好。

××区×××办公室
20××年×月×日

二、写作题

请根据下面的会议记录,拟写一份纪要。

××市××区人民政府区长办公会议记录

时间:20××年12月9日下午。

地点:第一会议室。

主持:阎逸(区长)。

出席:李萍、赵迅、于明华、钱诗涛(副区长)。

列席:吴奎(农办主任)、常聚智(研究室主任)、王布久(商委主任)、孙浩长(畜牧局局长)、张良(粮食局局长)、金铃(教育局局长)。

记录:王春春、常降智。

阎区长:今天研究三个问题:(一)请李萍同志传达市商业工作会议精神,研究决定我们明年的商业工作重点。(二)请于明华同志谈谈当前奶牛饲养的主要问题,研究解决办法。(三)请钱诗涛同志谈市人大代表视察我区教育工作时提出的意见,商定我们的解决办法。先请李萍同志讲。

李萍:市里的商业工作会议是上月十五日到十八日开的。会议纪要和市领导同志的讲话已经印发给大家了,就不重复讲了。这次会议主要解决两个问题:一是商业改革问题。会上介绍了一些商业、服务业的门店实行租赁制的经验。二是增加商业网点,方便群众问题。全市新建小区不少,那里群众反映商业网点太少,生活很不方便。会议要求各区、县要设法解决这些问题。咱们区今年商业工作进步很大,特别是在一些中小型门店搞租赁试点以后,出现了一些新气象。过去亏损的门店扭亏为盈,服务态度也有了较大的改进。咱们区的"城门前综合商店",这次还在市商业会议上介绍了经验,受到了与会者的重视。

赵迅:这个店的经验很值得重视。这个店的地理位置不错,经营品种也不少,可过去半年亏损,群众反应很大。实行租赁后,大大改观了。我找一些商店经理谈过此事,他们认为"城门前店"的办法可以推广。

钱诗涛:租赁这件事可以搞,但时间太短,应当再看一看。

于明华:中小型门店可以实行,大型的可不可以搞,恐怕还得再调查研究一下。

李萍:我也认为可以在中小型门店推广这个办法(以下详细论述了租赁制的具体做法及优缺点)。

阎区长:搞租赁制是个好办法,明年我们先在中小型门店实行,不断总结经验,研究存在的问题,不断加以完善。大家是否同意这个意见?(大家表示同意)这件事就这么定下来。下面是不是等三件事都谈完了,我们再一并讨论,以节省时间。请李萍同志接着讲。

李萍:会上提出商业网点问题,咱们区问题较大。这几年在咱们这儿盖了许多楼房,形成了两个小区,几十栋高层建筑,几万人口。一下子增加这么多人,商业压力很大,群众也有意见。电台、晚报等单位转来不少群众来信,我也收到一些提意见的信,看来必须尽快解决。我同商委的同志研究了一下,明年商业工作的重点是:加快小区商业点建设,在楼群中开三至四个综合商店,再搞一批代销点;在中小型商业门店中,当然也包括服务、饮食、修理业,我们把这些也都包含在商业中了,推行租赁制,以这种改革,促进服务质量的提高,改进服务态度。具体工作计划在这次会以后报道,明年初召开一次全区的商业工作会议进行部署。讲完了。

阎区长：请于明华同志谈谈。

于明华：市里召开发展奶牛、改善牛奶供应的会议以后，区里决定在山坡乡区办三个奶牛场，各乡也要发展集体或户养奶牛。经过近两年的努力，咱们区奶牛发展很快（以下介绍了奶牛发展的情况），给市里提供了新的奶源，受到市领导的表扬和群众的称赞。当前饲料成了问题，特别是精饲料、粮食供应不足，各乡还可以自己想点办法。区办的三个奶牛场困难更大。这三个奶牛场的牛奶产量占全区的 1/2 以上，因此，急需解决他们的问题。当然，乡办的集体奶牛场和一些养牛专业户也面临这个问题，但目前还能维持，从现在抓起，不会产生大的影响。解决的办法我看还要粮食局设法调拨。张局长、吴主任，你们看怎么办好？（张、吴表示可以帮助解决。）

阎区长：老于讲完了吗？（答：讲完了。）请钱诗涛同志说。

钱诗涛：本月 1 日、2 日市人大代表一行八人来我区视察教育工作。他们走访、视察了十六所小学，对各校工作的成绩给予了充分的肯定，对学校领导、老师、学生提出的一些问题做了解答。有的代表还接受了学校的邀请，答应抽时间给师生做报告。视察结束后，代表们提了一个很重要的意见，要求区里立即解决前山、子母堡、洼地三个小学的危险教室的翻修问题。这三所小学各有两三个教室是危房，有倒塌的危险。（以下谈了具体情况）

阎区长：金铃同志，你立即给三个小学打电话，这些教室马上停止使用，并在周围设立屏障和危房标志，必须确保学生们的安全。具体办法过一会儿我们研究。（金局长去打电话）诗涛同志接着讲。

钱诗涛：解决这三个学校的危险教室问题已迫在眉睫。现在主要是经费不足，我的意见是无论怎么困难也得先翻修。修教室期间，学生们可以分二部制上课。我讲完了。

阎区长：对这三件事，我讲一下意见，然后大家讨论。

第一，商业会议明年初开。同意商委意见，明年工作重点是：推行租赁制，先在中小型门店搞；加快网点建设，除了依靠我们自己的力量，还要发动群众，多办些代销点，货源我们保证，形成一个网。

第二，奶牛场饲料问题，保证区办的三个场。请粮食局、畜牧局同志协商解决，一定尽力优先解决这三个奶牛场的问题，保证一定量的牛奶供应。乡里要因地制宜，早做规划，尽快解决饲料供应问题，不要等到不能维持时才办。这件事情请张局长、孙局长协助分管乡长办好。

孙浩长：饲料问题我们一定尽力解决，饲料公司已有准备。（下面谈了具体解决的办法。）

阎区长：好。饲料公司还是有远见的，优先解决区办的三个奶牛场的问题。

第三，三所小学危险教室问题我应该检讨，这么严重的问题，不及时解决会出乱子的。这件事，危险教室先停止使用，教育局立即筹款请城建部门协助，找最好的施工队，在短期内把教室翻修好。修房期间可以实行二部制，不要影响学生上课。过两天，请金铃同志跟我到这三所学校看看。大家对这三件事这么办有什么意见，请发表。

（大家表示同意这么办，并补充了一些情况。）

没有不同意见，那就这么决定了。散会。

拓展阅读

1.1　《党政机关公文处理工作条例》

1.2　《党政机关公文格式(GB/T 9704—2012)》

1.3　《人大机关公文处理办法》

1.4　《人大机关公文格式说明》

1.5　《军队机关公文处理工作条例》

1.6　《军队机关公文格式》

1.7 《人民检察院公文处理办法》

1.8 《最高人民检察院公文处理实施细则》

1.9 《人民法院公文处理办法》

1.10 《全国总工会机关公文处理办法》

1.11 《中华全国总工会办公厅关于〈全国总工会机关公文处理办法〉的补充规定》

第二编

通用公文——非法定公文

第十八章　规范类公文

[知识讲授]

一、规范类公文的定义

规范类公文是行为规范的结合体,也称"法规类公文""规范性文件""法规性文件"。它是为人们的行为提供目标、指明方向的社会规范,是以书面形式表现出来的具有明确性、肯定性的社会规范,是以一定时空作为调整对象的具有普遍性的社会规范,是以一定社会主体的强制力保证实行的社会规范。

规范类公文一般从正反两个方面规定人们的行为,体现在文字上就是"应(需、要、宜、须、必须)……""不应(不要、不宜、不准、不许、不得)……";有的规范类公文,还有奖惩方面的规定。

规范类公文的结构从大到小依次为卷、篇、章、节、条、款、项、目。卷、篇、章、节、条用汉字数字表示;款用分段的形式表示,项用"(一)""(二)""(三)"……的形式表示,目用"1""2""3"……的形式表示。

二、规范类公文的种类

规范类公文可以分为法律、法规、规章和一般规范类公文两大类。

(一) 法律、法规、规章

"法律、法规、规章"包括宪法、法律、行政法规、地方性法规、自治条例和单行条例、规章六个方面。

1. 宪法

宪法由全国人民代表大会制定。《中华人民共和国立法法》第八十七条规定:"宪法具有最高的法律效力,一切法律、行政法规、地方性法规、自治条例和单行条例、规章都不得同宪法相抵触。"

2. 法律

法律包括基本法律和其他法律。

(1) 基本法律。

基本法律由全国人民代表大会制定。例如,《中华人民共和国刑法》《中华人民共和国刑事诉讼法》《中华人民共和国民法典》《中华人民共和国民事诉讼法》《中华人民共和国行政诉讼法》等都属于基本法律。

(2) 其他法律（特别法律、专门法律）。

其他法律由全国人民代表大会常务委员会制定，如《中华人民共和国广告法》《中华人民共和国商标法》《中华人民共和国专利法》《中华人民共和国公司法》《中华人民共和国会计法》《中华人民共和国审计法》《中华人民共和国劳动法》等。

《中华人民共和国立法法》第八十八条第一款规定："法律的效力高于行政法规、地方性法规、规章。"

3．行政法规

行政法规由国务院制定。《中华人民共和国立法法》第八十八条第二款规定："行政法规的效力高于地方性法规、规章。"

4．地方性法规

地方性法规由省、自治区、直辖市、自治州、设区的市的人民代表大会及其常务委员会制定。《中华人民共和国立法法》第八十九条第一款规定："地方性法规的效力高于本级和下级地方政府规章。"

5．自治条例和单行条例

自治条例和单行条例由民族自治地方的人民代表大会制定。

6．规章

规章包括部门规章和地方政府规章。

(1) 部门规章。

部门规章由国务院各部、委员会、中国人民银行、审计署和具有行政管理职能的直属机构制定。《中华人民共和国立法法》第八十条第二款规定："部门规章规定的事项应当属于执行法律或者国务院的行政法规、决定、命令的事项。"

(2) 地方政府规章。

地方政府规章由省、自治区、直辖市、自治州、设区的市的人民政府制定。《中华人民共和国立法法》第八十二条第二款规定："地方政府规章可以就下列事项作出规定：（一）为执行法律、行政法规、地方性法规的规定需要制定规章的事项；（二）属于本行政区域的具体行政管理事项。"

《行政法规制定程序条例》第四条第二款规定："国务院各部门和地方人民政府制定的规章不得称'条例'。"《规章制定程序条例》第六条规定："规章的名称一般称'规定'、'办法'，但不得称'条例'。"

《中华人民共和国立法法》第八十九条第二款规定："省、自治区的人民政府制定的规章的效力高于本行政区域内的设区的市、自治州的人民政府制定的规章。"第九十一条规定："部门规章之间、部门规章与地方政府规章之间具有同等效力，在各自的权限范围内施行。"

（二）一般规范类公文

一般规范类公文包括以下四种：
(1) 没有立法权的国家行政机关所制定的规范类公文；
(2) 企事业单位所制定的规范类公文；
(3) 党团组织和其他社会组织所制定的规范类公文；
(4) 有立法权的国家机关所制定的不属于法律、法规、规章范畴的规范类公文。

一般规范类公文的名称有规定、办法、章程、规程、规则、细则、通则、准则、守则、公约、须知、制度等。

三、规范类公文的格式

（一）章条式

×××××

（20××年×月×日×××批准　20××年×月×日×××发布）

第一章　总则

××（分条阐明制定规范类公文的目的、根据，以及原则事项）。

第二章　×××

××（以下数章为分则，分条阐述规范类公文的具体内容）。

第×章　附则

××（实施说明）。

【说明】

(1) 题注还可写成"20××年×月×日×××会议通过"。

(2) 根据需要，可在章之上设"篇"，在章之下设"节"。

（二）分条式

×××××

（20××年×月×日×××批准　20××年×月×日×××发布）

第一条　为了×××，根据×××，结合×××实际，制定本××。

××（以下数条为规范类公文的原则事项阐述和具体内容）。

××××××××××××××××××××××××××××××××××××××（最后一条或数条为实施说明）。

【说明】

(1) 题注还可写成"20××年×月×日×××会议通过"。

(2) "为了×××，根据×××，结合×××实际，制定本××"之前，可删除"第一条"，使其变成"前言"（"前言"之后再从"第一条"排起）。

(3) 根据需要，可在条之下设"款""项"。

（三）分序式

×××××

为了×××,根据×××,结合×××实际,制定本××。
××××××××××××××××××××××××××××××××××
×××××××××××××××××××××××××××××××××××
×××××××××××××××××××××××××××××××××××
×××××××××××××××××××××××××××××××××××
××××××××××××××××××××（分序阐述规范类公文的具体内容）。

×　×　×
20××年×月×日

【说明】
（1）"为了×××,根据×××,结合×××实际,制定本××"一句（前言）可省略。
（2）"分序阐述规范类公文的具体内容"部分可使用匀称句式。
（3）落款可改成题注。

四、规范类公文的写法

第一,条文的表述要明确,不能含糊其词、模棱两可;要具体,有针对性,不能太抽象;要写明实质性的规定,不能空泛议论;要有严密的逻辑性,以保证理解和执行的单一性。

第二,要特别注意写好以下条款：立法依据、解释权和修订条款,重要概念条款,弹性条款,统一性条款。

第三,结构要完整、清晰。

第四,语言要精当、庄重。

教学视频

教学音频

[例文分析]

【例文一】

防范和处置非法集资条例

（2020年12月21日国务院第119次常务会议通过,2021年1月26日中华人民共和国国务院令第737号发布,自2021年5月1日起施行）

第一章　总则

第一条　为了防范和处置非法集资,保护社会公众合法权益,防范化解金融风险,维护经济秩序和社会稳定,制定本条例。

第二条　本条例所称非法集资,是指未经国务院金融管理部门依法许可或者违反国家金融管理规定,以许诺还本付息或者给予其他投资回报等方式,向不特定对象吸收资金的行为。

非法集资的防范以及行政机关对非法集资的处置,适用本条例。法律、行政法规对非法从事银行、证券、保险、外汇等金融业务活动另有规定的,适用其规定。

本条例所称国务院金融管理部门,是指中国人民银行、国务院金融监督管理机构和国务院外汇管理部门。

第三条　本条例所称非法集资人,是指发起、主导或者组织实施非法集资的单位和个人;所称非法集资协助人,是指明知是非法集资而为其提供帮助并获取经济利益的单位和个人。

第四条　国家禁止任何形式的非法集资,对非法集资坚持防范为主、打早打小、综合治理、稳妥处置的原则。

第五条　省、自治区、直辖市人民政府对本行政区域内防范和处置非法集资工作负总责,地方各级人民政府应当建立健全政府统一领导的防范和处置非法集资工作机制。县级以上地方人民政府应当明确防范和处置非法集资工作机制的牵头部门(以下简称处置非法集资牵头部门),有关部门以及国务院金融管理部门分支机构、派出机构等单位参加工作机制;乡镇人民政府应当明确牵头负责防范和处置非法集资工作的人员。上级地方人民政府应当督促、指导下级地方人民政府做好本行政区域防范和处置非法集资工作。

行业主管部门、监管部门应当按照职责分工,负责本行业、领域非法集资的防范和配合处置工作。

第六条　国务院建立处置非法集资部际联席会议(以下简称联席会议)制度。联席会议由国务院银行保险监督管理机构牵头,有关部门参加,负责督促、指导有关部门和地方开展防范和处置非法集资工作,协调解决防范和处置非法集资工作中的重大问题。

第七条　各级人民政府应当合理保障防范和处置非法集资工作相关经费,并列入本级预算。

第二章　防范

第八条　地方各级人民政府应当建立非法集资监测预警机制,纳入社会治安综合治理体系,发挥网格化管理和基层群众自治组织的作用,运用大数据等现代信息技术手段,加强对非法集资的监测预警。

....

第九条　市场监督管理部门应当加强企业、个体工商户名称和经营范围等商事登记管理。除法律、行政法规和国家另有规定外,企业、个体工商户名称和经营范围中不得包含"金融"、"交易所"、"交易中心"、"理财"、"财富管理"、"股权众筹"等字样或者内容。

第十条　处置非法集资牵头部门会同互联网信息内容管理部门、电信主管部门加强对涉嫌非法集资的互联网信息和网站、移动应用程序等互联网应用的监测。经处置非法集资牵头部门组织认定为用于非法集资的,互联网信息内容管理部门、电信主管部门应当及时依法作出处理。

....

第十一条　除国家另有规定外,任何单位和个人不得发布包含集资内容的广告或者以其他方式向社会公众进行集资宣传。

……………

第十二条 处置非法集资牵头部门与所在地国务院金融管理部门分支机构、派出机构应当建立非法集资可疑资金监测机制。国务院金融管理部门及其分支机构、派出机构应当按照职责分工督促、指导金融机构、非银行支付机构加强对资金异常流动情况及其他涉嫌非法集资可疑资金的监测工作。

第十三条 金融机构、非银行支付机构应当履行下列防范非法集资的义务：
……………

第十四条 行业协会、商会应当加强行业自律管理、自我约束，督促、引导成员积极防范非法集资，不组织、不协助、不参与非法集资。

第十五条 联席会议应当建立中央和地方上下联动的防范非法集资宣传教育工作机制，推动全国范围内防范非法集资宣传教育工作。
……………

第十六条 对涉嫌非法集资行为，任何单位和个人有权向处置非法集资牵头部门或者其他有关部门举报。

国家鼓励对涉嫌非法集资行为进行举报。处置非法集资牵头部门以及其他有关部门应当公开举报电话和邮箱等举报方式、在政府网站设置举报专栏，接受举报，及时依法处理，并为举报人保密。

第十七条 居民委员会、村民委员会发现所在区域有涉嫌非法集资行为的，应当向当地人民政府、处置非法集资牵头部门或者其他有关部门报告。

第十八条 处置非法集资牵头部门和行业主管部门、监管部门发现本行政区域或者本行业、领域可能存在非法集资风险的，有权对相关单位和个人进行警示约谈，责令整改。

第三章 处置

第十九条 对本行政区域内的下列行为，涉嫌非法集资的，处置非法集资牵头部门应当及时组织有关行业主管部门、监管部门以及国务院金融管理部门分支机构、派出机构进行调查认定：
……………

第二十条 对跨行政区域的涉嫌非法集资行为，非法集资人为单位的，由其登记地处置非法集资牵头部门组织调查认定；非法集资人为个人的，由其住所地或者经常居住地处置非法集资牵头部门组织调查认定。非法集资行为发生地、集资资产所在地以及集资参与人所在地处置非法集资牵头部门应当配合调查认定工作。

处置非法集资牵头部门对组织调查认定职责存在争议的，由其共同的上级处置非法集资牵头部门确定；对跨省、自治区、直辖市组织调查认定职责存在争议的，由联席会议确定。

第二十一条 处置非法集资牵头部门组织调查涉嫌非法集资行为，可以采取下列措施：
……………

第二十二条 处置非法集资牵头部门对涉嫌非法集资行为组织调查，有权要求暂停集资行为，通知市场监督管理部门或者其他有关部门暂停为涉嫌非法集资的有关单位办理设立、变更或者注销登记。

第二十三条 经调查认定属于非法集资的，处置非法集资牵头部门应当责令非法集资人、非法集资协助人立即停止有关非法活动；发现涉嫌犯罪的，应当按照规定及时将案件移送公安机关，并配合做好相关工作。

行政机关对非法集资行为的调查认定，不是依法追究刑事责任的必经程序。

第二十四条 根据处置非法集资的需要，处置非法集资牵头部门可以采取下列措施：

……
第二十五条 非法集资人、非法集资协助人应当向集资参与人清退集资资金。清退过程应当接受处置非法集资牵头部门监督。

任何单位和个人不得从非法集资中获取经济利益。

因参与非法集资受到的损失,由集资参与人自行承担。

第二十六条 清退集资资金来源包括:

……

第二十七条 为非法集资设立的企业、个体工商户和农民专业合作社,由市场监督管理部门吊销营业执照。为非法集资设立的网站、开发的移动应用程序等互联网应用,由电信主管部门依法予以关闭。

第二十八条 国务院金融管理部门及其分支机构、派出机构,地方人民政府有关部门以及其他有关单位和个人,对处置非法集资工作应当给予支持、配合。

任何单位和个人不得阻挠、妨碍处置非法集资工作。

第二十九条 处置非法集资过程中,有关地方人民政府应当采取有效措施维护社会稳定。

第四章 法律责任

第三十条 对非法集资人,由处置非法集资牵头部门处集资金额20%以上1倍以下的罚款。非法集资人为单位的,还可以根据情节轻重责令停产停业,由有关机关依法吊销许可证、营业执照或者登记证书;对其法定代表人或者主要负责人、直接负责的主管人员和其他直接责任人员给予警告,处50万元以上500万元以下的罚款。构成犯罪的,依法追究刑事责任。

第三十一条 对非法集资协助人,由处置非法集资牵头部门给予警告,处违法所得1倍以上3倍以下的罚款;构成犯罪的,依法追究刑事责任。

第三十二条 非法集资人、非法集资协助人不能同时履行所承担的清退集资资金和缴纳罚款义务时,先清退集资资金。

第三十三条 对依照本条例受到行政处罚的非法集资人、非法集资协助人,由有关部门建立信用记录,按照规定将其信用记录纳入全国信用信息共享平台。

第三十四条 互联网信息服务提供者未履行对涉嫌非法集资信息的防范和处置义务的,由有关主管部门责令改正,给予警告,没收违法所得;拒不改正或者情节严重的,处10万元以上50万元以下的罚款,并可以根据情节轻重责令暂停相关业务、停业整顿、关闭网站、吊销相关业务许可证或者吊销营业执照,对直接负责的主管人员和其他直接责任人员处1万元以上10万元以下的罚款。

广告经营者、广告发布者未按照规定查验相关证明文件、核对广告内容的,由市场监督管理部门责令改正,并依照《中华人民共和国广告法》的规定予以处罚。

第三十五条 金融机构、非银行支付机构未履行防范非法集资义务的,由国务院金融管理部门或者其分支机构、派出机构按照职责分工责令改正,给予警告,没收违法所得;造成严重后果的,处100万元以上500万元以下的罚款,对直接负责的主管人员和其他直接责任人员给予警告,处10万元以上50万元以下的罚款。

第三十六条 与被调查事件有关的单位和个人不配合调查,拒绝提供相关文件、资料、电子数据等或者提供虚假文件、资料、电子数据等的,由处置非法集资牵头部门责令改正,给予警告,处5万元以上50万元以下的罚款。

阻碍调查人员依法执行职务,构成违反治安管理行为的,由公安机关依法给予治安管理处罚;构成犯罪的,依法追究刑事责任。

第三十七条　国家机关工作人员有下列行为之一的,依法给予处分:

……

第五章　附则

第三十八条　各省、自治区、直辖市可以根据本条例制定防范和处置非法集资工作实施细则。

第三十九条　未经依法许可或者违反国家金融管理规定,擅自从事发放贷款、支付结算、票据贴现等金融业务活动的,由国务院金融管理部门或者地方金融管理部门按照监督管理职责分工进行处置。

法律、行政法规对其他非法金融业务活动的防范和处置没有明确规定的,参照本条例的有关规定执行。其他非法金融业务活动的具体类型由国务院金融管理部门确定。

第四十条　本条例自2021年5月1日起施行。1998年7月13日国务院发布的《非法金融机构和非法金融业务活动取缔办法》同时废止。

【分析】

这是一份章条式规范类公文。其中,第一章(第一条至第七条)为总则,第二章至第四章(第八条至第三十七条)为具体内容,最后一章(第三十八条至第四十条)为附则。

【例文二】

中国共产党组织处理规定(试行)

(2021年2月23日中共中央政治局常委会会议审议批准　2021年3月19日中共中央办公厅发布)

第一条　为了落实全面从严治党要求,规范组织处理工作,根据《中国共产党章程》和有关党内法规,制定本规定。

第二条　组织处理工作坚持以习近平新时代中国特色社会主义思想为指导,贯彻新时代党的建设总要求和新时代党的组织路线,落实从严管理监督要求,严肃处理对党不忠、从政不廉、为官不为、品行不端等问题,督促领导干部不忘初心、牢记使命,始终做到忠诚干净担当。

第三条　本规定所称组织处理,是指党组织对违规违纪违法、失职失责失范的领导干部采取的岗位、职务、职级调整措施,包括停职检查、调整职务、责令辞职、免职、降职。

第四条　组织处理工作坚持以下原则:

(一)全面从严治党、从严管理监督干部;

(二)党委(党组)领导、分级负责;

(三)实事求是、依规依纪依法;

(四)惩前毖后、治病救人。

第五条　本规定适用于各级党的机关、人大机关、行政机关、政协机关、监察机关、审判机关、检察机关以及事业单位、群团组织中担任领导职务的党员干部。

对以上机关、单位中非中共党员领导干部、不担任领导职务的干部,以及国有企业中担任领导职务的人员进行组织处理,参照本规定执行。

第六条　党委(党组)及其组织(人事)部门按照干部管理权限履行组织处理职责。

有关机关、单位在执纪执法、日常管理监督等工作中发现领导干部存在需要进行组织处理的情形,应当向党委(党组)报告,或者向组织(人事)部门提出建议。

第七条　领导干部在政治表现、履行职责、工作作风、遵守组织制度、道德品行等方面,

有苗头性、倾向性或者轻微问题,以批评教育、责令检查、诫勉为主,存在以下情形之一且问题严重的,应当受到组织处理:

(一)在重大原则问题上不同党中央保持一致,有违背"四个意识"、"四个自信"、"两个维护"错误言行的;

(二)理想信念动摇,马克思主义信仰缺失,搞封建迷信活动造成不良影响,或者违规参加宗教活动、信奉邪教的;

(三)贯彻落实党的基本理论、基本路线、基本方略和党中央决策部署不力,做选择、打折扣、搞变通,造成不良影响或者严重后果的;

(四)面对大是大非问题、重大矛盾冲突、危机困难,不敢斗争、不愿担当,造成不良影响或者严重后果的;

(五)工作不负责任、不正确履职或者疏于管理,出现重大失误错误或者发生重大生产安全事故、群体性事件、公共安全事件等严重事故、事件的;

(六)工作不作为,敷衍塞责,庸懒散拖,长期完不成任务或者严重贻误工作的;

(七)背弃党的初心使命,群众意识淡薄,对群众反映强烈的问题推诿扯皮,在涉及群众生产、生活等切身利益问题上办事不公、作风不正,甚至损害、侵占群众利益,造成不良影响或者严重后果的;

(八)形式主义、官僚主义问题突出,脱离实际搞劳民伤财的"形象工程"、"政绩工程",盲目举债,弄虚作假,造成不良影响或者重大损失的;

(九)违反民主集中制原则,个人或者少数人决定重大问题,不执行或者擅自改变集体决定,不顾大局闹无原则纠纷、破坏团结,造成不良影响或者严重后果的;

(十)在选人用人工作中跑风漏气、说情干预、任人唯亲、突击提拔、跑官要官、拉票贿选、违规用人、用人失察失误,造成不良影响或者严重后果的;

(十一)搞团团伙伙、拉帮结派、培植个人势力等非组织活动,破坏所在地方或者单位政治生态的;

(十二)无正当理由拒不服从党组织根据工作需要作出的分配、调动、交流等决定的;

(十三)不执行重大事项请示报告制度产生不良后果,严重违反个人有关事项报告、干部人事档案管理、领导干部出国(境)等管理制度,本人、配偶、子女及其配偶违规经商办企业的;

(十四)诬告陷害、打击报复他人,制造或者散布谣言,阻挠、压制检举控告,造成不良影响或者严重后果的;

(十五)违反中央八项规定精神、廉洁从政有关规定的;

(十六)违背社会公序良俗,造成不良影响或者严重后果的;

(十七)其他应当受到组织处理的情形。

第八条 组织处理可以单独使用,也可以和党纪政务处分合并使用。

第九条 领导干部在推进改革中因缺乏经验、先行先试出现失误,尚无明确限制的探索性试验中出现失误,为推动发展出现无意过失,后果影响不是特别严重的,以及已经履职尽责,但因不可抗力、难以预见等因素造成损失的,可以不予或者免予组织处理。

第十条 组织处理一般按照以下程序进行:

(一)调查核实。组织(人事)部门对领导干部存在的问题以及所应担负的责任进行调查核实,听取有关方面意见,与领导干部本人谈话听取意见。执纪执法等机关已有认定结果的,可以不再进行调查。

(二)提出处理意见。组织(人事)部门根据调查核实情况或者执纪执法等机关认定结果、有关建议,以及领导干部一贯表现、认错悔错改错等情况,综合考虑主客观因素,研究提出组织处理意见报党委(党组)。

(三)研究决定。党委(党组)召开会议集体研究,作出组织处理决定。对双重管理的领导干部,主管方应当就组织处理意见事先征求协管方意见。

(四)宣布实施。组织(人事)部门向受到组织处理的领导干部所在单位和本人书面通知或者宣布组织处理决定,向提出组织处理建议的机关、单位通报处理情况,在1个月内办理受到组织处理的领导干部调整职务、职级、工资以及其他有关待遇的手续。对选举和依法任免的领导干部,按照有关规定履行任免程序。对需要向社会公开的组织处理,按照有关规定予以公开。

第十一条 停职检查期限一般不超过6个月。受到调整职务处理的,1年内不得提拔职务、晋升职级或者进一步使用。受到责令辞职、免职处理的,1年内不得安排领导职务,2年内不得担任高于原职务层次的领导职务或者晋升职级。受到降职处理的,2年内不得提拔职务、晋升职级或者进一步使用。同时受到党纪政务处分和组织处理的,按照影响期长的规定执行。

领导干部受到组织处理的,当年不得评选各类先进。当年年度考核按照以下规定执行:受到调整职务处理的,不得确定为优秀等次;受到责令辞职、免职、降职处理的,只写评语不确定等次。同时受到党纪政务处分和组织处理的,按照对其年度考核结果影响较重的处理处分确定年度考核等次。

对受到责令辞职、免职处理的领导干部,可以根据工作需要以及本人特长,安排适当工作任务。

第十二条 领导干部对组织处理决定不服的,可以在收到组织处理决定后,向作出组织处理决定的党委(党组)提出书面申诉。党委(党组)应当在收到申诉的1个月内作出申诉处理决定,以书面形式告知干部本人以及所在单位。领导干部对申诉处理决定不服的,可以向上级组织(人事)部门提出书面申诉。上级组织(人事)部门应当在2个月内予以办理并作出答复,情况复杂的不超过3个月。

申诉期间,不停止组织处理决定的执行。

第十三条 对领导干部组织处理存在事实认定不清楚、责任界定不准确的,应当重新调查核实。处理不当的,应当及时予以纠正。必要时,上级党委(党组)可以责令作出组织处理决定的党委(党组)予以纠正。

第十四条 组织(人事)部门应当将组织处理决定材料和纠正材料归入本人干部人事档案,根据工作需要抄送有关部门。

第十五条 受到组织处理的领导干部应当认真反省问题,积极整改提高。党组织应当加强对受到组织处理的领导干部日常管理和关心关爱,了解掌握其思想动态和工作状况,有针对性地做好教育引导工作。

第十六条 领导干部受到组织处理,影响期满,表现好且符合有关条件的,按照干部选拔任用等有关规定使用。

第十七条 中央军事委员会可以根据本规定制定相关规定。

第十八条 本规定由中央组织部负责解释。

第十九条 本规定自发布之日起施行。

【分析】

这是一份分条式规范类公文。其中,第一条至第六条为目的、根据和原则事项,第七条至第十六条为具体内容,第十七条至第十九条为实施说明。

【例文三】
××市民文明行为守则

1. 要讲究公共卫生,不乱吐乱丢乱扔;
2. 要爱惜城市容貌,不乱投乱贴乱画;
3. 要严格门前三包,不占道设摊经营;
4. 要爱护花草树木,不随意践踏攀折;
5. 要爱护公共设施,不侵占损毁公物;
6. 要遵守交通规则,不闯灯乱行乱停;
7. 要文明驾车乘车,不往车外丢杂物;
8. 要注意安全出行,不搭乘摩的黑车。

【分析】
这是一份分序式规范类公文。该规范类公文的正文八条均为具体内容,每一条都采用匀称句式("八要八不")。

[实践训练]

一、改错题

请修改下面的制度。

人文学院学风建设管理制度

一、课时请假制度
1. 课时请假程序:
※ 两节课以内向班长请假,班长每月对每人只能批假一次。
※ 两节课以上、三天以内向班主任和辅导员请假。
※ 三天以上向院长请假;一周以上向教务处请假。
※ 每一种假单都需在上课前交到学社科办公室,如本人遇紧急情况无法亲自办理可以委托班级同学办理书面请假手续,事后不得补假。未办理请假手续而缺课的一律按旷课处理。
2. 课时请假扣分情况:
※ 一次大课(2课时)扣0.5分,一天扣1分,两天扣2分,三天扣3分,原则上事假不超过三天。
※ 病假(有病历证明)、白事、因学业公事(邀请函、通知或证明)外出的事假均不扣分。
3. 课时考勤情况处理:
※ 旷课,由班主任谈话,学院每周一在学院一楼海报板处进行通报;旷课情节严重者,将给予处分。(注:处分的文件将进入个人档案,影响毕业、考公、考编等)
※ 班级旷课情况直接影响该月"文明班级"称号的评比。
※ 请假的汇总表在一楼海报板公示,供大家核对(与通报批评不同)。
二、早晚自习制度
1. 大一学生每周至少参加3次早自习,2次晚自习。大二学生每周至少参加2次早自习,1次晚自习。早自习以班级为单位固定时间参加,晚自习时间自选,但不能越周替补。
2. 学院早晚自习次数与文明品行实践分相关,未达到学院规定的次数,每次扣3分。

(具体参见文明品行实践分相关文件)

3. 早晚自习期间应注意保持课堂纪律,早自习不得带早餐进教室,如屡次发现班级自习纪律较差或带早餐情况严重的,将会把情况反馈给班主任,并直接影响该班本月"文明班级"称号的评比。

4. 学院推出系列特色晚自习,每次名额有限,欢迎大家按自己的兴趣特色参加。

三、参加学院重大活动制度

1. 为了促进同学们积极参加第二课堂建设,学院组织安排系列大型活动,现规定:参加一次可加 0.5 个素质分,以此类推。

2. 学生在规定时间内签到签退,迟到早退均不加分。

××大学人文学院学生科

二、写作题

1. 请根据下面的材料,拟写一份《××中学借书规则》。

××中学是一所新办中学。图书馆开放初期,由于还没有建立规章制度,管理员经验不足,部分师生又很不自觉,以致图书馆的借阅管理十分混乱:图书馆开放时间不固定;有的人用别人的借书证来借书;借书数量没有规定,有的人跟管理员关系好,可以一次借十几本书;有的人借书长期不还;有的人丢失或损坏图书不偿还;还有一些不能外借的重要图书也借出去了。总之是无章可循,既不便于图书管理,又不利于图书的流通和使用。

2. 请拟写一份《××大学学生公寓文明公约》。

3. 请拟写一份《××公司职工考勤制度》。

第十九章　计划类公文

[知识讲授]

一、计划类公文的定义

计划类公文是对未来一定时期内的全面事务或某项事务作出安排的书面材料。它所要解决和回答的中心问题是"做什么""做到什么程度""怎么做"。

计划类公文包括计划、纲要、规划、要点、方案、预案、策划书、安排、目标、打算、思路、设想等。习惯用法是：时间长、事件大、原则性强的事务安排，用纲要；两年以上的事务安排，用规划；年度的全面事务安排，用计划；年度的主要事务安排，用要点；某项具体工作（或活动）安排，用方案（或策划书）；预防性事务安排（备用），用预案；时间短、事件小或初步的、粗略的、未成熟的事务安排，用安排、目标、打算、思路、设想。

二、计划类公文的种类

这里我们以计划为例进行介绍。根据不同的标准，计划可分为不同的种类。

（一）根据性质进行划分

根据性质不同，计划可分为综合计划、专题计划。

（二）根据内容进行划分

根据内容不同，计划可分为工作计划、生产计划、科研计划、教学计划、学习计划、军训计划、实习计划等。

（三）根据范围进行划分

根据范围不同，计划可分为国家计划、地区计划、单位计划、科室计划、个人计划等。

（四）根据时间进行划分

根据时间不同，计划可分为时期计划、年度计划、季度计划、月度计划、周计划等。

（五）根据形式进行划分

根据形式不同，计划可分为文字式计划、表格式计划和文字表格综合式计划等。

三、计划类公文的格式

【格式一】

×××(机关)×××(期限)×××(内容)计划
(要点、安排、目标、打算、思路、设想)

　　××(前言)。为此,拟做好以下几项工作:

　　××(计划事项)。

【说明】

(1) 标题可省略一两个要素,如"机关""期限"等。

(2) "前言"部分,或写明制订计划的指导思想(总体要求),或写明制订计划的目的和根据,或概括地介绍一下前一阶段完成工作任务的基本情况(成绩、问题)。

(3) "计划事项"部分,既要写明工作任务(以小标题的形式列明),也要写明为完成工作任务所要采取的措施(小标题后的展开部分)。

【格式二】

×××(机关)×××(期限)×××(内容)计划
(规划、纲要、方案、预案、策划书)

　　为了×××,×××,×××,根据×××,特制订本计划(规划、纲要、方案、预案、策划书)。

　　一、总体要求

　　×××。

　　二、主要目标

　　×××。

　　三、具体措施

　　×××。

【说明】

(1) 标题可省略一两个要素,如"机关""期限"等。

(2) 前言有时可省略。

(3) "总体要求"有时可根据需要细化为"指导思想""基本原则""主要任务"等。

(4) "主要目标"有时可根据需要拆成"总体目标"和"分解目标"。

(5) "具体措施"有时可根据需要增加"组织领导""日程安排""实施步骤""评比规则""奖励办法""报名方法""经费预算""几点要求"等。

四、计划类公文的写法

第一,"总体要求"部分一般包含三个要素:(1)行动指针(指南、指导);(2)原则、态度、方法、总任务;(3)总目标或目的。写指导思想要注意"六防":防细、防空、防散、防旧、防偏、防长。

第二,"主要目标"要量化,要"跷脚可得"(不能过高也不能过低)。

第三,"具体措施"要切实可行,具有可操作性。

第四,【格式一】"计划事项"部分,【格式二】"主要目标"和"具体措施"部分,均可分序排列。

教学视频

教学音频

[例文分析]

【例文一】

××交通大学20××年工作要点

20××年学校工作的总体要求是:以习近平新时代中国特色社会主义思想为指导,坚持深化改革,认真落实学校综合改革方案;坚持依法治校,认真落实学校章程;坚持从严治党,认真加强学校党的建设,进一步提升学校核心竞争力和国际化水平,为建设特色鲜明世界一流大学迈出坚实步伐。

一、深化体制机制改革,提升学校综合实力

1. 推进学校综合改革。完成学校综合改革方案的制订工作,制订各专项改革方案及推进计划,明确改革路线图、时间表和任务书。重点推进以机构改革为重点的内部治理结构改革和以人才队伍建设为重点的人事制度改革,全面启动人才培养模式、学科发展机制、科学研究体制等各项改革。进一步推进国家教育体制改革试点项目和试点学院综合改革工作。

2. 推进依法治校。……

3. 启动"十四五"改革发展规划制定工作。……

4. 积极拓展各类办学资源。……

二、推进人才培养模式改革,提高人才培养质量

5. 改革学生招录选拔机制。……

6. 深化一体化人才培养体制机制改革。……

7. 完善人才培养质量保障体系。……

8. 创新学生综合素质培养。……

三、推进人事、学科、科研体制改革,提升学校核心竞争力

9. 完善各类人才队伍建设制度。……

10. 建立学科评估机制和绩效分配制度。……

11. 推进科研管理模式改革。……

四、以"国际化建设年"为契机,提升学校国际交流与合作水平

12. 加强国际化战略布局和制度建设。……
13. 增强国际合作办学能力。……
14. 提高国际交流合作水平。……

五、加强党的建设,为学校改革发展提供坚强保障

15. 牢牢掌握意识形态工作领导权。……
16. 加强领导班子和干部队伍建设。……
17. 加强基层党组织和党员队伍建设。……
18. 加强和改进大学生思想政治教育。……
19. 巩固和拓展党的群众路线教育实践活动成果。……
20. 加强党风廉政建设。……
21. 确保校园和谐稳定。……

【分析】

这份要点由标题和正文组成。其中,正文第一自然段为前言,内容为总体要求(指导思想),其余部分为计划事项(共五大项、21小项)。

【例文二】

××区深化农村改革综合性实施方案

按照《××市深化农村改革综合性实施方案》(×委办〔20××〕1号)要求,为系统、整体、协同推进本区农村综合改革,结合实际,制订本实施方案。

一、指导思想

全面贯彻党的十八大和十八届二中、三中、四中、五中全会精神,认真落实市委、市政府的决策部署,牢固树立创新、协调、绿色、开放、共享的发展理念,主动适应经济发展新常态,加快转变农业农村发展方式,全面深化农村改革,加强体制机制创新,为加快本区城乡一体化发展提供制度保障。

二、目标任务

到20××年,农村各类所有制经济尤其是农村集体资产所有权、农户土地承包经营权和农民财产权的保护制度更加完善,新型农业经营体系、农业支持保护体系、农业社会化服务体系、农业科技创新推广体系、农村金融体系和城乡发展一体化的体制机制更加健全,农民民主权利得到进一步保障。

三、基本原则

(一)坚持经营主体多元发展。……
(二)坚持完善农村基本经营制度。……
(三)坚持市场经济改革方向。……
(四)坚持保障农民合法权益。……
(五)坚持因地制宜循序渐进。……

四、具体措施

当前和今后一个时期,本区深化农村改革重点聚焦农村集体产权制度、农村基本经营制度、农业支持保护制度、城乡发展一体化体制机制和农村社会治理制度等五大领域。

(一)深化农村集体产权制度改革

以保护农村集体经济组织成员权利为核心,以明晰农村集体产权归属、赋予农民更多财产权利为重点,探索社会主义市场经济条件下农村集体所有制经济的有效组织形式和经营

方式,激发农村经济社会活力,实现农村集体经济可持续发展、农民财产性收入不断增加。

1. 深化农村土地制度改革。……
2. 深化农村集体经济组织产权制度改革。……
3. 深化林业和水利改革。……

(二)加快构建新型农业经营体系

进一步培育家庭农场、专业大户、农民合作社、农业产业化龙头企业等新型农业经营主体,提高农业经营集约化、规模化、组织化、社会化、产业化水平。

1. 推动土地经营权规范有序流转。……
2. 加强农业经营主体规范化建设。……
3. 创新农业社会化服务机制。……
4. 培养新型职业农民队伍。……
5. 建立农村承包地流转长效监管机制。……
6. 全面深化供销合作社综合改革。……

(三)健全农业支持保护制度

坚持"多予、少取、放活"的基本方针,以保障主要农产品供给、促进农民增收、实现农业可持续发展为重点,完善农业生产激励机制,加快形成覆盖全面、指向明确、重点突出、措施配套、操作简便的农业支持保护制度。

1. 建立农业农村投入稳定增长机制。……
2. 推进农村一、二、三产业融合发展。……
3. 优化农业补贴政策。……
4. 深化农业科技体制改革。……
5. 建立农田水利建设管理新机制。……
6. 建立农业可持续发展机制。……
7. 加快农村金融制度创新。……

(四)健全城乡发展一体化体制机制

以缩小城乡差距为主要目标,以加快转变农业农村发展方式为主线,以镇村规划体系为引领和依据,以改革创新为动力,建立完善符合新型工农城乡关系、体现"三倾斜一深化"要求的体制机制,力争率先走出一条以人为本、四化同步、生态文明、文化传承的新型城镇化道路,以高质量的新型城镇化推动高水平的城乡发展一体化。

1. 完善城乡发展一体化的规划建设体制。……
2. 完善农村基础设施建设投入和建管机制。……
3. 形成城乡基本公共服务均等化体制机制。……
4. 加快推进户籍制度改革。……
5. 完善城乡劳动者平等就业制度。……

(五)加强和创新农村社会治理

1. 加强农村基层党组织建设。……
2. 健全农村社会管理制度。……
3. 加强农村精神文明建设。……
4. 加强农村综合帮扶。……
5. 深化农村行政执法体制改革。……

五、加强领导

始终把加强党对"三农"工作的领导作为推进农村改革发展的政治保证,提高做好"三农"工作的能力和水平。……

  （一）加大改革督查力度。……

  （二）扎实开展改革试点。……

  （三）建立有效协调机制。……

【分析】

这份方案由标题和正文组成。其中，正文涉及指导思想、目标任务、基本原则、具体措施和加强领导五个方面的内容。

[实践训练]

一、改错题

请修改下面的方案。

20××年暑期社会实践策划方案

本次社会实践服务团是由××大学明德学院青年志愿者组成。此策划拟定后，提交共青团××大学明德学院委员会审核批准后，转交所属实践地共青团县委员会审查同意，方可依照策划根据实际情况实施。

一、活动背景

按照走新型工业化道路的要求，完善实施工业强省战略的领导体制、工作机制和政策体系，大力发展结构优化、技术先进、清洁安全、附加值高、吸纳就业能力强的现代产业体系，加快把××建成国家重要的能源基地、资源深加工基地、装备制造业基地、战略性新兴产业基地和优质轻工产品基地。在此情况下，我们作为祖国的新青年，怀着忧国忧民之心，心怀报效祖国之心，为祖国发展作出我们应有的贡献。为社会贡献力量是当代大学生义不容辞的义务与责任。

二、活动目的

为全面贯彻落实《中共中央国务院关于及一步加强和改进大学生思想政治教育的意见》和全国加强和改进大学生思想政治教育工作会议精神，进一步落实社会实践活动的精神，践行志愿者精神，积极服务于社会，发挥大学生在当代社会的先进性作用，同时有在发扬我们奉献、友爱、互助、进步、的志愿服务精神向我省贫困农村地区提供服务，进一步帮助乡村中小学生提高知识面，提高贫困地区的教育水平，推动社会主义精神文明建设，同时也为更好地检测我们综合运用所学基础理论，基本技术和专业知识的能力，提高我们动手能力和分析，解决实际问题的能力，锻炼独立生存的生活自理能力，全面提升自身各方面综合素质，以便更好回报社会。充分利用大学生的社会宣传作用，传播志愿精神，呼吁社会，争取更多社会力量参与西部地区建设，支持西部，发展西部。积极引导广大学生在服务建设城乡统筹发展的伟大实践中受教育、做贡献，提高学生解决实际问题能力，为将来更好投身社会，适应社会，服务社会奠定基础，更好地为社会主义和谐社会建设奉献力量。

三、活动主题

"舞动青春·心系农村·传承奉献"

四、活动形式

深入贫困山区支教、实地调研、走访当局、慰问贫困户、服务农村。

五、活动时间

7月15日—7月25日

六、活动地点

××省××市××县××镇

七、活动组织

活动单位：青年志愿者协会

监督单位：××××××

指导老师：×××

队长：×××

队员：待定(35人左右)

八、前期准备

1. 设计实践方案：做好参加本次社会实践活动的策划，内容包括活动地点、服务项目、实践起止时间、要达到的实际效果和安全措施等。

2. 搜集资料为社会实践做准备。社会实践服务分团联系商家企业，争取资金赞助。

3. 初步联系服务地点，与服务地政府、媒体、群众的沟通合作，将我们的活动策划书已电子档案的方式发到他们的手中，提高可行性和可操作性。

4. 派人员到当地进行踩点，联系当地政府确定活动细节，同时进行考察和预约工作，走访当地，保证活动的万无一失。

5. 向院团委申报实践活动，申请相关事宜和指导老师，领取暑假社会实践介绍信。

6. 通过传单、小册子、海报、展板、宣传栏、学院广播等宣传，向全院开展"三下乡"人员报名工作，并募集资金。

7. 进行志愿者选拔并进行前期培训。召集所有队员学习习近平新时代中国特色社会主义思想，学习社交方面的相关知识和一些较实用的专业知识，为日后的深入基层做好知识储备。

8. 招募人员进行分工，根据个人的实际情况分配好任务

(1) 安排工作人员，包括联系，宣传，摄影等

(2) 成立会计小组，主要负责预算出支费用

(3) 成立采购小组，主要负责事物的采购

(4) 成立外联小组，主要负责本次活动的赞助费用的筹集

(5) 成立摄影小组，主要负责本次活动的全程跟踪拍摄，以及一些细节照片的拍摄。

(6) 成立组织小组，主要负责本次活动的安排。

(7) 成立安全小组，主要负责本次活动的安全。

9. 准备社会实践用的相关材料，向相关部门，工作单位借取相关宣传资料。联系当地政府、媒体等有关部门，做好准备工作。准备宣传材料(横幅，海报，宣传手册，视频资料，联系媒体)。准备好队旗，横幅等宣传用品和后勤医药和照相摄影用品。

九、活动内容

1. 科技兴农宣传

2. 法律宣传教育

3. 医疗保险宣传

4. 自然灾害预防教育宣传

5. 艺术启蒙，中小学生艺术课堂培训

6. 趣味英语辅助教学：中小学趣味英语课堂培训

7. 进入农村各家户的农民子女进行辅导假期作业、补习功课
8. 慰问当地贫困家庭
9. 社会调查。

十、活动具体开展

1. 科技兴农宣传：向当地村民发放宣传科技兴农的相关资料，向当地村民讲解科技对农业生产的帮助。
2. 法律宣传教育：向当地村民发放宣传法律知识的资料，向当地村民讲解法律知识。
3. 医疗保险宣传：向当地村民发放医疗保险知识的资料，向当地村民讲解医疗保险及养老保险。
4. 自然灾害预防教育宣传：向当地村民发放宣传自然灾害预防的相关资料，向当地村民讲解自然灾害的预防。
5. 艺术启蒙教育：中小学生艺术课堂培训，利用我们的专业所学知识和所带摄影摄像器材，为当地学生开一门别致而有趣的艺术启蒙课程，激发他们的艺术潜力和兴趣。
6. 趣味英语辅助教学：通过趣味课堂展开如英文歌、游戏等激发学生学习英语的兴趣，扩大学生的知识面，让学生轻松快乐地学习英语，了解英语的趣味。让每个学生在英语学习中体验成功的喜悦，加强学生学习英语的信心。加强学生英语基础知识，日常交际用语。
7. 进入农村各家户利用志愿者专长农民子女进行辅导假期作业、补习功课、学习方法传授等。
8. 慰问当地贫困家庭：选取当地几家贫困户向他们捐赠油、米、牛奶等物资。
9. 社会调查：向村民进行调查问卷调查。
10. 工作总结：社会实践期间，按照一天一小会两天一大会，组织召开总结会议，主动，听取当地政府工作人员，村民学生及队员的建议，互相学习交流相互探讨及时对方案进行调整。

十一、后期总结

1. 活动结束以后，组织队员对本次社会实践客观认真地作出总结，并以电子档或打印版的形式上交如下材料，由院团委对活动开展情况进行评估：活动方案，总结报告，和社会实践论文，日志，心得体会图片集和相关视频资料，接受单位证明或实践鉴定，感谢信，相关新闻通讯及团队相关其他资料
2. 加强对本次社会实践宣传：活动结束后通过报纸、网站、电视台展板、海报在校内外展开宣传，以引起社会对西部农村现况的共鸣，同时加强我院的对外宣传力度，提高我院知名度。

十二、行程安排

20××年7月14日，所有队员在学院集合，为15日出发做准备。
20××年7月15日，出发前往紫云县。
20××年7月15日——20××年7月25日开展本次社会实践的相关活动。
20××年7月25日下午，全体队员返回学校

十三、经费预算

火车费（往返）16元×2×##人＝32×##元
汽车费（往返）20元×2×##人＝40×##元
其他汽车费：500元
食宿预算：15元×10天×##人＝150×##元
保险费：10×##元

政策、调研、调查问卷:500份×0.2元=100元

药品:感冒药、创可贴=300元

经费预算共×××元

每人交300元(待实践结束后多退少补)

十四、注意事项

为保证此次活动安全、顺利进行,特向参与本次社会实践所有成员规定如下:

1. 所有成员参与此次活动的目的明确,要有高度的服务精神和坚定的吃苦耐劳的决心,不得因活动艰苦而中途退出。

2. 所有成员要有高度自觉的团队精神和合作观念,服从队伍统一安排,一切行动听指挥,不得推诿工作或任务。

3. 在活动期间,若有重大事情(如个人行动、财政收支等)须直接向指导老师和队长报告,获批准后方可行事。任何人不得单独行事或擅离开。

4. 队伍各小组长须在活动期间及时清点本组人数,考察本组成员情况。若发现异常情况应立即报告,并启动应急机制。

5. 活动期间,队伍成员应彼此团结友爱,真诚相待,要有大局观念,不得搞小团体主义,共同维护队伍利益。

6. 活动期间,队伍成员须注重个人形象,注重礼节,尊重当地风俗习惯,坚持民族平等的原则,坚决维护我队伍和我校的良好形象。

7. 活动期间,队伍全部成员一律使用普通话;根据需要,服务队应使用队旗,穿队服。

8. 队长和各小组长应有高度的责任心,密切了解活动的进展情况和队员的动态。另外,队长和各组负责人应注意协调各队员的关系,不得偏私,注重营造队伍和谐友善的局面。

9. 队伍成员应自觉并严格遵守本纪律规定以及当地政府和实践基地的相关法律、规定。在三下乡筹备组领导下,各小组自行安排。

十五、安全应急预案

1. 如果遇到天气突变的话,相关活动会有所改动,如有山洪等严重天气灾难,应立刻与学校汇报,寻求帮助,确保每位队员的安全。

2. 沟通问题如在调查活动中与村民的沟通,我们出示学生身份证明,并挑选口才好的同学,尽可能用当地人熟悉的语言进行沟通,增加亲和力及信任度。

3. 出发前专门对遇到犯罪事件的应变方法研究并作出行为细则和应变方法。

4. 与陌生人接触时对于陌生人的无理要求坚决拒绝。

5. 活动过程中如出现人数过多导致拥挤的情况,应立即组织队员维持秩序。若出现发生冲突情况,应立即找带队老师进行调解,调解不成向当地政府或司法机关求助。

十六、队员纪律要求

1. 统一行动,协调一致,服从指挥;

2. 团结合作,积极主动,互相帮助;

3. 谦虚踏实,吃苦耐劳,认真负责;

4. 尊重当地人民群众的民风、民俗,虚心学习基层经验和民族文化;

5. 严格遵守作息时间和活动日程安排;

6. 发挥各自专业和能力特长优势,认真完成各项工作任务。

二、写作题

1. 请拟写一份《××大学××学院(或系)××专业20××级20××—20××学年工作计划》。
2. 请拟写一份《20××—20××学年个人计划》。

第二十章　总结

［知识讲授］

一、总结的定义

总结是指对过去一个时期的事务进行全面、系统的回顾检查、分析研究,形成理性认识,并从中找出规律性的东西所形成的书面材料。它所要解决和回答的中心问题是"已经做了什么""做到了什么程度""怎么做的"。总结有时也称回顾,小型的总结或阶段性的总结称小结。

总结是与计划类公文相对应的一种非法定公文。在我国,各类各级机关有一个工作模式,那就是:年初写计划类公文,年终写总结;或某项工作开始之前写计划类公文,工作结束之后写总结。

二、总结的种类

一般来说,有什么样的计划类公文,就有什么样的总结。根据不同的标准,总结可分为不同的种类。

（一）根据性质进行划分

根据性质不同,总结可分为综合总结和专题总结、一般总结和经验总结。

（二）根据内容进行划分

根据内容不同,总结可分为工作总结、生产总结、科研总结、教学总结、学习总结、军训总结、实习总结等。

（三）根据范围进行划分

根据范围不同,总结可分为国家总结、地区总结、单位总结、科室总结、个人总结等。

（四）根据时间进行划分

根据时间不同,总结可分为时期总结、年度总结、季度总结、月度总结等。

三、总结的格式

下面我们介绍一般总结和经验总结的格式。

(一) 一般总结的格式

×××(部门)×××(期限)×××(内容)总结

××(前言)。现将××××××总结如下：

一、取得的主要成绩

××。

二、存在的主要问题

××。

三、今后的努力方向

××。

【说明】

(1)"前言"部分，或交代总结涉及的时间、地点、单位、背景；或点明主要成绩和问题；或引据上级要求。

(2)"取得的主要成绩"也可称"取得的主要成效""取得的主要经验""收到的主要效果"等。

(3)"存在的主要问题"也可称"存在的主要缺点""存在的主要不足""遇到的主要困难""主要教训"等。

(4)"今后的努力方向"也可称"今后的打算""今后的思路""××××年工作思路"等。

(二) 经验总结的格式

××××××(标题)
×××(作者)

××(前言)。

一、主要做法

××。

二、取得的效果

×××。

三、几点体会

×××。

×××××××××××××××××××××（结语）。

【说明】

(1)"前言"部分，或交代起因，或概述经验。

(2)"结语"部分，主要是写明今后的努力方向。这部分有时也可省略。

四、总结的写法

第一，一般总结的正文中"取得的主要成绩""存在的主要问题""今后的努力方向"三部分的写法主要有两种：一是传统式，如上文所示；二是阶段式，把工作或经历的整个过程，分成几个阶段，分别说明每个阶段的成绩、问题和整改措施等。

第二，经验总结的标题的写法有三种：一是用正、副标题，如"薄利多销，保值保量——北京市新风饭馆先进经验介绍"；二是概括内容，如"我们乡是怎样获得高产的"；三是突出中心，如"食品卫生工作要做到经常化"。

正文"主要做法""取得的效果""几点体会"三部分的写法主要有两种：一是传统式，如上文所示；二是标题式，根据材料的逻辑关系，分列出小标题，然后在每个小标题下分别写明做法、效果、体会等（在"前言"部分用"我们的主要做法是""我们的主要体会是"等承上启下）。

第三，总结要做到"三结合"，即概括与事例结合、定性与定量结合、面与点结合。总结有"二忌"：忌平庸、忌虚假。写总结的总体要求是观点鲜明、材料典型、条理清晰、语言准确。

教学视频

教学音频

[例文分析]

【例文一】

招商局20××年度工作总结

20××年是经济开发区、尖山新区两区合并以及招商新体制施行后的第三年。招商局根据市委、市政府对于招商选资的相关要求，总结去年的工作经验，分管领导亲自挂帅，冲锋在招商第一线,全体招商人员团结协作,不断加大招商力度,创新招商方法,充实项目信息,在招商工作中取得了一定成效。

一、招商指标完成情况

1. 合同外资、实到外资

20××年,市辖经济开发区(尖山新区)合同利用外资任务3.4亿美元,实际利用外资任务2.3亿美元。截至12月底,完成合同外资3.17亿美元,完成年度任务的93.2%;完成实际利用外资2.086亿美元,完成年度任务的90.7%。

2. 市外内资

20××年,市辖经济开发区(尖山新区)实际利用市外内资任务55亿元,其中新增注册资本25.5亿元。截至12月底,完成实到市外内资56.5亿元,完成年度任务的102.7%;完成实到注册资本25.6亿元,完成年度任务的100.4%。

20××年全年,经济开发区(尖山新区)共新批外资项目24个,其中增资项目13个,这些项目中规模较大、质量较优的有中广核风力发电项目、(玉柴)仓储经营服务管理平台项目等。新批内资项目56个,例如国能中电项目、宜瓷龙新材料项目都是较为优质的大项目。

二、招商工作开展情况

(一)突出重点,紧紧围绕大、好、优项目开展招商选资工作

近一年时间来,招商局认真贯彻市委、市政府招大引强的招商要求,围绕大、好、高项目开展了卓有成效的招商工作。目前在谈项目主要有:

1. "总部基地江南城"项目。……

2. 英孚电子项目。……

3. 中广核风力发电项目。……

4. 玉柴仓储物流综合产业园项目。……

(二)坚持"走出去、请进来""以商引商""中介招商""产业链招商"等行之有效的招商经验和思路,不断加大招商选资力度

开发区领导和全体招商人员在招商实践中不断总结行之有效的经验,并不断完善,走出了一条有特色、有效率的招商新路。

一是"走出去"招商。……

二是"请进来"招商。……

三是"以商引商"。……

四是"中介招商"。……

五是"产业链招商"。……

(三)努力践行"一条龙"全程代办服务理念,以服务加快推进项目速度

招商局积极响应开发区领导提出的"一条龙"全程代办服务理念,克服人手少、时间紧等诸多不利因素,努力增强专业招商人员的服务意识和服务技能,在实践中不断提高为项目客商服务的质量,要求专业招商人员在项目审批、工商登记、项目推进等每一个环节都要落实专人负责制,对每一个项目实行全程跟踪服务制度,为项目代办各项手续,并协调解决项目建办过程中的各项问题,为前来投资的客商营造了一个良好的投资软环境,并得到了客商的一致好评。

三、存在的问题和困难

1. 今年国际及国内经济整体形势较去年更加低迷,实体经济投资者信心不足,驻足观望情绪比较浓重,整体制造业的招商环境和形势较差,造成制造业项目信息相对较少,落地的大、好、高制造业项目更少。

2. 项目准入条件日趋严格,投资强度、税收等硬指标制约了一批有意向到××投资的项目,其中一些项目内容较优质,但是距离××的项目准入要求较远,无法落地。

3. 部分企业因为经济形势等原因提出减资要求,其中部分减资项目已经受理,这对完成全年的任务指标带来较大压力。

四、20××年工作思路

(一)总体思路

围绕市委、市政府关于招大引强、招商选资的指导思想,以"转型升级"和"优化结构"为目标,以实施"退二进三、退低进高"战略为契机,以引进先进制造业项目为工作重点,以探索"零土地招商"为主要工作手段,进一步做优二产,做大三产,力争保质保量地完成全年目标任务。

(二)工作措施

1. 继续大力推行产业招商、区域招商、以商引商等多元化的招商方式。……

2. 继续坚持"走出去、请进来""中介招商"的跑动招商模式。……

3. 进一步夯实招商引资基础性工作,做好项目服务推进工作。……

4. 增强业务知识学习、强化招商队伍纪律。……

经济开发区(尖山新区)招商局
20××年1月8日

【分析】

这是一份一般总结,由标题、正文、发文机关署名和成文日期组成。其中,正文第一自然段为前言,其余段落为主体。主体共涉及四个问题:"招商指标完成情况""招商工作开展情况""存在的问题和困难""20××年工作思路"。前两个问题实际上是一个问题"取得的主要成绩"的两个方面。

标题应在"招商局"的前面加"××市经济开发区(尖山新区)",正文二三级标题序号不统一,发文机关署名应在"经济开发区(尖山新区)招商局"的前面加"××市"。

【例文二】

××街道幸福家庭创建的主要做法

××街道地处首都政治核心区和首都功能核心区,也是集中体现"四个服务"、塑造首都形象、展示西城魅力最为直接的地区之一。××街道区域面积4.24平方公里,共有13个社区,户籍人口2.6万户、7.2万人,常住人口2万户、5.8万人,其中户籍育龄妇女2万余人,流动人口1.6万余人。辖区特殊的区域位置,承载的功能任务,决定和要求我们必须牢固树立"红墙意识"、责任意识和服务意识,自觉把维护地区社会和谐进步作为一项重要的工作,以家庭幸福为出发点和落脚点,着眼提升家庭发展能力,不断夯实区域社会和谐的工作基础。去年以来,街道按照市、区关于创建幸福家庭工作的安排部署,结合我区提出的"构建覆盖家庭生命全周期的公共服务体系"的要求,紧紧围绕构建"1+8+N"覆盖家庭生命全周期公共服务体系,创新思维,搭建载体,探索模式,扎实服务,积极推进幸福家庭创建工作,有效地促进了地区社会和谐进步。

我们的主要做法是:

一、凝聚共识,统筹谋划幸福家庭生命全周期各项工作

一是用市区的决策部署和中国梦统一思想认识。……

二是深入细致开展调查研究。……

三是精心打造公共服务综合阵地。……

二、创新思维，探索构建新型人口与计生工作服务模式

××幸福家园建成后，街道树立"人口全覆盖、家庭全成员、生命全周期、服务全方位"工作理念，探索构建"一个机制"，采取"六个结合"，实施"六项工程"，实现"一个目标"的新型人口和计生工作服务模式，使幸福家园承载起育婴指导、青少年成长关怀、健康生育指导、特扶关爱养老、家政便民服务、图书借阅等公共服务功能，成为实现家庭生命全周期公共服务的主要阵地和重要载体。

构建"一个机制"：……

采取"六个结合"：……

实施"六项工程"：……

实现"一个目标"：……

三、注重实效，全方位开展人口与计生工作优质服务

街道以××幸福家园为平台，按照新型人口与计生工作服务模式，整合计生社区服务中心、团委等相关科室，北京市××医院等地区职能部门资源，引入幸福泉亲子俱乐部等五家专业机构，百德社区等三个社会组织，健康你我他等八个志愿者团队，为地区居民和单位提供全方位的配套服务，扎扎实实为群众办实事、办好事。

一是在实施人口文化建设工程上，坚持以"文化育文明，幸福促和谐"。……

二是在推进宝贝计划工程上，建立了早教基地，……

三是在拓展青春健康服务上，利用寒暑假举办"青少年双语读书营"、开展"青少年同伴教育活动"，……

四是在坚持健康生育工程上，举办未婚青年联谊会；……

五是在开展生育关怀工程上，举办男性、女性健康知识讲座，增强大家的自我保健能力；……

六是在创新特扶助老工程上，精心打造充满温情的个性化五关怀服务项目——"爱心相伴社区失独家庭服务项目"。……

此外，街道针对地区中央机关多，集体户人数多、流动人口多的特点，积极举办集体户单位计生负责人培训会，……

一年多来，街道依托××幸福家园，开展全方位家庭生命全周期公共服务，受益人群达90293人次，各级领导、机关和居民群众对我们的工作给予了充分肯定。

人口计生工作任重道远，不容放松。我们要在市、区人口和计生委的领导下，以更加振奋的精神、更加有效的措施、更加务实的作风，不断创新××街地区人口计生工作服务管理，切实让辖区居民的生活更加幸福，努力为实施"服务立区、金融强区、文化兴区"三大发展战略，实现伟大中国梦营造良好的人口环境。

（××街道）

【分析】

这是一份经验总结，由标题、正文和作者组成。其中，正文第一自然段为前言（概述基本情况和主要成效），接着从三个方面详细介绍了"幸福家庭创建"的主要做法，最后一个自然段为结语。

[实践训练]

一、改错题

请修改下面的总结。

实习总结

如今实习接近尾声。总体感觉,压力挺大,收获也不少。实习期间得到了二中赵光辉老师和本院郑潇潇老师的悉心指导。无以为报,谨此致谢。

总的概括起来,我们的实习生活包括以下几个部分。

一、见习阶段

从9月20日到9月30日是我们的见习阶段,因此这期间我们的主要工作是听课,做一些听课记录。那几天赵老师上的主要是文言文。对于文言文的教学赵老师主要采用了朗诵法和讲解法。在赵老师的课堂上我们丝毫感觉不到文言文的晦涩与枯燥。相反,赵老师声情并茂的讲解更让文言文的课堂妙趣横生,其乐融融。我也曾在心里暗暗遐想,要是能够选择,我真想在赵老师的课堂上当一年学生。

二、教案准备及试讲

见习期间我们就开始了教案的准备。我的第一课是鲁迅的《记念刘和珍君》这篇课文。我初步设想是用三个课时来完成,虽然三个课时我自己也感觉有点紧巴巴的。但看到小组里其他同学几乎都是花两到三个课时来完成这篇课文的教学的。我开始有点不太自信自己的教法,怀疑自己这样安排是不是效率低下、没能很好地给文章提取重点的表现。后来经过与赵老师的联系请教之后,赵老师建议用至少四课时来完成教学任务。因为鲁迅的文章语言颇为含蓄,而且逻辑十分严密。只有在老师的细心点拨下,学生们才能掌握它的言外之意、味外之旨。这时我意识到课时多少并不是最主要的,让学生掌握文章的内涵,培养学生思考问题、解决问题的能力才是根本。就这样,我开始坚定自己的教法,开始了第一篇课文教案的准备。

由于自己没有多少实际的课堂教学经验,虽然以前在学校也有许多上台陈述的机会,但我深知中学课堂的灵活性。孩子们的想象力与创造力是十分丰富的。所以我只有严格把好自己这关,熟练掌握文章的每个细节,广泛涉猎相关知识,才能以不变应万变,才能更自如地去引导学生的学习。因此,国庆假期我们都放弃了休假的机会,忙于资料的整合,教案的准备。但是小组中没有一个人有丝毫的抱怨情绪,相反都积极投入到教案与试讲的准备当中。

教案的准备是一个逐渐完善,精益求精的过程。每细读一遍总会有新的发现,这样的感觉很好,也让我丝毫没有感到忙碌的疲惫,而仿佛自己全然一探险家,每一次旅行都会发现新的宝藏。

我们的集体试讲是在10月3日那天正式开始的。本院的指导老师郑潇潇老师也为了我们放弃了休假的机会,留在学校给我们做细致的指导,为我们教案的每一个细节做了严格的把关。大到教学思路的修正,小到每一句教学语言的完善。郑老师的悉心指导让我们受益匪浅。在我试讲的时候,郑老师给我的指导意见也让我醍醐灌顶,对我的教学思路的完善起到了很大的作用。

三、正式上课

10月8日，国庆节假后的第一个工作日，我便开始了自己第一课时的教学。那天是上午第二节课，出于兴奋、出于期待，我便早早就来到了实习学校，借着早读课时间给学生播放了课文录音，布置了预习内容。尽管假期已经对教学内容有了充足的准备，对每一个教学环节都做了细致的安排，而且也充分预设了一些学生的课堂反应。但是在正式登上讲台之前，心里还是多少有些忐忑，毕竟只身面对80几双眼睛的注视，以授业解惑的教师身份出现在讲台上还是平生第一次。这时候赵老师和我的搭档给了我许多鼓励，让我稍稍地缓和了紧张情绪。

上课铃声准时响起，我微笑着走上讲台，学生们鼓掌表示欢迎，只听班长响亮的一声"起立"命令，全班同学齐刷刷地站了起来，高声喊道：老师好。这一声老师好完全打消了我的紧张。我第一次深切地感受到自己肩膀上的重量，我决心要给这群可爱的孩子以最多的知识与关怀。第一堂课如期有条不紊地完成了。自我感觉良好。其中有一个问题是我上课时全然没有察觉的。在课堂互动中，我提问了几位学生，其中有一个女孩对我总结的结论有异议。当时我对《记念刘和珍君》这篇文章的整体感知是从参与者身份、在这一事件中的角色和鲁迅对不同参与者的评价以及其中包含的鲁迅的情感这几个方面来把握。我把《记念刘和珍君》这篇文章中请愿群众的身份概括为学生，那位学生坚持说除了学生之外还有其他的爱国人士也参加了请愿。而我固执地坚持维护自己的结论，因为在鲁迅笔下刻画请愿群众是以学生为代表的，而且鲁迅对这群爱国人士的情感与对学生的情感是一致的。我勉强说服了那位可爱的女生。课下赵老师点评我的课堂的时候就说到了这个问题，在赵老师听起来我当时对那位女生进行了否定。赵老师说其实那位女生的质疑很有道理，我应该给她添加上去。我这样做会打击孩子们今后思考问题、质疑问题的积极性。我很诧异，我当时真的没有在心里否定那位女生的观点，相反还很欣赏那个孩子的质疑精神。而我只固执着维护自己结论的精细，以自己的观点去说服学生，而没有顾及学生的感受。我很惭愧，第二天上课之前我单独找那位女生做了解释，并充分肯定了她的质疑精神。她微笑着包容了我的过失，还恭敬地说了声谢谢老师。

这一堂课使我认识到，课堂最重要的并不是老师能传授给学生多少不变的知识，更重要的是如何通过自己的课堂去激发学生对语文的兴趣与热爱，让他们因为爱语文而去主动学语文，而不是为了学语文而学语文。所以在之后的语文课堂中我非常注意学生主体性的发挥，尽量给予学生机会去发表自己的观点。而我则是在引导他们、给予他们充分肯定的基础上去纠正他们的缺点与不足。

到今天为止，我的教学任务还没有完全结束。《飞向太空的航程》安排在本周五讲授。前前后后加起来总共上了9个课时的内容，在高一十六班上了四课时的《记念刘和珍君》、一课时的《别了，不列颠尼亚》、一课时的《奥斯威辛没有什么新闻》，中间由于赵老师工作繁忙，自己很幸运帮赵老师带了重点班的两课时的《记念刘和珍君》。孩子们非常可爱也非常聪明，第二遍教学很明显比第一遍要自如许多，而且根据赵老师的点评我对教案也做了修正。重点班的两课时是我这次实习的其中一个高潮。课程结束孩子们毫不吝惜自己的掌声，不过我深知自己肯定有许多不足之处，只是孩子们很懂事，懂得包容老师的缺点，懂得去鼓励他人。

四、班主任工作

班主任工作是贯穿于我们实习始终的一项工作。从我们9月20日进校到今天为止，我们始终都没有脱离班主任工作。虽然到今天我们还没有正式组织班会，开展学生教育工作，但是在前段时间我们在课堂教学之余还批改了学生的作文和试卷，尤其在批改学生作文时，我都是将每一篇作文作为学生的心灵的窗户,透过作文我看到了大多数孩子们在思想上已经逐渐成熟起来了。他们已经能够明辨是非,已经能够懂得去热爱生活,珍爱身边的每一位亲人和朋友。但是有个别同学还是有几分年少的冲动,对生活持有一定的偏激、不满的心态。在改作文的时候,我除在作文内容上对他们进行点评指导之外,还通过自己的评语对他们进行思想上的引导,纠正他们在思想上的偏激之处,鼓励他们树立积极的生活信念。对于个别同学我还在课下做了单独交流。

10月27日,我组织了学生朗诵比赛参加人员的选拔。很遗憾的是学校只允许每个班选出一位同学参加。虽然十六班报名参加班级选拔的同学不多,只有5个,但是能看出来这5个同学在课下已经做了认真的准备了,有两位同学还选了背景音乐来伴读,表现非常不错。参赛人员的确定主要是让学生当评委民主投票选举产生。在此之前我就查阅了相关朗诵技巧以及评分标准方面的资料给学生传阅,让他们做充分的准备。最后同学们的选举结果与我和其他老师的意见一致。这次班级选拔还算比较成功。通过课下的了解,几位落选同学的情绪并没有因此受到太大的影响。我私下也找了一位与当选者实力相当,但因为普通话原因落选的女孩谈话。她说,看到这样的结果她很安心,因为她不想同伴受到伤害。可以看出来她是个真诚的女孩。我也借机对她的表现和她做了一个当面点评,充分肯定了她在情感渲染以及台风等方面的优点,同时也委婉地指出了她的一些缺点与不足。她欣然接受,而且还承诺以后有机会她还会积极参加班级活动。

总的说来通过这次实习,我得到了一定的锻炼。收获颇丰,感触颇深。赵老师除了几天因为事务繁忙没能去听我的课之外,其余时间都去了,而且课下也给我提了不少中肯的建议,让我意识到课堂教学始终要以学生为主体,教师只是个带路者。不过是否能带着学生走好这条路就是对教师个人素质的一个考验。作为一名教师,首先必须自己拥有丰富的知识储备。用一句非常熟悉的话来说就是,要想给学生一杯水,教师必须自己拥有一桶水,而且这桶水在现在这个信息通达的社会里还应做到常换常新。当然光有满腹诗书而不能将它很好地表达出来传授给学生也是不行的。所以说,教师的语言表达能力也非常的重要。在课堂引导中要尽量选择一些和学生生活比较贴切的例子作为切入点,那样的课堂才能吸引学生的注意力,才能激发学生的兴趣。而且作为一名教师我们应该有广泛的兴趣爱好,只有自己兴趣广泛,了解的内容广博,才能和不同性格的学生有共同的话题,才能更好地走近他们的世界去了解他们,去引导他们。当然,这一切都离不开对学生的爱,一种发自内心的真诚的关爱。因为真诚的力量是巨大的,它甚至是不需要用语言去表达就可以自然地流露出来,渗透到学生生活的方方面面之中。这一点也是我在赵老师身上深切感受到的。我相信,精诚所至,金石为开。虽然我现在还只是初涉教坛,不管在知识储备还是经验积累上都甚为单薄。不过,我已经爱上了这份职业,我会努力。

二、写作题

1. 请参考下面的总结提纲,拟写一份学期班级工作总结。

一、班级和班级工作的概况
二、本学期班级工作的主要成绩

1. 鼓励同学为实现中华民族伟大复兴认真读书,德、智、体、美、劳全面发展;开发智力,培养能力,学习成绩有较大幅度的提高;期中考试各科成绩平均80.5分,期末考试各科成绩平均83.5分。

2. 配合时事政治学习,激发同学们的爱国主义思想感情,开展各种活动。

① 坚持每月一次时事报告会。

② 十二月份举办一次时事图片展览。

3. 开展丰富多彩的课余活动。

① 坚持"每周一歌"活动。

② 国庆期间组织了一次"爱我中华"演讲会。

③ 配合学校的秋季运动会,组织同学积极参赛,获篮球男子冠军、女子乒乓球团体冠军、男子乒乓单打冠军、女子拔河亚军。

④ 走进社会、走进街头,组织了两次"为您服务"活动;为群众义务理发60人次,修理自行车20辆,科普知识咨询30次。

⑤ 组织同学走访农村专业户,调查工厂经济体制改革情况,结合"应用写作"课的学习,共写出调查报告50份,经济活动分析报告50份,其中有5份在校内外的报刊上发表。

4. 开展"尊师爱校"活动。

① 教师节前,组织同学慰问老师,看望年老体弱的老师。

② 组织"尊师爱校"联欢晚会。

③ 参加建校劳动五次,下食堂帮厨一百人次。

三、本学期工作存在的问题

1. 思想工作还不够深入、细致。

2. 限于场地,体育活动开展尚不普遍。

四、几点体会

五、下学期班级工作的建议

2. 请拟写一份《20××—20××学年个人总结》。

3. 回顾一下自己入学以来,在学习、生活或思想上有哪些大的收获,选择一个方面,拟写一份经验总结。

第二十一章　简报

[知识讲授]

一、简报的定义

简报,顾名思义,就是简要的报告或简要的报道。它是一种汇报工作、反映问题、沟通情况、交流经验的非法定公文,是一种重要的信息载体。简报也称信息、动态、简讯、快讯、工作通讯、快报、摘报、情况反映、情况通报、政办通报、内部参考等。

简报带有期刊和资料的性质。

简报的特点可用四个字来概括,即简、快、新、真。

二、简报的种类

根据不同的标准,简报可分为不同的种类。

(一) 根据刊期进行划分

根据刊期不同,简报可分为定期简报、不定期简报。

(二) 根据容量进行划分

根据容量不同,简报可分为一期一文简报、一期数文简报。

(三) 根据内容进行划分

根据内容不同,简报可分为工作简报、会议简报、情况简报等。

三、简报的格式

××× **简报**

第×期

××××××(编发机关) 　　　　　　　　　　　　　　20××年×月×日

××××××(标题)

××××××××××××××××××××××××××××
××××××××××××××××××××××××××××
××××××××××××××××××××××××××××

××××××××××××××××××××××××××××××××××××××
××××××。(出处或作者)
×××××× (标题)
××××××××××××××××××××××××××××××××××××××
××××××××××××××××××××××××××××××××××××××
××××××××××××××××××××××××××××××××××××××
××××××。(出处或作者)

分送：×××、×××、×××、×××、×××。

【说明】

（1）简报上的文稿，若是密件，应根据具体情况在报头的左上方印上"秘密""机密"或"绝密"字样；若是供内部阅读的，则在报头的左上方印上"内部刊物，注意保存"字样。

（2）跨年度连续编发的简报，可在"第×期"之后加"(总第×期)"。

（3）一期数文简报，必要时，可在所有文稿前加目录。

（4）有时，要在文稿前面加按语（或编者按）。

（5）"分送"可分为"主送"和"抄送"。

四、简报文稿的写法

（一）消息式（新闻式）

消息有"六要素"，国外称"五个 W 一个 H"（when，where，who，what，why，how），我国称"六何"（何时、何地、何人、何事、何故、何果）。

（1）标题的写法。

标题有单标题和双标题两种。单标题由何人（who）和何事（what）组成，如"我校举办第×届校园文化节"；双标题的正题是一句对称句式或文学色彩较浓的词语，副题仍由何人（who）和何事（what）组成。

（2）正文的写法。

正文一般采用"倒金字塔"结构。在陈述一个新闻事件时，打破时间顺序或逻辑顺序（"首先—其次—接着—最后"），按事件的重要程度排序（重要的部分在前，次要的部分在后），由此而形成的结构模式，叫"倒金字塔"结构。正文一般由导语、主体、背景三部分组成。导语是新闻事件的核心部分，交代三至六个要素。主体是新闻事件的展开部分，可注释导语或补充导语。背景是与新闻事件有关的历史和社会环境。"倒金字塔"结构有两大好处：一是对读者来说便于从前往后阅读，把握新闻事件的核心部分；二是对编者来说，便于从后往前删除，保留新闻事件的核心部分。

消息式简报文稿不同于消息：第一，标题写法不同。消息式简报文稿的标题只有两种写法，而消息的标题则有若干种写法。第二，导语写法不同。消息式简报文稿的导语至少应该交代三个要素（在标题两个要素的基础上至少增加一个要素），而消息的导语则无此限制。第三，语言特色不同。简报文稿属于公文范畴，语言应简练、质朴、明快、庄重，而消息属于新闻作品，语言可适当生动一些。

(二)问答式

在问答式简报文稿中,标题相当于"问题",正文相当于"答案",有时可加"前言"过渡一下。

(三)原文照登

原文照登就是把发表在其他载体上的有价值的文稿,不经任何处理,直接放在本机关的简报上发表,即原文转载。这种情况通常要在被转载的文稿前加"编者按",或在被转载的文稿后加"编后记"。

(四)原文改写

原文改写主要有摘要、节录、综述、制表几种。

1. 摘要

摘要就是把发表在其他载体上的有价值的较长的文稿,以摘要的形式放在本机关的简报上发表。

2. 节录

节录就是把发表在其他载体上的有价值的较长的文稿,以节录的形式放在本机关的简报上发表。

3. 综述

综述就是把发表在其他载体上的若干篇主题相同的、有价值的文稿,以综述的形式放在本机关的简报上发表。

4. 制表

制表就是把发表在其他载体上的有价值的文稿,以图表的形式放在本机关的简报上发表。

教学视频

教学音频

[例文分析]

【例文】

工商联信息

第 9 期

××省工商业联合会(总商会)　　　　　　　　　　20××年9月30日

目 录

20××年××省民营企业百强排序发布会召开

省工商联党组中心组学习会暨第三季度党建和党风廉政建设推进会召开

省工商联举办"万企帮万村"精准扶贫行动台账管理系统培训会

全省"五好"县级工商联建设工作推进会召开

全省工商联宣传信息工作会议召开

省工商联参政议政工作暨民营企业信息直报点联络员会议召开

耿××率团参加第五届中国——亚欧博览会丝路工商合作论坛

××两省工商联青年企业家代表座谈会召开

职××业经理人赴港培训班圆满结业

××市工商联以红色教育方式深化"两学一做"

20××年××省民营企业百强排序发布会召开

9月27日上午,20××年××省民营企业百强排序发布会在××召开。省政协副主席、省工商联主席李卫华出席发布会并讲话。会议由省委统战部副部长、省工商联党组书记徐××主持,省工商联副主席耿××、省经信委副巡视员陈××、省商务厅副厅长张××、省地方税务局巡视员倪××、省统计局副局长高××、省国家税务局总经济师胡××、省委宣传部文化发展改革办公室主任何××等相关厅局负责同志出席会议。省直相关厅局处室负责同志,各市工商联负责同志,民企纳税前20强、营收前20强、进出口前10强,以及荣获20××年××省工商联科技进步奖的企业代表,各行业商(协)会、有关新闻媒体参加会议。

李××指出,××省上规模民营企业经营情况调查及百强排序活动已连续开展18年,今天发布的××民营百强企业,长期专注发展,不断创新开拓,带头转型升级,积极履行社会责任,成为××经济社会健康发展的强劲支撑,展现着×商精神在新的历史条件下焕发的蓬勃生机,印证着××迈向创新型"三个强省"的坚定步伐。

李××希望广大民营企业家:一要坚定发展信心,在带动区域经济增速发展中做"爱国敬业"的典范。……二要共建新型政商关系,在依法治企、诚信经营中做"守法经营"的典范。……三要投身供给侧改革大潮,在建设创新型三个强省中做"创业创新"的典范。……四要热心公益事业,在助力脱贫攻坚战中做"回报社会"的典范。……

会议宣布了20××年××省民营企业百强排序活动结果;向营收前20强、纳税前20强、进出口前10强民营企业代表授牌;发布了民企百强分析报告;向荣获20××年度××省工商联科学技术进步奖的10家企业代表授牌。会上,省工商联还与国元集团签订了合作框架协议。

(中间其他八篇文稿略)

××市工商联以红色教育方式深化"两学一做"

日前,××市工商联在多地举办恳谈会,向当地民营企业家宣传推介"红色六安",以开展红色教育方式深化"两学一做"学习教育活动。

一是提升思想高度,重温"红色"历史。配合"百家民企进×西"活动,市工商联分别在××、××两地召开恳谈会,宣传推介××,对民营企业家开展"红色教育"。××是红色热土、人文之地,1929年相继暴发了×××起义和××起义,组建了鄂豫皖边区最早的红色武装,是红四方面军的主要发源地,是刘邓大军跃进大别山的主战场。革命战争时期有30万儿女英勇捐躯,涌现出了无产阶级军事家许××等一批红军高级将领,走出了洪××等108名开国将军,被誉为红军的故乡、将军的摇篮。绿水青山新××诚挚邀请广大企业家参观考察、投资兴业。二是强化行动力度,突出"学""做"结合。市工商联将"两学一做"与"百家民企进×西"活动结合起来,做到同部署、同安排、同落实。在××、××恳谈会上,安排部分市直单位、县区负责人重点介绍××"红色资源"及"绿色生态",与参会的知名民营企业家进行座谈交流。参会企业家表示深受"红色文化"洗礼,将以"百家民企进×西"活动为契机,赴××接受革命传统教育,并为革命老区的经济社会发展尽绵薄之力。三是拓宽实践广度,助推老区振兴。通过在××、××、上海、杭州、武汉等地举办"百家民企进×西"活动恳谈会,宣讲"红色"故事,传承"红色"基因,助推老区绿色振兴。活动开展以来,已取得明显成效。近日,××知名民营企业家王××一行,向××部分县区捐赠物资35万元,助力教育扶贫攻坚,并与××区进行对接,就招商引资重点项目达成初步合作意向。

分送:全国工商联,省委、省人大、省政府、省政协办公厅,省委统战部,本会领导。省委、省政府有关部门,各市有关负责同志。各市及省管县工商联,各直属行业商会、异地商会,本会各处室、直属单位,中华工商时报××记者站。

【分析】

这是一份一期数文简报。第一至第九篇文稿采用了新闻式写法:标题揭示了何人何事,正文采用了"倒金字塔"结构。第十篇文稿采用了问答式写法:标题相当于问题,正文相当于答案。

每篇文稿的后面应注明作者或出处。

版记编者有改动。

[实践训练]

一、改错题

请修改下面的简报文稿。

北京大学举行2016年新生开学典礼

"燕园情,千千结……"20××年9月9日上午8:30,在全场齐声合唱《燕园情》的歌声中,北京大学2016级新生开学典礼在邱德拔体育馆拉开帷幕。数千名新入学的2016级本科新生和研究生新生齐聚一堂,共同开启自己的燕园之旅,见证这令人难忘的时刻。

在典礼开始前,暖场环节让场内温情涌动。阿卡贝拉清唱社重新编曲的《燕园情》令人耳目一新,学生社团的青春活力让全场学生齐声哼唱。"南五四,北未名,钟亭圣贤音。"——由中外北大学生共同完成的燕园版《南山南》唱出了专属于燕园学子的深情记忆,博得全场的阵阵掌声。

随后播放的新生入学视频《走进北大》记录了9月3日新生入学报到的点点滴滴,从邱德拔体育馆热闹非凡的院系部门迎新点,到温情暖暖的新生入学绿色通道,从与中国女排共度的新生第一课,到结识了许多新朋友的新生训练营……全场新生在视频的引导下,回顾了自己在燕园第一周度过的精彩点滴。

典礼主持人、北大常务副校长柯杨代表学校欢迎2016级新生的到来,并宣布典礼开始。奏唱国歌后,柯杨介绍了参加典礼的北京大学党委书记朱善璐、校长林建华等学校领导,以及各学部、院系和相关职能部门的老师和负责人。

随后，北大党委副书记叶静漪宣读了《关于授予王越、任荷等505人2016—2017学年度博士研究生校长奖学金的决定》。她希望获奖的同学再接再厉，为全校研究生做出榜样，也希望全校同学能努力学习，刻苦钻研，努力提高自己的综合素质，为北京大学创建中国特色世界一流大学作出贡献。坐在前排的校领导们为获奖同学代表颁奖并合影。

数学科学学院2016级本科生刘上在发言中回顾了自己选择北大的心路历程，分享了自己和数学学科结缘的人生经历。没有竞赛经历的刘上在选择数学专业时曾犹豫不决，和北大数院老师深入交流后，和身边同学接触后，他决定选择数学，因为即使是一名"麻瓜"，也能通过努力，发挥自己的特长，成为一名优秀的魔法师。……刘上的发言风趣幽默，引经据典，引发了现场同学的阵阵笑声和掌声。

政府管理学院研究生白若汐作为新生代表发言。来自英国的白若汐本科毕业于剑桥大学中文系，在本科与北大交换学习的过程中，燕园悠久的历史、精彩的课堂内容和丰富的课外活动给她留下深刻的印象。出于对中国和北大的热爱，她又选择重回北大读研究生。她对未来两年的生活充满期待，希望能够通过学习，增进对中国文化、历史和社会的了解，将来能够将所学传播给更多的英国人，鼓励更多的英国人来中国学习工作交流。白若汐说："我一定会跟随老师努力学习、认真研究，和同学互相帮助、共同进步。当然我也愿意和你们一起打卡锻炼，聚餐K歌，咱们一起当个充实又丰富的北大人！"

化学与分子工程学院教授高毅勤作为教师代表讲话。一个月前，他送自己的女儿去机场，转身离别时，他和女儿都流下了眼泪。在座的同学们千里求学，也将会度过人生孤独和辛苦的一段时光。他告诫同学们，无论何时何地，无论困难幸福，总有一些人值得毫无保留地去爱，无论做什么决定，都将父母放在心里。在学习上，同学们要敢于质疑和挑战，让积极的思考和友善的质疑成为新思想、新知识的发动机。在生活中，要善于发现身边人的闪光点，打开心灵的窗户，不要让灰色和阴霾遮蔽自己的心灵。在人生道路上，要敢于担当，敢于探索和选择，有毅力、不妥协，向着真理的方向前进。最后，他再次欢迎大家来到北大。

在随后播放的学部主任寄语视频中，理学部主任饶××、社会科学学部主任杨××、人文学部主任申××、经济与管理学部主任张××、医学部主任詹××、信息与工程学部主任高××分别介绍了各学部的建设发展情况，对同学们的学习能力和学术精神提出要求，并希望大家心怀祖国、放眼世界、追求卓越，在今后的学习生活中能取得更好的成绩。林建华校长在视频最后寄语同学们："你们的未来，就是北大的未来，也是民族的未来。"

随后，林建华校长登台发表讲话。他对大家独立思考、直面挑战的精神表示赞赏，对同学们信任北大、选择北大表示感谢。林建华提醒同学们，在人生的旅途中，北大并不是最终的目标，而仅仅只是探寻的开始。为什么要上大学？在北大应该怎样思考和学习？将来要做怎样的人？这都是同学们在今后的几年中需要细细体会和认真思考的问题。

北大要培养引领未来的人，以知识传授为主的教学方式必须要改变。今年学校将开始新一轮的本科教学改革，将通识教育和专业教育结合，更注重发挥同学们的创造性和能动性，希望大家能够在这里体验一段和老师、同学共同探索、发现的旅程。对于研究生同学，林建华希望学术型研究生要发现问题，创造知识，取得学术成果；专业学位研究生要解决实际问题，提高自己的综合素质和专业技能。林建华告诫研究生同学们，学术研究的生活有时会枯燥乏味，需要耐得住寂寞，才能创造属于自己的精彩。

林建华说，在新的时代，新的问题摆在我们的面前，北大人要树立时代自信，担当时代责任，为人类文明和发展作出贡献。最后，他希望同学们能保持好奇、充满激情，成为引领未来的人。"加油吧，我们的新北大人！"

典礼最后,全体新生为自己佩戴了北大校徽。戴上校徽的神圣一刻,青春和自信的光芒在同学们身上闪耀。北大的年轻学子们向世界和民族大声宣布,这一刻,他们正式成为北大人!他们将共享北大人的荣耀,共担北大人的责任!

二、写作题

1. 请根据下面的材料,写一份简报文稿。

大会名称:全省副厅级以上领导干部大会。

大会时间:20××年3月17日。

大会内容:传达学习习近平总书记参加××代表团审议时的重要讲话精神。(一)省委书记、省人大常委会主任李××传达习近平总书记重要讲话精神;(二)省委副书记、省长陈××传达李克强总理在十二届全国人大五次会议上所作的政府工作报告精神;(三)省人大常委会党组书记、副主任曾××传达十二届全国人大五次会议精神;(四)省政协主席夏××传达全国政协十二届五次会议精神。

大会主持人:省委书记、省人大常委会主任李××。

大会参加人:(一)省委副书记王××;(二)老同志闻××、孙××、王××;(三)省委常委,省人大常委会、省政府、省政协领导班子成员,省法院院长、省检察院检察长,正省级老同志;(四)各市市委书记、市长,省纪委常委,省委、省人大常委会、省政府、省政协副秘书长,省委各部委、省直各部门副厅级以上干部,省人大常委会、省政协各专门委员会负责同志,中直各单位主要负责同志,本科高等院校、省属大型企业党政主要负责同志;有关新闻单位主要负责同志。共1100余人。

大会主要精神:

李××在讲话中指出,习近平总书记参加××代表团审议时的重要讲话,高屋建瓴、高瞻远瞩,内容丰富、思想深刻,情真意切、语重心长,是我们前进道路上的强大思想武器和行动指南。总书记的重要讲话如春风化雨,是巨大鼓舞和精神动力,为我们做好××工作提供了根本遵循和强大动力。全省上下要认真学习、深刻领会习近平总书记重要讲话精神,切实把思想和行动统一到总书记的重要讲话精神上来,持之以恒落实五大发展理念、"四个着力"和"三个推进",始终保持昂扬向上的精神状态,发扬求真务实的工作作风,埋头苦干、奋发有为,努力创造出经得起实践、人民、历史检验的业绩,绝不辜负总书记、党中央的殷殷期望和谆谆教导,以实际行动和优异成绩迎接党的十九大胜利召开。

李××强调,贯彻落实习近平总书记重要讲话精神,要紧密联系实际,把各项工作部署具体化、项目化、责任化,一条一条加以梳理,一件一件加以贯彻,确保总书记重要讲话的每一项要求都落地落实。一是要扎实推进供给侧结构性改革,抓住主要矛盾,明确主攻方向,坚持多策并举,深入推进"三去一降一补",大力发展实体经济,全面推进经济结构优化升级。二是要扎实推进国有企业改革发展,加强党对国有企业的领导,健全有效的公司治理机制,提高企业核心竞争力,全面落实国有资产保值增值责任,坚定不移做强做优做大国有企业。三是要扎实推进干部作风转变,坚决肃清王珉流毒和拉票贿选案造成的恶劣影响,坚决整治和防止"圈子文化",坚决纠正选人用人不正之风,坚决防止"四风"问题反弹回潮,坚决杜绝弄虚作假、搞忽悠,着力净化和修复政治生态。四是要坚定不移推进全面从严治党。深入贯彻党的十八届六中全会精神,落实《关于新形式下党内政治生活的若干准则》《中国共产党党内监督条例》,让党内政治生活严起来、实起来。领导干部这一"关键少数",要以身作则、率先垂范，把好用权"方向盘"，系好廉洁"安全带"。着力抓好党的基层组织建设，实现全面进步、全面过硬。精心做好党的十九大代表选举和人大、政府、政协换届工作，确保风清气正。

李××指出，对于学习宣传贯彻习近平总书记重要讲话精神，省委已经进行了周密安排。一是省委已下发通知，对全省学习贯彻工作作出安排部署；二是省委宣传部就全省的学习宣传工作制订了具体工作方案；三是省委组织部对全省县处级以上党员干部的学习培训，制订了详细计划；四是今天召开的全省副厅级以上领导干部千人大会，进行专题传达学习；五是省委中心组将进行连续专题学习；六是召开全省电视电话会议，对学习贯彻工作进一步进行安排部署；七是召开专题通报会，向省级离退休老同志和部分老干部传达总书记重要讲话精神；八是召开各民主党派、工商联和无党派人士协商会议，传达总书记重要讲话精神；九是各级党委（党组）都要召开专题会议传达学习；十是省委将适时召开全委（扩大）会议，再次对全省学习贯彻工作进行安排部署。各地、各部门要坚持把学习贯彻习近平总书记重要讲话精神作为全省当前首要的政治任务和头等大事，按照省委的要求部署，带着责任、带着感情，坚持理论联系实际学、分层次学、分阶段学、全面系统学、创新方法学，确保将总书记的重要讲话精神落实到全省每一个党组织、每一位共产党员，确保家喻户晓、人人皆知，确保学习宣传贯彻取得扎实成效。

李××强调，今年将召开党的十九大，是党和国家事业发展具有重要意义的一年，也是××经济逐步走出低谷、走出困境的转折之年，各项工作任务十分繁重。我们要以闻鸡起舞的精神，切实抓好当前各项重点工作。一是要做好舆论引导、信访稳定、综合治理等工作，确保社会大局持续稳定。二是要全力做好安全生产工作，毫不懈怠，将责任落实到岗位、落实到人头，保障人民群众生命财产安全。三是要下大力气抓好当前经济运行，促进经济实现平稳健康发展。四是要抓好重点民生工程，千方百计扩大就业，努力提高城乡居民收入水平，不断完善社会保障体系，扎实推进精准扶贫、精准脱贫，让人民群众过上越来越好的生活。

大会达成的共识：

会上，大家一致认为，党的十八大以来，习近平总书记对××多次作出重要指示批示，此次到××代表团参加审议，再次充分体现了总书记对××人民的亲切关怀和深深牵挂，我们将倍加珍惜、铭记心中。总书记对××工作给予的充分肯定，既是鼓励，也是鞭策，使我们倍感振奋、备受鼓舞、倍增干劲。习近平总书记提出的扎实推进供给侧结构性改革、扎实推进国有企业改革发展、扎实推进干部作风转变，进一步为××振兴发展指明了方向。大家纷纷表示，在我省净化和修复政治生态取得初步阶段性成果，有些问题积弊较深，彻底扭转仍需时日的关键时刻；在××振兴发展取得新进展新进步，但前进道路上还有一些亟待解决的困难和问题，振兴发展仍然任重而道远的关键时刻，总书记再次给我们提出明确要求，必将为××营造良好的政治生态、扎实推进振兴发展产生重大的现实意义和深远的历史意义。

2. 请为××大学××学院（系）设计一份简报的报头和报尾，并以该学院（系）的任一新闻事件为内容，采用"倒金字塔"结构，拟写一份简报文稿。

第二十二章 调查报告

[知识讲授]

社会调查是针对某一事件或某一问题深入社会了解情况、收集数据、探求真相的一项活动。它是正确认识社会的根本方法,是有效改造社会的重要条件,是端正党风、学风的基础环节,是培养开拓型人才的基本途径,是进行思想教育的有效手段。

社会调查是一门独立的学科。与其他社会科学领域中的学科相比,社会调查这门学科具有三个主要特点:第一,社会调查是一门方法性学科。它是人们认识社会的根据和手段的知识体系,是一门为理论研究、政策研究、工作研究提供途径、程序和手段的学科。第二,社会调查是一门综合性学科。一方面,它涉及多领域、多学科的知识,是这些知识的综合运用;另一方面,调查研究者必须运用系统理论指导社会调查活动。第三,社会调查是一门实践性学科。它的主要内容不是一些抽象的理论知识和逻辑推理,而是一系列具体方法和操作技术,直接面向现实并直接为现实服务。

社会调查一般要经历准备、实施、研究、总结四个阶段。准备阶段的主要工作是:确定调查任务(选择调查课题、进行初步探索)、设计调查方案和组建调查队伍。实施阶段的主要工作是:采取各种调查方法收集资料。研究阶段的主要工作是:整理资料、统计分析(运用统计学原理对数据资料进行综合处理)和思维加工(比较、分类、归纳、演绎、分析、综合、抽象、具体、证明、反驳)。总结阶段的主要工作是:撰写调查报告和总结社会调查工作。

社会调查的种类主要有普遍调查、典型调查、重点调查、个别调查、抽样调查。普遍调查简称"普查",是对全部调查对象无一例外地逐个进行调查。典型调查是选择具有代表性的对象作为典型,并通过对典型的调查来认识同类社会现象的本质及其发展规律。重点调查是对全局具有决定作用的一个或几个对象进行比较集中的调查。个别调查也称"个案调查",是为了解决某一问题对特定的个别对象进行的调查。抽样调查是按照随机原则抽取一部分对象作为样本,并以对样本进行调查的结果来推断总体的调查。

社会调查的方法主要有文献法、考察法、访问法、座谈法、问卷法、实验法等。文献法也称"历史文献法",是通过收集、查找各种文献,摘取与调查课题有关的资料的方法。考察法也称"实地观察法",是运用感觉器官或借助仪器设备,直接了解当前正在发生的处于自然状态下的调查对象的方法。访问法也称"访谈法",是通过口头交谈的方式向被调查者了解调查对象有关情况的方法。座谈法也称"集体访谈法",是通过邀请被调查者参加集体座谈的方式了解调查对象有关情况的方法。问卷法是运用统一设计的问卷向被调查者了解调查对象有关情况的方法。实验法也称"试验法",是通过某些实践活动来认识调查对象的本质及其发展规律的方法。

一、调查报告的定义

调查报告是根据社会调查的结果而写成的书面报告。

撰写调查报告是社会调查总结阶段的重要工作。

二、调查报告的种类

根据不同的标准,调查报告可分为不同的种类。

(一) 根据内容进行划分

根据内容不同,调查报告可分为综合性调查报告和专题性调查报告。

1. 综合性调查报告

综合性调查报告的内容比较丰富、广泛,篇幅较长。

2. 专题性调查报告

专题性调查报告的内容比较专一、集中,篇幅较短。

(二) 根据目的进行划分

根据目的不同,调查报告可分为应用性调查报告和学术性调查报告。

1. 应用性调查报告

应用性调查报告以解决现实问题为主要目的。应用性调查报告具体又分为以下几种。

(1) 认识社会的调查报告:这种调查报告以了解社会现状、掌握时代脉搏为目的。

(2) 政策研究的调查报告:这种调查报告以为制定或执行政策提供依据为目的。

(3) 总结经验的调查报告:这种调查报告以推广先进经验、指导全局工作为目的。

(4) 揭露问题的调查报告:这种调查报告以揭露阴暗面,从而达到澄清事实、提高认识、吸取教训、改进工作为目的。

(5) 思想教育的调查报告:这种调查报告以明辨是非、统一思想为目的。

2. 学术性调查报告

学术性调查报告以揭示事物的本质及其发展规律为主要目的。学术性调查报告具体又分为以下几种。

(1) 理论研究的调查报告:这种调查报告通过对现实问题的调查和研究,作出理论的概括和说明。

(2) 历史考察的调查报告:这种调查报告通过对历史文献的调查和研究,来揭露某些社会现象的本质及其发展规律。

三、调查报告的格式

×××××× (标题)

×××(作者)

×××××××××××××××××××××××××××××××
××××××××××××××××××××××××××××(前言)。

×××××××××××××××××××××××××××××××××
×××××××××××××××××××××××××××××××××

××××××××××××××××××××××××××××××××
××××××××××××××××××××××××××（主体）。
　　××××××××××××××××××××××××××××××××
××××××××××××××××××××××××××（结语）。
【说明】
(1)"前言"部分,有时可省略。
(2)"结语"部分,有时可省略(有关内容放在前言部分)。

四、调查报告的写法

(一) 标题的写法

调查报告的标题主要有公文式、新闻式、提问式和普通式四种写法。

1. 公文式

公文式标题揭示社会调查的内容和文种特征,如"关于当前财政税收几个问题的调查"。

2. 新闻式

新闻式标题即正副标题,正题是一句对称句式或文学色彩较浓的词语,副题为公文式,如"起步·信心·希望——××县种草种树发展畜牧的调查"。

3. 提问式

提问式标题是一句问话或暗含问题的词语,如"十名婴儿死亡的原因在哪里?"。

4. 普通式

普通式标题一般用调查的结论做标题,如"城乡协作的一种好形式"。

(二) "前言"部分的写法

"前言"部分主要有以下五种写法。
(1)说明调查本身的概况(起因、目的、时间、地点、对象、范围、经过、方法等)。
(2)说明调查对象的概况(人员、背景、历史、现实、主要成绩、主要问题等)。
(3)说明某项工作成果的概况(效果、经验等)。
(4)说明要调查的主要问题,点明主旨。
(5)说明事情的起因和调查的目的。

(三) "主体"部分的写法

写"主体"部分时可以采用以下三种结构。

1. 纵式结构

纵式结构就是按事情发生发展的先后顺序,层层分析,说明问题。

2. 横式结构

横式结构就是把调查的主要情况、经验或问题归纳成几个方面,分几个小部分来写。每个小部分有一个中心,标明序码;或加上小标题,提示和概括相应部分的内容。

3. 纵横交错式结构

纵横交错式结构或以纵为主,纵中有横;或以横为主,横中有纵。

(四)"结语"部分的写法

"结语"部分主要有以下四种写法。
(1) 总结全文,深化主题。
(2) 概括经验,强调推广。
(3) 指出问题,提出建议。
(4) 展望未来,说明意义。

"结语"部分要干脆利落,水到渠成,顺其自然地结束全篇;不要拖泥带水,画蛇添足,损害全文的整体布局。

教学视频

教学音频

[例文分析]

【例文】

努力建设全省标志性战略性改革开放大平台
——大江东产业集聚区蹲点调研报告
省委常委、××市委书记　周××

　　省委书记车×在全省对外开放大会上明确提出,要下大力气把××大江东打造成为标志性、战略性改革开放大平台。为贯彻落实全省对外开放大会精神,根据省委开展"大学习大调研大抓落实"活动要求,6月14日至15日,我带队到大江东开展蹲点调研。其间,走访企业、学校、社区、农户、工程项目16家,召开重点企业、周边城区、街道社区(村)负责人和机关干部、村民群众座谈会5场次,还逐个听取附近××区、高新区、××经开区主要负责人的意见建议。通过蹲点调研,我深切感到大江东作为承担省委、省政府重大战略意图的大平台,责任重大、使命光荣,现在已经有一定基础,但总体上发展还不够快,需要以"排头兵"的决心和气势,义无反顾、激情创业、强势推进。

一、基本概况

　　规划建设大江东产业集聚区,是省委、省政府加快经济转型升级、优化生产力布局的重大决策部署,承载着××打造经济发展新增长极的重大历史使命。大江东产业集聚区自成立以来,管理体制调整主要分三个阶段:一是批复组建阶段(20××—20××年)。20××年9月,省委、省政府批复设立××大江东产业集聚区。20××年9月,市委、市政府根据省编办批复设立大江东产业集聚区管委会,着手开展组建工作。二是分区管理阶段(20××—20××年)。20××年10月管委会正式挂牌运行,新成立的管委会为市政府派出机构,核定行政编制数8名,内设机构2个,由市政府授权,主要承担集聚区内核心区块的开发建设职责,牵头负责集聚区内其他区块规划建设发展的统筹协调。集聚区内江东、临江、空港3个园区管委会和靖江、南阳、河庄、义蓬、新湾、临江、前进7个街道仍归××区管辖,前进园区指挥部仍归××经开区管辖。三是实体化运行阶段(20××年至今)。20××年8月,市委、市政府对大江东管理体制作出重大调整,区划范围由原来的"四园区、七街道"缩减为"三园区、五街道",将××经济区及其所在靖江、南阳街道划归××区,同时撤销原江东、临江、前进等功能区管理机构,托管××区河庄、义蓬、新湾、临江、前进5个街道,并负责大江东区域内各派出机构、分支机构的协调管理。20××年1月,大江东管委会(党工委)正式实体化运行,在保持××区行政区划不变、司法管辖不变、汇总统计不变的原则下,对大江东区域统一履行经济、社会、文化、生态文明建设和党的建设各项管理职能。

目前,大江东规划控制总面积427平方公里,其中陆域面积348平方公里、水域面积79平方公里,有8个社区、59个行政村和1个农场,常住人口35.6万,户籍人口15.44万。经过多年积累发展,特别是20××年实体化运行以来,大江东经济社会发展取得长足进步。

一是综合实力持续增强。……
二是产业集聚初具规模。……
三是大企业大项目增多。……
四是产城融合不断加快。……
五是生态环境明显改善。……

二、存在的主要问题

大江东发展进步明显、前景可期,但当前发展也存在一些困难和问题,与省委"标志性战略性改革开放大平台"的定位还有较大差距。最突出的问题就是"散"和"弱",空间布局散、功能配置散,城市功能弱、产业竞争力弱、区域主导能力弱。具体体现在以下四个方面:

(一)产业定位和结构不合理。……
(二)发展质量效益有待提升。……
(三)城市功能相对滞后。……
(四)管理体制尚未完全理顺。……
(五)干部精气神需要再提升。……

三、对下一步发展的思考

大江东发展中存在的这些问题,究其原因,有的是历史遗留问题造成的,有的是资源要素制约,有的是体制机制不顺。下一步,要按照"大格局、大学习、大招商、大建设、大统筹、大改革、大党建"的要求,立足区位优势,整合资源力量,着力破解当前发展中的困难和问题,推动大江东实现高质量发展。重点要从五个方面着力:

(一)面向"大湾区",理清发展思路。……
(二)优化空间布局,做好科学统筹文章。……
(三)加快发展新兴产业,积极培育新的发展动能。……
(四)加快"小镇"化改造,推进人产城融合。……
(五)创新体制机制,激发大江东发展的内生动力。……

【分析】

这份调查报告由标题、作者和正文组成。其中,正文由前言和主体部分组成。第一自然段为前言,内容涉及调查的目的、时间、经过和结论;接下来为主体,内容涉及"基本概况""存在的主要问题""对下一步发展的思考"。

[实践训练]

一、改错题

请修改下面的调查报告。

大学生社会实践调查报告

调查目的：时下,大学生通过利用课余时间找份兼职工作打打工或在假期积极参与社会实践,打暑期工、实习体味生活已经成为一股热潮。对大多数学生而言,挣钱是打工的首要目的。有的却认为挣钱并不是大学生打工的唯一目的,不少同学把打工看作是参加社会实践、提高自身能力的机会。许多学校也积极鼓励大学生多接触社会、了解社会,一方面可以把学到的理论知识应用到实践中去,提高各方面的能力;另一方面可以积累工作经验对日后的就业大有裨益。通过调查可以了解当代大学生对社会实践的看法以及透析大学生生活实践情况,从而结合马克思主义哲学分析大学生社会实践所存在的问题以及提出解决方法,使大学生能正确对待社会实践,在实践中见真知。在往后实践中能更好地接触社会、实践自己的专业技能,寻找发展的机会。

调查对象：大学生成长成才,是高等院校普遍关注的问题。而大学生社会实践已成为培养合格大学生的重要组成部分,也决不能忽视或放弃大学生社会实践。因此这次调查就选择了在读大学生23名,其中××大学11名,××大学1名,××外语外贸大学1名,××理工大学5名,××工业大学5名。年级分别为大一学生5名,大二学生3名,大三学生15名。

调查内容：本次调查通过对大学生有否参加过暑期工、兼职或实习,最想参与何种社会实践,所参与的打工或实习是否与所学专业相符,能否体现实践与理论知识相结合以及在工作或实习中获得了什么等问题进行展开。

调查方法：通过派发问卷进行调查,发放问卷共23份,收回有效问卷23份。(调查问卷及数据统计详见附录)

调查结果：

从调查中发现,许多大学生都认为兼职是大学生的第二个"课堂",通过兼职可以学到许多宝贵的东西。"存在就是合理",职业没有高低之分,无论什么职业都有其可取与不可取之处,就看自己的需求。

不少大学生觉得只要是能够赚钱的工作,就可以去试一试,品牌代理,促销等以前不会是大学生从事的工作,现在都成为大学生们可以接受的工作。

有5％的同学认为如果要参加社会实践,最理想的就是到企事业单位进行实习交流,其次是打工或做兼职占4％;而56％的同学有做过兼职,％打过暑期工,14％参与过实习,表示从未做过的仅占1％;现在大学生兼职、打工,除了做家教(14％)、网络的实习实践(6％)外,越来越多的大学生在兼职或打工时从事派传单、商品促销(％)、校园销售(14％)、当餐厅服务员(8％)等简单、不需要特殊技能的工作,但却与所学专业知识相去甚远,6％学生认为所实习或兼职的工作与自己专业不全相符或完全不符,仅4％的人认为完全或基本相符。能够使大学里的理论知识应用到实践中去的只占38％,在实习或工作中66％的人满意自己的课外实践能力;1％的学生认为兼职是为以后的求职做准备,在选择实习或打工目的是什么的时候,有3人选择"接触社会,积累工作经验",占了总数的64%,选择"赚取生活费",占了36%。从选项人数中显示,大学生兼职以赚钱和充实自己为主要目的。现在的大学生已经将打工看得很重了,钱虽然是一定因素,但是希望通过打工获取的经验对将来就业时有所帮助应该是更多学生考虑的问题。大学生在打工时间上的弹性还是很大的,这应该和他们宽松的学习环境有一定关系。56%的人会选择在假期实习或打工,3%会选择任何没有课的时间,1%会选择周末。有31人认为在不影响学习的基础上赞成合理兼职或打工实习,19人很赞成兼职、打工,没有人反对。54%的人都提出学校除了提供就业指导以及专业课程外,还应该提供实习机会,46%觉得学校应该提供就业体验,至于选择素质拓展和职业生涯规划的各占1%。

调查结果分析:

在调查中发现没有人在参加社会实践上选择"参加'三下乡'活动"一项,说明当代大学生与以往的大学生相比较,他们的求学经历、生活条件、所处社会大环境都相对优越,也没有经过必要的挫折教育,因此,他们意志往往比较脆弱,克服困难的能力也较差,常常是对社会的要求较高,对自我的要求较低。当前,大学生的责任意识日益成为社会关注的热点问题,责任意识和诚信意识成为不少地方采用人才的两个新标准。大学生参与社会实践是促进大学生素质教育,加强和改进青年学生思想政治工作,引导学生健康成长和成才的重要举措,是学生接触社会、了解社会、服务社会,培养创新精神、实践能力和动手操作能力的重要途径。参与"三下乡"实践,其目的是为了支援农村的教育事业,同时给农民带去相应的指导,本着为人民服务的宗旨,同时把自己在学校学到的知识与劳动实践相结合,并从群众中学到做人做事的道理,用于指导自己的将来的学习生活工作。现在大学生,除了一部分学生来自农村以外,还有一部分来自城市,往往这些学生家庭环境好,父母亲更是不允许或者不支持自己的孩子参加所谓的"三下乡"实践活动,这样,学校所提倡的通过"三下乡"实践活动来提高学生素质的目的就未能够达到。在马克思主义哲学中,三观指的是世界观、人生观、价值观,而个人的世界观、人生观、价值观是紧密联系在一起的。在个体价值观体系中,人生价值观处于主导地位,决定着总的价值取向,对价值观系统中其他价值观起着指导和制约作用。由于当代大学生的价值观主要是围绕自己出发,致使大学生自身社会阅历和实践经验不足,更不用说参与"三下乡"活动服务人民了。

另外,没有人选择反对大学生兼职、打暑期工或实习,大家都认为只要不影响学习能够积攒经验可以为以后的工作打基础。对当代大学生来说,应当刻苦学习专业知识,不断提高综合素质和运用知识的技能。

从大学生活的开始到走进社会的大圈子中,就只有短短的几年时间,谁不想在将来的社会中能有一席之地呢?所以大家认为大学生必须投身校园内外的各类实践活动,有助于锻炼品质,提高能力。可见其对大学生综合素质的提高有不可抵触的重要性。不能否认有过打工经历的同学,看起来要比其他同学更成熟、社会适应力更强,但对于学生,社会适应力只是一方面的衡量指标,大学期间主要的任务是学业结构的搭建,即知识结构、专业结构的搭建,为了打工影响甚至放弃了专业知识的学习,结果是得不偿失的。

结论与建议:

马克思主义哲学认为实践是人自觉改造客观世界,使外部对象发生某种改变的现实的物质性活动。实践是人的活动,而人是社会的人,处在一定的社会关系之中,因此,实践不是单个人孤立的行为,而是社会的活动。所以,实践作为物质世界长期发展的一个阶段,是在社会历史中不断发展演变的。实践的主体是人民群众。"三下乡"是大学生社会实践活动在新时期的深化发展,是促进农村两个文明建设的有益补充,具有重要的现实意义和长远意义。实践出真知,社会实践活动是大学生活的重要组成部分,培养当代大学生的历史使命感、社会责任感和积极向上的精神风貌,充分发挥实践育人的作用,提高大学生的综合素质,也是检验所学理论知识的标准,社会实践不但为大学生提供了一个发挥自我才能,展现自我风采的舞台,也是培养和锻炼同学们综合能力的一个阶梯,更是一个大学生进入社会,走上工作岗位前的演练场地。了解国情是年轻人的首要任务,这就需要放眼960万平方公里的土地、对占人口80%以上的农民有所了解才行。学生利用假期时间参加"三下乡"社会实践活动,这样可以使同学在实践中更好的认识国情,贴近社会,从而确定比较正确的人生前进方向。作为高校教育者,如果能引导大学生将强烈的使命感转化为学习、服务、实践、奉献等实实在在行动,把行动变为责任,将会使大学生在人生轨迹上树立起更高的起点。

二、写作题

1. 请设计一份《××大学学生思想状况调查问卷》。
2. 请开展一次大学生学习或生活状况调查,并拟写一份调查报告。
3. 请根据下面的材料,拟写一份调查报告。

20××年7月17日16时,××科技发生一起中毒和窒息事故,造成2人死亡,2人中毒。

事故造成的人员伤亡和直接经济损失如下:

(一)人员伤亡情况

死者:刘小良,男,43岁,××科技稀糖车间主任,××县××镇人。

死者:张建春,男,38岁,××科技生产厂长,××市××区人。

伤者:王益强,男,29岁,××科技质检部主任,××省××市人。

伤者:付文波,男,39岁,××科技供销部经理,××县××镇人。

(二)直接经济损失

直接经济损失共160.5万元,其中死亡赔偿金156万元,医疗费用4.5万元。

事故发生经过和事故救援情况

20××年7月17日15:00,稀糖车间主任刘小良与生产厂长张建春到稀糖车间清洗6号罐,刘小良负责清洗,张建春负责现场指挥。16:00时左右,刘小良从伸缩梯下到6号罐内,刚下到罐底,突然倒在罐内;张建春发现后,立即到稀糖车间门口喊机修班的孙师傅过来,喊了2遍"过来"后,转身回到稀糖车间。3分钟后,锅炉车间的李勇祥、机修班的易师傅、孙师傅等3人来到稀糖车间。李勇祥等3人在一楼车间未发现张建春,上到二楼操作平台,发现清洗工具放在6号罐罐口,但灌口没有人。李勇祥等3人立即通过6号罐罐口观察6号罐罐底,发现刘小良脸朝上,仰躺在罐底,张建春侧躺在罐底。××科技副总经理黄世安闻讯赶来后,立即指挥人员打开6号罐空压机,排出罐内刺鼻气体,并搬来电风扇对6号罐进行通风排气,之后又指派机修班人员用切割机在6号罐罐底部切开缺口,并拨打120急救电话。之后,质检部主任王益强、供销部经理付文波、企业法定代表人余松等人赶到稀糖车间,此时黄世安正在指挥机修工孙师傅、易师傅对6号罐底部进行切割。由于罐底能见度比较低,余松走出稀糖车间去寻找手电筒;王益强站在6号罐罐口查看罐内情况,看到张建春手指在动,因担心6号罐内的水浸没张建春的鼻子和嘴巴,自己屏住呼吸后自行下到罐内拖动张建春,后因控制不住呼吸,吸了几口气后晕倒在罐内;付文波也跟随王益强下到6号罐内,看到王益强把张建春移动位置后也晕倒在罐内,于是付文波想从伸缩梯爬出罐外,但刚接触伸缩梯随即陷入昏迷。黄世安等人把6号罐罐底切割开口子后,用电风扇往罐内送风;付文波随即清醒过来,依次把昏迷的张建春、刘小良、王益强拖到罐底切口处,由罐外的救援人员将3人拖出罐外,之后付文波自己爬到罐外,呕吐不止。罐内昏迷的3人被救护车送到××镇红十字医院,余松开车将付文波送至××镇红十字医院,之后张建春、刘小良、王益强、付文波被转送至××县人民医院救治;经"120急救中心"抢救,张建春、刘小良因抢救无效死亡;付文波于20××年7月19日康复出院,王益强因伤势过重被转送××市第一人民医院东院重症监护室,于20××年7月25日康复出院。

事故发生的原因和事故性质

经事故调查组调查和分析,认定此次事故为一起生产安全责任事故。

(一) 事故直接原因

1. 员工违反操作规程。按照××科技灌装清洗操作规程,清洗作业步骤为:打开空压机,排出罐内有毒有害气体;人站在罐口用水对罐内冲洗;清洗不完全的,下罐进一步清洗;巡查人员验收,关闭空压机。7月17日下午,刘小良违反操作规程,在未打开空压机排出罐内有毒气体的情况下下到罐内作业,导致中毒死亡。

2. 未佩戴劳动防护用品。稀糖车间6号罐存储的是各个车间排出的废水,易产生有毒有害气体。按照安全生产规章制度和岗位操作规程,到罐内进行清洗作业必须佩戴防毒面具,穿好工作鞋。而刘小良下到6号罐内作业未采取任何防护措施,未佩戴防毒面具等劳动防护用品。

(二) 事故间接原因

1. 事故报告和应急救援处置不当。张建春在发现刘小良倒在罐内后,没有向单位主要负责人报告,在没有其他救援人员赶到现场的情况下,未佩戴劳保用品,未采取任何措施自行下罐进行救援。单位负责人到达事故现场后未启动应急救援预案,未采取有效措施组织救援,以致救援现场极其混乱,王益强和付文波在没有人员指挥、没有防护措施的情况下自行下罐救援,导致发生次生中毒事故,造成救援人员一死两伤的严重后果。

2. 未督促员工严格执行本单位的操作规程。7月17日下午,刘小良未打开空压机排出有毒有害气体就到6号罐内作业,张建春作为单位安全生产管理人员,未督促刘小良按安全操作规程作业,是造成此次事故的间接原因。

3. 未督促员工佩戴劳动防护用品。刘小良到罐内清洗作业时,没有佩戴劳动防护用品,张建春作为安全生产管理人员和现场指挥人员,未督促其佩戴防毒面具,未阻止刘小良到罐内作业,是此次事故的间接原因。

4. 应急救援预案编制不完善,内容不合要求。××科技编制了综合应急救援预案、现场处置方案和部分专项应急救援预案,但没有编制中毒和窒息事故的应急救援预案;并且编制的综合应急救援预案未明确应急人员和组织的职责分工,没有具体的落实措施,也没有明确具体的事故预防措施和应急程序。事故发生后,应急救援人员无所适从,不知道自己的救援职责和应采取的措施,以致事故救援现场陷入混乱,没有人进行统一、有效的现场指挥,现场人员擅自、盲目施救,导致发生次生事故。

5. 未开展应急救援演练。××科技制订应急救援预案后没有进行应急救援预案演练和现场处置方案演练,以致事故发生后,从普通员工到安全员、单位负责人都不知该如何开展有效的应急救援。

事故责任的认定以及对事故责任者的处理建议

(一) 死者刘小良未佩戴劳动防护用品、违反操作规程作业,是此次事故的直接责任人员,鉴于其已经在此次事故中死亡,建议不予责任追究。

（二）死者张建春作为生产厂长负责公司安全生产工作，未尽到安全监管职责，鉴于其已经在此次事故中死亡，建议不予责任追究。

（三）××科技未督促员工佩戴劳动防护用品；应急救援预案编制不完善，内容不合要求；未开展应急救援演练；应急救援现场处置不当，是此次事故的责任单位，建议由县安监局对其给予行政处罚。

（四）××科技主要负责人余松未有效实施本单位的应急救援预案，以致应急救援现场处置不当，对此次事故的发生负有领导责任，鉴于其在事故发生后积极抢救伤者，妥善处理死者善后事宜并立即停产整改，高薪聘请国家级安全生产工程师担任安全员，聘请安全生产技术服务机构对稀糖车间进行拆除重建，有效落实各项整改措施，同时企业整改仍在进行，建议暂不移交有关部门进行责任追究。

（五）××镇人民政府履行了安全生产监督管理职责，20××年上半年依法对××科技进行了2次执法检查，并下达了整改指令书，指导企业进行事故隐患排查和整改，但未发现和指出××科技编制的事故应急救援预案中的缺陷，未督促××科技进行应急救援预案演练，对此次事故的发生负有一定的监管责任，建议由××镇纪委对××镇安监站进行纪律追究，责成××镇人民政府向县人民政府作出深刻书面检讨。

事故防范和整改措施

此次事故影响较大，教训深刻，为了防止类似事故再次发生，调查组提出以下防范和整改措施：

（一）全县范围内所有存在受限空间作业的企业根据安全生产法律法规和《生产经营单位安全生产事故应急预案和现场处置方案》（AQ/T 9002-2006）重新制订完整的综合应急救援预案、专项应急救援预案和现场处置方案，并报所属乡镇人民政府备案。

（二）全县范围内所有存在受限空间作业的企业每年至少组织一次综合应急救援演练和专项应急预案演练，每半年至少组织一次现场处置方案演练。

（三）全县范围内所有存在受限空间作业的企业设置安全生产管理机构和配备安全生产管理人员，对产生有毒、有害气体的作业场所和工作岗位设置警示标志，加强作业现场的安全生产管理工作。

（四）全县范围内所有存在受限空间作业的企业开展有效的安全生产教育培训，教育和督促从业人员严格遵守本单位的安全生产规章制度和操作规程；并向员工如实告知作业场所和工作岗位存在的危险因素、防范措施和事故应急措施，企业开展自查自纠，对在检查中发现未按操作规程作业的人员实行处理。

（五）全县范围内所有存在受限空间作业的企业为员工配备符合国家标准或行业标准的劳动防护用品，并监督、教育从业人员按照使用规则佩戴、使用。

（六）各乡镇、各部门、工业园区加大对辖区内企业，尤其是存在受限空间作业的企业的安全生产检查、排查，建立受限空间作业企业台账，重点检查企业应急救援预案的制订和演练情况、企业劳保用品发放和监督使用情况，督促企业落实安全生产主体责任。

事故发生单位概况

××科技位于××县××镇十二公里居委会北街，法定代表人于松，注册资本：人民币壹仟万元，经营范围：焦糖色（氨法、亚硫酸铵法、普通法）（液体、固体）生产、销售；农副产品收购、初加工、销售。20××年6月取得××省质量技术监督局颁发的"全国工业产品生产许可证"，证书编号：XK13-217-00025；20××年3月获得"质量管理体系认证证书"，证书编号：00114Q22203R0S/4300；20××年4月获得"食品安全管理体系认证证书"，证书编号：001FSMS1400287。

事故发生后,县人民政府高度重视,责成县安监局、县监察局、县公安局、县总工会、县卫生局、县质监局等单位,并邀请县人民检察院参加组成××科技"7·17"中毒和窒息生产安全事故调查组,对此次事故开展调查。

拓展阅读

2.1 《中华人民共和国立法法》

2.2 《行政法规制定程序条例》

2.3 《规章制定程序条例》

2.4 《中国共产党党内法规制定条例》

第三编

专 用 公 文

第二十三章 合同

[知识讲授]

合同是一个古老的文体,最初的名称是"契"。在没有文字之前,"契"是以物态形式存在的。商代之后,有了文字形式的"契"。周代之后,除"契"外,还有"约""判""质""剂""傅别"等。北魏肃宗时期有"分支"。唐代有"合同"。中华人民共和国成立前有"契约"。

中华人民共和国成立后,我国有关法律文件中时而使用"合同",时而使用"契约",时而将二者并用。例如,1950年9月《政务院财政经济委员会关于机关、国家企业、合作社签订合同契约暂行办法》第二条规定:"凡机关、国家企业、合作社之间有主要业务行为不能即时清洁者……必须签订合同……"这里使用的是"合同"一词。该办法第三条规定:"机关、国家企业、合作社向银行申请贷款中,应具备上级机关或主要机关批准的事业计划及财务计划,并签订契约。"这里又使用了"契约"一词。"契约"被"合同"所逐渐取代,是20世纪50年代中期以后的事。据笔者所能见到的材料,在我国立法文件中最后一次使用"契约",是1957年4月1日拟成的《买卖契约第六次草稿》,这是50年代起草民法典工作的一个重要组成部分。20世纪70年代以后,"合同"一词在我国得到广泛的承认与运用,而"契约"则被看作较为陈旧的词语而很少为人采用。

一、合同的定义

合同在学理上有广义、中义、狭义之分。

广义的合同指所有法律部门中确定权利、义务关系的协议。如民法上的民事合同、行政法上的行政合同、劳动法上的劳动合同、国际法上的国际合同等。

中义的合同指一切民事合同,包括财产合同和身份合同。财产合同又包括债权合同、物权合同、准物权合同,债权是因合同、侵权行为、无因管理、不当得利以及法律的其他规定,权利人请求特定义务人为或者不为一定行为的权利。物权是权利人依法对特定的物享有直接支配和排他的权利,包括所有权、用益物权和担保物权。准物权是指以物之外的其他财产为客体的具有支配性、绝对性和排他性因而类似于物权的民事财产权。身份合同又包括婚姻、收养、监护等有关身份关系的协议。

狭义的合同仅指民事合同中的债权合同。《中华人民共和国民法典》以下简称《民法典》)第三编《合同》所规定的19种合同,全部是债权合同。

《民法典》第三编《合同》规定:合同是民事主体之间设立、变更、终止民事法律关系的协议。这个定义有三个要点:第一,合同是一种协议。第二,合同的内容是设立、变更、终止民事法律关系。第三,合同的当事人是民事主体。民事主体包括自然人、法人和非法人组织。自然人从出生时起到死亡时止,具有民事权利能力,依法享有民事权利,承担民事义务。法人是具有民事权利能力和民事行为能力,依法独立享有民事权利和承担民事义务的组织。它是社会组织在法律上的人格化。法人需要具备四个条件:一是依法成立;二是有必要的财产和经费；三是具有自己的名称、组织机构和场所；四是能够独立承担民事责任。法人包括营利法人、非营利法人和特别法人。营利法人包括有限责任公司、股份有限公司和其他企业法人等。非营利法人包括事业单位、社会团体、基金会、社会服务机构等。特别法人包括机关法人、农村集体经济组织法人、城镇农村的合作经济组织法人、基层群众性自治组织法人。非法人组织是"不具有法人资格，但是能够依法以自己的名义从事民事活动的组织"。非法人组织包括个人独资企业、合伙企业、不具有法人资格的专业服务机构等。

与合同同时使用的还有"协议"。

协议与合同的联系：

（1）协议可作为正式合同的前奏（签订的比较原则的协定，起意向作用）；

（2）协议可作为正式合同的补充；

（3）协议可作为正式合同使用。

协议与合同的区别：

（1）内容方面：协议略，合同详；

（2）侧重点方面：协议只要原则、要点一致即可，合同则权利、义务必须达成一致；

（3）使用范围方面：协议应用广泛，合同多集中在经济领域；

（4）法律效力方面：同一合营项目，合同效力大于协议；

（5）时效方面：协议可能久于合同。

合同与协议一般只是名称、叫法的不同。只要不违反法律和道德风俗，当事人可以任意约定合同或协议的名称、内容、形式，所约定都是有效的。

二、合同的分类

根据不同标准，合同可分为不同的类型。

（一）根据形式进行划分

根据形式不同，合同可分为书面形式合同、口头形式合同和其他形式合同。

1. 书面形式合同

书面形式是指合同书、信件、电报、传真等可以有形地表现所载内容的形式。以电子数据交换、电子邮件等方式能够有形地表现所载内容，并可以随时调取查用的数据电文，视为书面形式。凡是不能及时履行的合同，均应采用书面形式合同。借款合同应当采用书面形式（自然人之间借款另有约定的除外）。租赁合同，租赁期限 6 个月以上的，应当采用书面形式。

2. 口头形式合同

口头形式合同是指当事人双方用对话的方式表达相互之间达成的协议的合同。只有及时履行的合同，才能使用口头形式合同。

3. 其他形式合同

其他形式，比如，默示形式，包括作为的默示形式（推定）和不作为的默示形式（沉默）。作为的默示形式（推定）是指以语言、文字以外的某种积极行为所进行的意思表示。例如，租期届满，承租人继续交纳房租，出租人接受的，可推定双方达成延长租期的合同。不作为的默示形式（沉默）是指当事人的沉默本身，在一定条件下被推定为进行了意思表示。例如，

《民法典》第六编《继承》规定,继承开始后,继承人放弃继承的,应当在遗产处理前,作出放弃继承的表示;没有表示的,视为接受继承。

(二) 根据样式进行划分

根据样式不同,合同可分为条款式合同、表格式合同、条款与表格结合式合同。

(三) 根据有效期限进行划分

根据有效期限不同,合同可分为有期限合同和无期限合同(依据《中华人民共和国劳动合同法》)。短期合同、中期合同、长期合同、终身合同,这些都不是法律概念。

(四) 根据名称进行划分

根据名称不同,合同可分为有名合同和无名合同。

1. 有名合同

有名合同是指法律上已有特别规定或基本定型的合同,也称"典型合同"。

2. 无名合同

无名合同是指法律上没有特别规定的合同,也称"非典型合同"。

(五) 根据成立的程序进行划分

根据成立的程序不同,合同可分为要式合同和非要式合同。

1. 要式合同

要式合同是指必须按照法律规定的形式和程序订立的合同。签订要式合同必须经过三项程序:一是双方当事人(法人代表)签字;二是公证机关(或证明人)证明;三是政府主管部门批准。

2. 非要式合同

非要式合同是指法律没有特别规定,当事人不必采用特定形式签订的合同。

(六) 根据合同之间的关系进行划分

根据合同之间的关系,合同可分为主合同和从合同。

1. 主合同

凡独立成立的合同为主合同。

2. 从合同

以主合同的存在为前提而订立的合同为从合同,也称"附属合同"。比如,借款合同是主合同,为担保借款而订立的抵押合同就是从合同。主合同无效,从合同必然无效。

(七) 根据是否承担义务进行划分

根据是否承担义务,合同可分为单务合同和双务合同。

1. 单务合同

单务合同是指合同当事人仅有一方承担义务的合同。

2. 双务合同

双务合同是指合同的双方当事人互负对待给付义务的合同。

(八) 根据是否给付利益进行划分

根据是否给付利益,合同可分为有偿合同和无偿合同。

1. 有偿合同

有偿合同是指一方通过履行合同规定的义务而给付对方某种利益,对方要得到该利益必须为此支付相应代价的合同。

2. 无偿合同

无偿合同是指一方给付某种利益,对方取得该利益时并不支付任何报酬的合同。

(九) 根据是否交付标的进行划分

根据是否交付标的,合同可分为实践合同和诺成合同。

1. 实践合同

实践合同是指除当事人双方意思表示一致以外尚须交付标的物才能成立的合同。实践合同必须有法律特别规定,比如定金合同、保管合同等。

2. 诺成合同

诺成合同是指当事人一方的意思表示一旦经对方同意即能产生法律效果的合同,也称"一诺即成合同"。其特点在于当事人双方意思表示一致,合同即告成立。

(十) 根据内容性质进行划分

根据内容性质不同,合同可分为典型合同和准合同。

1. 典型合同

(1) 买卖合同。

买卖合同是出卖人转移标的物的所有权于买受人,买受人支付价款的合同。

(2) 供用电、水、气、热力合同。

供用电、水、气、热力合同是供电(水、气、热力)人向用电(水、气、热力)人供电(水、气、力),用电(水、气、热力)人支付电(水、气、热力)费的合同。

(3) 赠与合同。

赠与合同是赠与人将自己的财产无偿给予受赠人,受赠人表示接受赠与的合同。

(4) 借款合同。

借款合同是借款人向贷款人借款,到期返还借款并支付利息的合同。

(5) 保证合同。

保证合同是为保障债权的实现,保证人和债权人约定,当债务人不履行到期债务或者发生当事人约定的情形时,保证人履行债务或者承担责任的合同。

(6) 租赁合同。

租赁合同是出租人将租赁物交付承租人使用、收益,承租人支付租金的合同。

(7) 融资租赁合同。

融资租赁合同是出租人根据承租人对出卖人、租赁物的选择,向出卖人购买租赁物,提供给承租人使用,承租人支付租金的合同。

(8) 保理合同。

保理合同是应收账款债权人将现有的或者将有的应收账款转让给保理人,保理人提供资金融通、应收账款管理或者催收、应收账款债务人付款担保等服务的合同。

(9) 承揽合同。

承揽合同是承揽人按照定作人的要求完成工作,交付工作成果,定作人支付报酬的合同。承揽包括加工、定作、修理、复制、测试、检验等工作。

(10) 建设工程合同。

建设工程合同是承包人进行工程建设,发包人支付价款的合同。建设工程合同包括工程勘察合同、工程设计合同和工程施工合同。

(11) 运输合同。

运输合同是承运人将旅客或者货物从起运地点运输到约定地点,旅客、托运人或者收货人支付票款或者运输费用的合同。运输合同包括客运合同、货运合同和多式联运合同。

(12) 技术合同。

技术合同是当事人就技术开发、转让、许可、咨询或者服务订立的确立相互之间权利和义务的合同。技术合同包括技术开发合同、技术转让合同、技术许可合同、技术咨询合同和技术服务合同。

(13) 保管合同。

保管合同是保管人保管寄存人交付的保管物,并返还该物的合同。

(14) 仓储合同。

仓储合同是保管人储存存货人交付的仓储物,存货人支付仓储费的合同。

(15) 委托合同。

委托合同是委托人和受托人约定,由受托人处理委托人事务的合同。

(16) 物业服务合同。

物业服务合同是物业服务人在物业服务区域内,为业主提供建筑物及其附属设施的维修养护、环境卫生和相关秩序的管理维护等物业服务,业主支付物业费的合同。

(17) 行纪合同。

行纪合同是行纪人以自己的名义为委托人从事贸易活动,委托人支付报酬的合同。

(18) 中介合同。

中介合同是中介人向委托人报告订立合同的机会或者提供订立合同的媒介服务,委托人支付报酬的合同。

(19) 合伙合同。

合伙合同是两个以上合伙人为了共同的事业目的,订立的共享利益、共担风险的协议。

2. 准合同

准合同是带有先决条件的合同。该"先决条件"是指决定合同要件成立的条件,如许可证落实问题、外汇筹集、待律师审查或者待最终正式文本的打印、正式签字(相对草签而言)等。

准合同与合同从形式上无根本区别,内容和格式均一样,只是有时定为草本或正式本之别;但从法律上说,有根本的区别。准合同可以在先决条件丧失时自动失效,而无须承担任何损失、责任;而合同则必须执行,否则叫"违约"。

三、合同的格式

××合同

本合同当事人×××(以下简称甲方)。
　　　　×××(以下简称乙方)。
为了×××,经双方协商,特签订本合同(签订合同如下)。
××××××××××××××××××××××××××××××××
×××××××××××××××××××××××××××××××××
××××××××××××××××××××××××××××(主体)。

甲方:×××(印章)　　　　　　　乙方:×××(印章)
　　地址:××××××　　　　　　　　地址:××××××
　　法定代表人:×××(签章)　　　　法定代表人:×××(签章)
　　委托代理人:×××(签章)　　　　委托代理人:×××(签章)
　　联系电话:×××××××　　　　　联系电话:×××××××
　　　　　　　　　　　　　　　　　××××年×月×日

【说明】
(1) 首部,标题之下,有的加编号;"本合同当事人",还可写成"立合同人""立合同单位"等。
(2) 主部,"主体"部分包括:① 法定条款——标的,数量,质量,价款或者报酬,履行期限、地点和方式,违约责任,解决争议的方法。② 约定条款——不可抗力条款、附件说明、合同的生效方式、合同的文本份数及保存等。
(3) 尾部,若是自然人,将"法定代表人"项改为身份证号码;若是非法人组织,则将"法定代表人"项改为"代表人";若是法人或非法人组织,有的还要写明开户银行、账号等;若有中介、担保、鉴证、公证、批准机关,则需排在当事人之下,有的需写明意见、经办人、日期,并加盖印章。

四、合同的写法

(一) 标题的写法

合同标题的写法有以下三种。
(1) 性质+文种。比如,借款合同。
(2) 标的+性质+文种。比如,房屋租赁合同。
(3) 单位+性质+文种。比如,××公司仓储合同。

(二) 双方当事人的写法

若是自然人,则应写明姓名(与身份证上姓名一致);若是法人或非法人组织,则应写明全称(与印章上内容一致)。在姓名或全称的后面括注"以下简称甲方(供方、卖方、出租方、发包方)""以下简称乙方(需方、买方、承租方、承包方)"。一般订立合同的一方为甲方,签约对象为乙方。法律没有明确规定甲乙双方的身份。甲方可以是买方,也可以是卖方,乙方同理。不能在姓名或全称的后面括注"你方""我方"等。

(三) 正文的写法

正文包括前言和主体两部分。

1. 前言

前言应写明签订合同的目的、根据、原则、过程。

2. 主体

主体包括法定条款和约定条款两部分。

(1) 法定条款。

① 标的。标的是合同当事人的权利和义务共同指向的对象。没有标的或标的不明确的,当事人的权利和义务便无法实现,合同也就无法履行。毒品、走私物品、封建迷信物品(如冥币等)、黄色书刊及音像制品等,不能作为标的。

② 数量。数量是衡量标的的尺度,它由数字和计量单位构成。

③ 质量。质量是标的优劣程度的重要表现,它体现在标的的品种、规格、型号、等级、性能等诸多方面。

④ 价款或者报酬。价款或者报酬是取得货物的一方当事人向对方当事人支付的代价。

⑤ 履行期限、地点和方式。

履行期限是指当事人交付标的和支付价款(或酬金)的时间界限。合同的履行期限应写明具体日期,逾期即属违约。履行地点是指合同双方交货、提货、施工、检验、付款的地理位置。履行方式是指当事人完成合同义务的手段和方法,包括交货方式、运输方式、结算方式、验收方式等。

⑥ 违约责任。违约责任是指合同当事人一方不履行合同义务或履行合同义务不符合约定时应承担的经济和法律责任。

⑦ 解决争议的方法。解决争议的方法是指合同当事人解决合同纠纷的方式与方法。合同中应该注明遇到纠纷时,是采用协商方式解决,还是采用仲裁方式或者诉讼方式解决,并可注明仲裁或诉讼的机关名称。

买卖合同的内容除以上七个方面以外,还可以包括包装方式、检验标准和方法、结算方式、合同使用的文字及其效力等条款。供用电合同的内容包括供电的方式、质量、时间,用电容量、地址、性质,计量方式,电价、电费的结算方式,供用电设施的维护责任等条款。借款合同的内容包括借款种类、币种、用途、数额、利率、期限和还款方式等条款。租赁合同的内容包括租赁物的名称、数量、用途、租赁期限、租金及其支付期限和方式、租赁物维修等条款。融资租赁合同的内容包括租赁物名称、数量、规格、技术性能、检验方法、租赁期限、租金构成及其支付期限和方式、币种、租赁期间届满租赁物的归属等条款。承揽合同的内容包括承揽的标的、数量、质量、报酬、承揽方式、材料的提供、履行期限、验收标准和方法等条款。技术合同的内容由当事人约定,一般包括:项目名称,标的的内容、范围和要求,履行的计划、进度、期限、地点、地域和方式,技术情报和资料的保密,风险责任的承担,技术成果的归属,收益的分成办法,验收标准和方法,价款、报酬或者使用费及其支付方式,违约金或者损失赔偿的计算方法,解决争议的方法,名词和术语的解释,等等。

(2) 约定条款。

① 不可抗力条款。此项应写明免责条件。"不可抗力"因素包括重大自然灾害(如地

震、海啸、洪灾、泥石流等)、重大社会非正常事件(如罢工、骚乱、暴动、战争等)和政府行为(如政府禁令等)。

② 附件说明。此项应写明附件与合同正本是否具有同等法律效力。

③ 合同的生效方式。合同的生效方式有这样几种：合同成立时生效，办理批准、登记等手续后生效，附生效条件，附生效期限。

④ 合同的文本份数及保存。此项可写成"本合同一式×份,甲乙双方各×份(或甲方×份,乙方×份),×××(中介、担保、公证或批准机构)1份"。

(四) 注意事项

写作合同时主要应做到"六要"。

1. 事前要咨询

签合同之前，要向律师事务所、法律顾问等咨询有关国家方针政策、法律法规，以确定双方的权利义务是否合法有效；咨询有关业务的实际情况，了解业务发生纠纷的概率和纠纷的起因、种类，以便在签订合同时尽可能避免类似情况的发生。

2. 原则要遵循

(1) 平等原则。《民法典》第一编《总则》第四条规定，民事主体在民事活动中的法律地位一律平等。合同当事人的法律地位平等。双方当事人无论单位大小、地位高低，都有依法自主订立合同的权利，任何一方都不受对方约束，任何一方不得将自己的意志强加给另一方，任何单位和个人不得非法干预。

(2) 自愿原则。《民法典》第一编《总则》第五条规定，民事主体从事民事活动，应当遵循自愿原则，按照自己的意思设立、变更、终止民事法律关系。

(3) 公平原则。《民法典》第一编《总则》第六条规定，民事主体从事民事活动，应当遵循公平原则，合理确定各方的权利和义务。双方当事人应当遵循公平的原则，确定各自的权利和义务。

(4) 诚实原则。《民法典》第一编《总则》第七条规定，民事主体从事民事活动，应当遵循诚信原则，秉持诚实，恪守承诺。当事人在订立、履行合同时，应当遵循诚实守信的原则，要向对方当事人告知与合同有关的真实情况，不得有任何欺诈行为。

(5) 合法原则。《民法典》第一编《总则》第八条规定，民事主体从事民事活动，不得违反法律，不得违背公序良俗。当事人订立、履行合同应当遵守法律、行政法规，尊重社会公德，不得扰乱社会、经济秩序，不得损害社会公共利益。

3. 内容要周全

合同的内容要周全，尤其是法定条款，一定要考虑周全。

4. 格式要规范

合同的格式要规范，尤其是签订非要式合同，一定要注意格式的规范性。

5. 语言要严密

合同的语言要严密，否则双方在理解上会产生歧义，具体应注意以下几点。

(1) 不要犯语法错误和逻辑错误。比如，"张磊和马丽的孩子。"这句话至少有三种理解：张磊的孩子、马丽的孩子，张磊和马丽共同的孩子，张磊、马丽的孩子。类似这种话就不能出现在合同里。

(2) 不要笼统。例如，某合同中有这样一句：违反合同就追究违约责任。具体怎么"追究","责任"有多大,并未具体说明。再如,某合同中有这样一句:按需方要求均衡供货。"需方要求"是什么,什么叫"均衡",什么时候"供"什么"货",都没有交代清楚。

(3) 不要出现错别字。例如,20××年4月14日,马女士到温州市区一家汽车销售公司准备购买一辆轿车作为生日礼物送给父亲,在交付了5000元定金后,与车商签订了一份轿车用户订单合同。合同约定交货日期是20××年5月31日。可是,那一天马女士并没有领到她订购的轿车。直到同年6月10日,车子还是没到。车商一直以种种理由回应马女士。马女士说,父亲生日已过,所以不想要这辆轿车了,只要对违约一事进行赔偿即可。车商拿出合同说,你交的是订金,只能退还,不能赔偿。马女士拿出合同一看,那上面果然写的是"订金",而非"定金"。"定金"是一个规范的法律概念,是合同当事人为确保合同的履行而自愿约定的一种担保形式。定金应当抵作价款或者收回。若买家不履行合同,无权要求返还定金;若卖家不履行合同,应双倍返还定金。"订金"并不是一个规范的法律概念,实际上它具有预付款的性质,是当事人的一种支付手段,并不具备担保性质。类似这种情况在写合同时一定要注意。

(4) 不要忽略多音字。例如,甲、乙口头约定,乙向甲借款五万元,后乙归还部分借款,甲为乙出具一张收据,其中有一句"乙还欠款一万元"。后甲因乙迟迟不归还余款,遂诉至法院,要求偿还剩余欠款四万元。乙答辩称:已还四万元,只欠一万元。这里就出现了两种理解:甲认为,乙只"还(huan)欠款一万元"。乙认为,他"还(hai)欠款一万元"。

(5) 不要忽略"等"字。例如,××公司(需方)向××县氮肥厂(供方)订购一批化肥。在双方签订的合同中有这样一句:"需方不按期到厂提货满一个月以上,需付堆积费、短途运输费等。"后来,双方就因这一"等"字诉至法院。供方认为,"等"字表示还需付给保管费、损耗费。需方认为,"等"字表示不再付给其他费用。

(6) 不要忽略标点符号。例如,某合同中有这样一句:"甲方为乙方生产螺丝、螺帽、垫圈等零件三种主要设备由乙方提供。"对于这句话,甲方认为,甲方为乙方生产螺丝、螺帽、垫圈等零件三种,主要设备由乙方提供;乙方认为,甲方为乙方生产螺丝、螺帽、垫圈等零件,三种主要设备由乙方提供。

6. 手续要完备

合同上需要签字的相关人员应签字,需要盖章(按手印)的应盖章(按手印)。合同在两页以上的,不要忘了盖骑缝章。合同中有中介、担保、鉴证、公证或批准的,不要忘了请相关人员签字盖章。

教学视频

教学音频

[例文分析]

【例文】
房屋租赁合同

出租人:朱××(以下简称甲方)。身份证号码:××××××××××××××××××。

承租人：何××（以下简称乙方）。身份证号码：××××××××××××××××。

甲方自愿将坐落于××市××住宅区（7区）康园6幢405室房屋1套（面积120平方米）租给乙方居住。为避免发生纠纷，经甲乙双方协商，订立本合同。

一、租期1年，从20××年11月10日起至20××年11月9日止。月租金1400.00元整。乙方必须于本合同签字之日付给甲方上半年租金共计8400.00元整。下半年租金共计8400.00元整，乙方必须于20××年5月9日之前一次付清。乙方是否付给租金，以甲方出具的收据为准。

二、甲方若出售该房屋，则可提前收回该房屋，退给乙方剩余月份的租金，不赔偿乙方其他损失；除此之外，甲方不得以其他理由提前收回该房屋，每提前1天按60.00元整赔偿乙方损失。乙方必须于20××年11月9日24时之前无条件搬出该房屋，每滞留一天按60.00元整赔偿甲方损失；在同等租金下，乙方有优先续租权。

三、租期内，该房屋及其附属设施设备损坏，由乙方按价赔偿；该房屋的水电费、物业管理费、有线电视收视费、托管费等，均由乙方负责付清；因漏水等原因造成邻居财产损失，由乙方负责赔偿。甲方收取乙方房屋及其附属设施设备、水电、物业、有线电视收视等押金共计500.00元整。租期满后，该房屋及其附属设施设备完好，水电费、物业管理费、有线电视收视费等结清后，押金余款退还乙方。

四、因该房屋为乙方续租，故电费只收到20××年11月2日；该房屋20××年11月3日至20××年11月9日的电费，转至本租期内收取。电费、水费、物业管理费、有线电视收视费等缴纳情况，以有关部门出具的正规票据为准。

五、租期内，乙方不得利用该房屋从事非法活动，否则后果自负；乙方也不得将该房屋转租，否则甲方不予承认。

六、未尽事宜，甲乙双方协商解决。

七、本合同经甲乙双方签字后生效。

八、本合同一式两份，甲乙双方各执一份。

甲方　朱××（签字）　　　　　　乙方　何××（签字）
　　联系电话：130×××5051　　　　　联系电话：138××××7388
　　　　　　　　　　　　　　　　　　　　20××年11月8日

【分析】

这是一份自然人之间签订的合同。其中，一至五为法定条款，六至八为约定条款。

[实践训练]

一、改错题

请修改下面的合同。

合　　同

立合同单位：××大学（我方）
　　　　　　××建筑公司（你方）

为建筑××大学学生活动中心，经双方协商，订立本合同。

一、甲方委托乙方建筑大学生活动中心。

二、全部建筑费（包括材料、人工）共计1000万元。
三、甲方在签订合同后先交500万元建造费，其余在宿舍建成后抓紧归还所欠部分款。
四、工期待乙方筹备就绪后立即开始，力争今年底开工，争取明年8月左右建成移交使用。
五、建筑材料由乙方全面负责筹备。
六、本合用一式两份，双方各执一份。

××大学（公章） ××建筑公司（公章）

校长：李××（私章） 经理：张××（私章）

20××年7月1日

二、写作题

请根据下面的材料，拟写一份合同。

××县食品公司拟向××县××乡××村村民王××购买生猪10头、菜牛2头、菜羊20只、家禽100只、鲜蛋500千克。根据商业部颁发的《生猪、鲜蛋、菜牛、菜羊、家禽购销合同实施办法》的规定，双方经协商签订了一份合同。

合同规定了产品的名称（品种）和数量，产品的等级、质量和检疫办法，产品的价格、货款结算与奖售办法，交货期限、地点和方式。

合同规定了××县食品公司的违约责任：① 未按合同收购或在合同期中退货的，应按未收或退货部分货款总值的10%，向村民王××偿付违约金。② 如需提前收购，商得村民王××同意变更合同的，应给村民王××提前收购货款总值的10%的补偿；因特殊原因必须逾期收购的，除比照中国人民银行有关延期付款的规定，按逾期收购部分货款总值计算向村民王××偿付违约金外，还应承担村民王××在此期间所支付的保管费或饲养费，并承担因此而造成的其他实际损失。③ 对通过银行结算而未按期付款的，应按中国人民银行有关延期付款的规定，向村民王××偿付延期付款的违约金。④ 村民王××按合同规定交货，无正当理由拒收的，除按拒收部分货款总值的10%向村民王××偿付违约金外，还应承担村民王××因此而造成的实际损失和费用。

合同规定了村民王××的违约责任：① 逾期交货或交货少于合同规定的，如××县食品公司仍然需要的，应如数补交，并应向××县食品公司偿付逾期不交或少交部分货物总值的10%的违约金；如××县食品公司不需要的，应按逾期或应交部分货款总值的10%付违约金。② 交货时间比合同规定提前，经有关部门证明理由正当的，××县食品公司可考虑同意接收，并按合同规定付款；无正当理由提前交货的，××县食品公司有权拒收。③ 交售的产品规格、卫生质量标准与合同规定不符时，××县食品公司可以拒收。如经有关部门证明确有正当理由，××县食品公司仍然需要村民王××交货的，村民王××可以迟延交货，不按违约处理。

合同还规定，合同执行期内，如发生自然灾害或因其他不可抗力致使当事人一方不能履行、不能完全履行或不能适当履行合同的，应向对方当事人通报理由，经有关主管部门证实后，不负违约责任，并允许变更或解除合同。

第二十四章　广告文案

[知识讲授]

广告就是广而告之,即为了某种特定的需要,通过一定形式的媒介物,公开而广泛地向社会传递信息的一种宣传手段。

广告有广义和狭义之分。广义的广告包括商业广告和非商业广告。狭义的广告专指商业广告。

一、广告文案的定义

广告文案也称广告文稿,是指广告的文字部分。

广告写作有广义和狭义之分。广义的广告写作包括广告作品的全部,如文字、绘画、摄影、音响等。狭义的广告写作专指广告作品的文字(广告文案)写作。广告写作具有真实性、商业性、说服性、生动性、艺术性等特点。

二、广告文案的种类

根据不同的标准,广告方案可分为不同的种类。

(一) 根据性质进行划分

根据性质不同,广告可分为商业广告和非商业广告。

1. 商业广告

商业广告是指商品经营者或者服务提供者通过一定媒介和形式直接或者间接地介绍自己所推销的商品或者服务的广告。它以营利为目的。

2. 非商业广告

非商业广告不以营利为目的。比如,公益广告:"如果人类不从现在节约水源,保护环境,人类看到的最后一滴水将是自己的眼泪"。

(二) 根据内容进行划分

根据内容不同,广告可分为商品广告和服务广告。

1. 商品广告

商品广告是指商品经营者通过一定媒介和形式直接或者间接地介绍自己所推销的商品的广告。

2. 服务广告

服务广告是指服务提供者通过一定媒介和形式直接或者间接地介绍自己所推销的服务的广告,如餐饮广告、宾馆广告、通信广告、旅游广告、招生广告、招聘广告、征婚广告、迁址广告、比赛广告、演出广告、影视广告、出版广告等。

(三) 根据媒介进行划分

根据媒介不同,广告可分为户外广告、交通广告、平面广告、广播广告、电视广告、网络广告、人体广告等。

1. 户外广告

户外广告是指以橱窗、路牌、霓虹灯、灯箱、电子显示屏、横幅、条幅、气球等为媒介的广告。

2. 交通广告

交通广告是指以汽车、火车、地铁、轮船、飞机等交通工具为媒介的广告。

3. 平面广告

平面广告是指以报纸、杂志、邮政、传单等为媒介的广告。

4. 广播广告

广播广告是指以广播为媒介的广告。

5. 电视广告

电视广告是指以电视为媒介的广告。

6. 网络广告

网络广告是指以网络为媒介的广告。

7. 人体广告

人体广告是指以人体为媒介的广告。

有什么样的广告,就有什么样的广告文案。

三、广告文案的格式

电话：××××××
传真：××××××
开户行：××××××
账号：××××××

【说明】

1. 关于商品或服务信息

商品或服务信息包括商品的性能、功能、产地、用途、质量、成分、价格、生产者、有效期限、允诺等，或者服务的内容、提供者、形式、质量、价格、允诺等。

2. 关于标语

标语也称"口号"，它可置于"商品或服务信息"之前、之后、之中，也可取代标题。

3. 关于广告内容准则

(1) 21个"应当"。

① 广告中对商品的性能、功能、产地、用途、质量、成分、价格、生产者、有效期限、允诺等，或者对服务的内容、提供者、形式、质量、价格、允诺等有表示的，应当准确、清楚、明白。

② 广告中表明推销的商品或者服务附带赠送的，应当明示所附带赠送商品或者服务的品种、规格、数量、期限和方式。

③ 法律、行政法规规定广告中应当明示的内容，应当显著、清晰表示。

④ 广告内容涉及的事项需要取得行政许可的，应当与许可的内容相符合。

⑤ 广告使用数据、统计资料、调查结果、文摘、引用语等引证内容的，应当真实、准确，并标明出处。

⑥ 引证内容有适用范围和有效期限的，应当明确表示。

⑦ 广告中涉及专利产品或者专利方法的，应当标明专利号和专利种类。

⑧ 广告应当具有可识别性，能够使消费者辨明其为广告。

⑨ 通过大众传播媒介发布的广告，应当显著标明"广告"，与其他非广告信息相区别。

⑩ 广播电台、电视台发布广告，应当遵守国务院有关部门关于时长、方式的规定，并应当对广告时长作出明显提示。

⑪ 药品广告的内容应当显著标明禁忌、不良反应。处方药广告应当显著标明"本广告仅供医学药学专业人士阅读"，非处方药广告应当显著标明"请按药品说明书或者在药师指导下购买和使用"。

⑫ 推荐给个人自用的医疗器械的广告，应当显著标明"请仔细阅读产品说明书或者在医务人员的指导下购买和使用"。

⑬ 医疗器械产品注册证明文件中有禁忌内容、注意事项的，广告中应当显著标明"禁忌内容或者注意事项详见说明书"。保健食品广告应当显著标明"本品不能代替药物"。

⑭ 招商等有投资回报预期的商品或者服务广告，应当对可能存在的风险以及风险责任承担有合理提示或者警示。

⑮ 房地产广告，房源信息应当真实，广告中有面积信息的，应当标明为建筑面积或者套内建筑面积。

⑯ 农作物种子、林木种子、草种子、种畜禽、水产苗种和种养殖广告关于品种名称、生产性能、生长量或者产量、品质、抗性、特殊使用价值、经济价值、适宜种植或者养殖的范围和条件等方面的表述，应当真实、清楚、明白。

(2) 19个"不得"。

① 广告不得有下列情形：使用或者变相使用中华人民共和国的国旗、国歌、国徽，军旗、

军歌、军徽;使用或者变相使用国家机关、国家机关工作人员的名义或者形象;使用"国家级""最高级""最佳"等用语;损害国家的尊严或者利益,泄露国家秘密;妨碍社会安定,损害社会公共利益;危害人身、财产安全,泄露个人隐私;妨碍社会公共秩序或者违背社会良好风尚;含有淫秽、色情、赌博、迷信、恐怖、暴力的内容;含有民族、种族、宗教、性别歧视的内容;妨碍环境、自然资源或者文化遗产保护;法律、行政法规规定禁止的其他情形。

② 广告不得损害未成年人和残疾人的身心健康。

③ 未取得专利权的,不得在广告中谎称取得专利权。

④ 广告不得贬低其他生产经营者的商品或者服务。

⑤ 大众传播媒介不得以新闻报道形式变相发布广告。

⑥ 通过大众传播媒介发布的广告不得使消费者产生误解。

⑦ 麻醉药品、精神药品、医疗用毒性药品、放射性药品等特殊药品,药品类易制毒化学品,以及戒毒治疗的药品、医疗器械和治疗方法,不得作广告。

⑧ 医疗、药品、医疗器械广告不得含有下列内容:表示功效、安全性的断言或者保证;说明治愈率或者有效率;与其他药品、医疗器械的功效和安全性或者其他医疗机构比较;利用广告代言人作推荐、证明;法律、行政法规规定禁止的其他内容。

⑨ 药品广告的内容不得与国务院药品监督管理部门批准的说明书不一致。

⑩ 除医疗、药品、医疗器械广告外,不得使用医疗用语或者易使推销的商品与药品、医疗器械相混淆的用语。

⑪ 保健食品广告不得含有下列内容:表示功效、安全性的断言或者保证;涉及疾病预防、治疗功能;声称或者暗示广告商品为保障健康所必需;与药品、其他保健食品进行比较;利用广告代言人作推荐、证明;法律、行政法规规定禁止的其他内容。

⑫ 广播电台、电视台、报刊音像出版单位、互联网信息服务提供者不得以介绍健康、养生知识等形式变相发布医疗、药品、医疗器械、保健食品广告。

⑬ 农药、兽药、饲料和饲料添加剂广告不得含有下列内容:表示功效、安全性的断言或者保证;利用科研单位、学术机构、技术推广机构、行业协会或者专业人士、用户的名义或者形象作推荐、证明;说明有效率;违反安全使用规程的文字、语言或者画面;法律、行政法规规定禁止的其他内容。

⑭ 烟草制品生产者或者销售者发布的迁址、更名、招聘等启事中,不得含有烟草制品名称、商标、包装、装潢以及类似内容。

⑮ 酒类广告不得含有下列内容:诱导、怂恿饮酒或者宣传无节制饮酒;出现饮酒的动作;表现驾驶车、船、飞机等活动;明示或者暗示饮酒有消除紧张和焦虑、增加体力等功效。

⑯ 教育、培训广告不得含有下列内容:对升学、通过考试、获得学位学历或者合格证书,或者对教育、培训的效果作出明示或者暗示的保证性承诺;明示或者暗示有相关考试机构或者其工作人员、考试命题人员参与教育、培训;利用科研单位、学术机构、教育机构、行业协会、专业人士、受益者的名义或者形象作推荐、证明。

⑰ 招商等有投资回报预期的商品或者服务广告不得含有下列内容:对未来效果、收益或者与其相关的情况作出保证性承诺,明示或者暗示保本、无风险或者保收益等,国家另有规定的除外;利用学术机构、行业协会、专业人士、受益者的名义或者形象作推荐、证明。

⑱ 房地产广告不得含有下列内容:升值或者投资回报的承诺;以项目到达某一具体参照物的所需时间表示项目位置;违反国家有关价格管理的规定;对规划或者建设中的交通、商业、文化教育设施以及其他市政条件作误导宣传。

⑲ 农作物种子、林木种子、草种子、种畜禽、水产苗种和种养殖广告不得含有下列内容:

做科学上无法验证的断言;表示功效的断言或者保证;对经济效益进行分析、预测或者作保证性承诺;利用科研单位、学术机构、技术推广机构、行业协会或者专业人士、用户的名义或者形象作推荐、证明。

(3) 6个"禁止"。

① 禁止使用未授予专利权的专利申请和已经终止、撤销、无效的专利作广告。

② 除医疗、药品、医疗器械广告外,禁止其他任何广告涉及疾病治疗功能。

③ 禁止在大众传播媒介或者公共场所发布声称全部或者部分替代母乳的婴儿乳制品、饮料和其他食品广告。

④ 禁止在大众传播媒介或者公共场所、公共交通工具、户外发布烟草广告。

⑤ 禁止向未成年人发送任何形式的烟草广告。

⑥ 禁止利用其他商品或者服务的广告、公益广告,宣传烟草制品名称、商标、包装、装潢以及类似内容。

四、广告文案的写法

(一) 标题的写法

广告文案的标题主要有以下三种写法。

1. 直接标题

直接标题,即标题直接展示商品或服务的名称,比如"中美合资康普电脑"。

2. 间接标题

间接标题,即标题中暗含商品或服务的有关信息,比如长虹电器的广告文案标题——"天上彩虹,人间长虹"。

3. 复合标题

复合标题,即用正副标题的形式提供商品或服务的有关信息,比如"几年不必对时——精工石英表"。

(二) 正文的写法

广告文案正文的写法主要有以下几种。

1. 陈述体

陈述体,即用叙述的方法介绍商品或服务的信息。

2. 论说体

论说体,即用议论的方法介绍商品或服务的信息。

3. 描写体

描写体,即用描写的方法介绍商品或服务的信息。

4. 抒情体

抒情体,即用抒情的方法介绍商品或服务的信息。

5. 文艺体

文艺体,即用文艺的形式介绍商品或服务的信息。文艺的形式主要有诗歌、散文、故事、对联、相声、小品、快板等。

6. 对话体

对话体,即用对话(问答)的形式介绍商品或服务的信息,也称"问答体"。

7. 目录体

目录体,即用目录的形式介绍商品或服务的信息。这种写法多见于出版广告、演出广告等。

8. 图表体

图表体,即用图表的形式介绍商品或服务的信息。

9. 证书体

证书体,即用证书的形式介绍商品或服务的信息。证书的形式主要有资质证书、鉴定证书、获奖证书等。

10. 综合体

综合体,即综合运用以上方法,介绍商品或服务的信息。

(三) 标语的写法

广告文案中标语的写法主要有以下几种。

(1) 妙用成语,比如牙刷的广告标语——一毛不拔;自行车的广告标语——"骑"乐无穷;洗衣机的广告标语——"闲"妻良母;某肠炎药的广告标语——"肠"治久安。

(2) 妙用熟语,比如打字机的广告标语——不打不相识。

(3) 妙用古诗,比如某减肥茶的广告标语——衣带渐宽终不悔,常忆××减肥茶。

(4) 运用对偶,比如某网络运营商的广告标语——有线网络,无线服务;某白酒的广告标语——酒气冲天飞鸟闻香化凤,糟粕落地游鱼得味成龙。

(5) 运用其他奇思妙想,比如蚊香的广告标语——默默无"蚊"的奉献;矿泉水的广告标语——口服,心服;某品牌六味地黄丸的广告标语——药材好,药才好;某化妆品的广告标语——只要青春不要"痘";某电扇的广告标语——实不相瞒,××的名气是吹出来的。

(四) 注意事项

写广告方案时,主要应注意以下几项。

1. 要统筹

广告文案仅仅是广告的文字部分。广告文案的写作要与绘画、摄影、音响等事宜统筹考虑,以使多种要素互相配合,相得益彰。

2. 要真实

广告文案里所提供的商品或服务信息一定要真实,不能有虚假的成分,不能欺骗消费者。

3. 要新颖

只有新颖的广告文案,才能吸引消费者的眼球,才能唤起消费者的购买欲望。

4. 要合法

广告文案的写作,不能违反《中华人民共和国广告法》等有关法律法规规章的规定;如有违反,则须承担法律责任。

教学视频

教学音频

[例文分析]

【例文一】

××艺术门窗
贵一点　好很多

[宝相花]寓意:宝相花又名宝仙花、宝莲花,是集圣洁、端庄、美观于一体的理想花形。宝相花是集中了莲花、牡丹、菊花的特征,经过艺术处理组合而成的仙花,盛行于隋唐时期,是我国传统装饰纹样之一。相传它是寓有"宝""仙"之意的装饰图案。作品用宝相花作为装饰饰纹镶嵌在龟背锦上,寓意锦绣莲。

[福禄寿喜]寓意:作品框架为龟背锦棍花。龟与龙、凤、麟合称"四灵",素有"趋吉避凶、健康长寿和金钱财富"的含义,又是宇宙中神灵使者的象征符号。图案中的文字分别是:福、禄、寿、喜。四字屹立在"龟背锦"之上,寄托了人们对"福、禄、寿、喜"的美好期盼和满足,也包含着"心之所向、长久永恒"之意。

[玄武佑庇]寓意:自古以来龟背锦的图案常用于门窗,龟背锦作为窗格棍条图案,不仅美观生动,而且还有"延年益寿"的吉祥寓意。相传有千年之龟为灵,万年之龟为神,采用龟背锦作为门窗的图案,还能受到北方主神玄武的佑庇。

[鸿运财星]寓意:作品采用传统的井字棍花,对应天星二十八宿中的井宿。用井字形图案作门窗格心棍花,是将建筑与井宿对应的另一种表示,是鸿运吉祥的象征。作品在井字棍花上点缀菱形的装饰,菱形含有超越之意义,是大自然所赐予的丰硕果实的象征符号,是进财的象征。

匠心·改变视界

当代中国艺术玻璃和门窗的发展史
从来就不乏众多的模仿者、跟随者
稀缺的是创造者、领导者
××——就注定与众不同
发明专利号:CN2015100210××.8
发明专利号:CN2015101353××.6
发明专利号:CN2014107445××.7
专利186项……
一个创想,因敢作能为而不断颠覆传统
一种美学,因天赋异禀而呈现匠心雕琢
一次结合,因慧眼厚德而彰显人文关怀

每一次改变,不只引起门窗行业的悸动瞩目
更是对最前沿的家居美学标准的重新定义
二十余年,坚定前行
以虔诚笃定的态度,沉淀着艺术的厚度
以超越历史的魄力,塑造出传世的经典
门窗本为躯壳,唯有艺术赋予其生命
唯有融入玻璃中的智慧之光与高雅的艺术之彩
门窗才从骨子里折射出尊贵与典雅
一种静谧
一种温馨
一种品位
彰显的是居者身份
懂艺术,懂欣赏,更懂生活
××官方微信二维码(略)
财富加盟热线:0×××-8666666

【分析】

这是一份商品广告文案,由标题、正文和随文三部分组成。其中,正文第一句"贵一点好很多"为广告标语;其余内容为商品信息,采用"陈述体"和"文艺体"两种写法。随文提供了官方微信二维码和加盟热线。

【例文二】

××晚报小记者之家

城市书房
(国学体验、创意写作、核心素质培训)
亲子文创室
(文化、创意、手工)
小记者直播间
托辅中心
艺术拓展乐园
公益服务中心
不同于培训机构的综合体验平台
学生向往　家长放心　学校满意
最前沿　最权威　最温馨　最体验
咨询电话:0×××-6010352、6031002

【分析】

这是一份服务广告文案,由标题、正文和随文三部分组成。其中,正文"学生向往家长放心学校满意""最前沿、最权威、最温馨、最体验"两句为广告标语,其余内容为服务信息。随文只有咨询电话。此例文中,"最××"违反了《中华人民共和国广告法》,"最体验"是病句。

[实践训练]

一、改错题

请修改下面的广告文案。

××招聘启事：文案编辑&手绘
我们没有高速的电梯，只有99步石梯
我们没有高大的写字楼宇，只有前庭后院的一抹平房
天晴时，我们在树荫下荡着秋千
落雨时，我们在火盆旁烤着红薯
是啊，我们最近常常加班
但我们痛苦并快乐地工作着
如果你心动了，就来游乐园里的××策划吧
我们找会工作、会生活的人
简历投递：537243××@qq.com（请附上您的得意之作，我满心期待）
上班地点：会展中心
工资：面议
内容运营文案4名
手绘/平面设计2名
内容运营文案职位描述：
(1) 负责撰写相关项目的文案，包括软文、新闻稿、策划案、品牌文案等。
(2) 负责搜集整理项目所涉及的各类资料，包括广告、文案的搜集，并建立资料库。
(3) 负责线上微博、微信、论坛内容运营。
(4) 参与项目创意讨论以及延展。
你需要具备这些技能：
(1) 中文、新闻相关专业，2年以上工作经验。
(2) 有扎实的文字功底和较深的广告素养。
(3) 对广告策略有良好的洞察力、控制力和同理心。
(4) 能独立思考和撰写文案，并具有良好的团队协作能力。
(5) 有良好的沟通能力。
(6) 熟练掌握专业工具及创作流程。
(7) 对常见的门户网站、大型论坛等网络媒体实体的媒体属性、受众群体的熟悉，常见合作形式的熟悉。
手绘插画师职位描述：
(1) 微信内容插图绘制。
(2) 配合团队进度和要求，进行手绘作品的创作。
(3) 参与项目创意讨论以及延展。
你需要具备这些技能：
(1) 平面设计、美术以及手绘相关专业，2年以上工作经验；(2) 有扎实的美术功底和较

深的广告素养,视野开阔,有良好的色彩感觉;(3)熟练使用手写绘版以及相关设计软件(AI、PS等);(4)能独立思考,并具有良好的团队协作和沟通能力。

二、写作题

请根据下面的材料,拟写一份广告标语。

×××胶囊说明书

请仔细阅读说明书并按说明使用或在药师指导下购买和使用。

【药品名称】通用名称:×××胶囊

汉语拼音:××××××××× ××××××××

【成分】炙黄芪、党参、附子(制)、山药、白术(炒)、肉桂、山楂(炒)、陈皮、砂仁、肉苁蓉(制)、乌梅、补骨脂。

【性状】本品为红黄色胶囊剂,内容物为棕黄色至棕褐色的细粉和颗粒;味微酸、苦。

【功能主治】温胃止痛。用于慢性胃炎,胃脘凉痛,饮食生冷,受寒痛甚。

【规格】每粒装0.4克

【用法用量】口服,一次3粒,一日2次。

【禁忌】胃大出血时忌用。孕妇忌用。

【注意事项】

1. 胃脘灼热痛证、重度胃痛应在医师指导下服用。

2. 儿童及年老体虚患者应在医师指导下服用。

3. 服本药三天症状未改善,应停止服用,并去医院就诊。

4. 对本品过敏者禁用,过敏体质者慎用。

5. 本品性状发生改变时禁止使用。

6. 儿童必须在成人监护下使用。

7. 请将本品放在儿童不能接触的地方。

8. 如正在使用其他药品,使用本品前请咨询医师或药师。

【药物相互作用】如与其他药物同时使用可能会发生药物相互作用,详情请咨询医师或药师。

【贮藏】密封。

【执行标准】部颁标准第十三册。

第二十五章 起诉状

[知识讲授]

一、起诉状的定义

起诉状是指案件当事人向人民法院提起诉讼,要求追究对方当事人的法律责任以保护自身合法权益的书面请求。

与起诉状相关的概念是诉状。有人认为,起诉状和诉状是同一个概念,即诉状是起诉状的简称。有人认为,起诉状和诉状不是同一个概念,诉状应该包括起诉状、反诉状、上诉状、申诉状。编者同意后一种观点。

与起诉状类似的概念是起诉书。起诉书是指人民检察院代表国家向人民法院提起诉讼,要求追究被告人的法律责任的书面请求。两个概念虽然只有一字之差,但用途却完全不同。

二、起诉状的种类

根据案件的性质,起诉状可分为刑事自诉状、民事起诉状和行政起诉状三种。

(一) 刑事自诉状

刑事自诉状是指自诉案件的被害人或其法定代理人直接向人民法院控告被告人,要求追究其刑事责任的书面请求。

自诉案件包括:(1) 告诉才处理的案件(侮辱诽谤案、暴力干涉婚姻自由案、虐待案、侵占案);(2) 被害人有证据证明的轻微刑事案件(故意伤害案、非法侵入住宅案、侵犯通信自由案、重婚案、遗弃案、生产销售伪劣商品案、侵犯知识产权案,可能判处三年以下有期徒刑的案件);(3) 被害人有证据证明对被告人侵犯自己人身、财产权利的行为应当依法追究刑事责任,而公安机关或者人民检察院不予追究被告人刑事责任的案件。

法定代理人是诉讼代理人之一。下列人员可担任法定代理人:(1) 父母;(2) 养父母;(3) 监护人;(4) 负有保护责任的机关、团体的代表。

(二) 民事起诉状

民事起诉状是指民事诉讼的原告或其法定代理人因自己的或依法由自己保护的民事权益受到侵害或发生争议时,向人民法院提起诉讼,要求依法裁判的书面请求。

(三) 行政起诉状

行政起诉状是指行政诉讼的原告对行政机关的处理或处罚决定不服,或对上一级行政机关复议决定不服,依法向人民法院提起诉讼以保护自身合法权益的书面请求。

三、起诉状的格式

(一) 刑事自诉状的格式

刑事自诉状

自诉人:×××。(基本信息)

被告人:×××。(基本信息)

案由和诉讼请求

××。

事实与理由

××。

证据和证据来源,证人姓名和住址

××。

此致
×××人民法院

自诉人　×××
代书人　×××
20××年×月×日

(附:本诉状副本×份)

【说明】

(1) 此格式根据司法部印发的从 2001 年 7 月 1 日起开始使用《刑事诉讼中律师使用文书格式》制作。

(2)《关于修改刑事诉讼文书格式的说明》指出,由于律师在承办案件过程中面临的问题各不相同,有些文书格式难以作统一要求,因此对刑事自诉状等诉状不再要求文书格式的统一,可仍然沿用原格式样式。此格式仅作参考。

(3) 自诉人的"基本信息"包括姓名、性别、出生年月日、民族、籍贯、职业(或工作单位和职务)、住址等。例如:

自诉人:郑××,女,19××年8月9日出生,汉族,祖籍辽宁省宽甸县,农民,住×县×

乡×村4组。

(4) 被告人的"基本信息"包括姓名、性别等情况。出生年月日不详者可写其年龄。

(二) 民事起诉状的格式

民事起诉状

原告：××××××××××××××××××××××××××××××××××××××。（基本信息）

被告：××××××××××××××××××××××××××××××××××××××。（基本信息）

诉讼请求

××××××××××××××××××××××××××××××××××××××。

事实和理由

×××。

证据和证据来源，证人姓名和住所

×××。

此致
×××人民法院

附：本诉状副本×份

起诉人 ×××（签章）

20××年×月×日

【说明】

(1) 此格式根据最高人民法院制定的自 2016 年 8 月 1 日起施行的《人民法院民事裁判文书制作规范》《民事诉讼文书样式》制作。

(2) 原告如系自然人，"基本信息"应写明：姓名、性别、出生年月日、民族、工作单位和职务或职业、住所、联系方式。例如：

原告：杨××，男，1966 年 7 月 15 日生，汉族，××银行职员，住××市××区××街道 12 组 97 号。联系方式：××××××××。

(3) 原告如系法人或者非法人组织，"基本信息"应写明：名称，住所，法定代表人（或者主要负责人）的姓名、职务、联系方式。例如：

原告：××××，住所××××。

法定代表人：×××，××（职务），联系方式：××××-××××××××。

（4）被告的"基本信息"包括姓名或者名称等。

（5）如有两个以上原告（人）或被告（人），则应分别写明其基本信息。

（6）如有第三人，则应在原告（人）、被告（人）之后写明其基本信息。

（7）当事人有法定代理人或指定代理人的，应当在当事人之后另起一行写明其姓名、性别、职业或工作单位和职务、住所，并在姓名后用括号注明其与当事人的关系。代理人为单位的，写明其名称及其参加诉讼人员的基本信息。例如：

原告：杨××，男，1966年7月15日生，汉族，××银行职员，住××市××区××街道12组97号。联系电话：××××××××××。

法定代理人：×××（原告之父），男，××学校退休教师，住××市××区××街道12组97号。

（8）当事人有委托诉讼代理人的，应当在当事人之后另起一行写明为"委托诉讼代理人"，并写明委托诉讼代理人的姓名和其他基本情况。有两个委托诉讼代理人的，分行分别写明。例如：

原告：杨××，男，1966年7月15日生，汉族，××银行职员，住××市××区××街道12组97号。联系电话：××××-××××××××。

委托诉讼代理人：×××，××律师事务所律师。

（三）行政起诉状的格式

行政起诉状

原告××。（基本信息）

被告×××，地址×××。

法定代表人×××，×××，联系方式××××××。

诉讼请求

××。

事实和理由

××。

此致
×××人民法院

附：
1. 起诉状副本×份
2. 被诉行政行为×份

3. 其他材料×份

原告：×××（签章）
20××年×月×日

【说明】

(1) 此格式根据2015年4月30日最高人民法院行政审判庭编写的《行政诉讼文书样式（试行）》制作。

(2) 原告如系自然人，"基本信息"应写明：姓名、性别、工作单位、住址、身份证号码、联系方式等。例如：

原告刘××，男，××公司职工，住××市××区××街道12组97号，身份证号码××××××××××××××××××，联系电话：××××-××××××××。

(3) 原告如系法人或者非法人组织，"基本信息"应写明：名称，住址，法定代表人（或者主要负责人）的姓名、职务、联系方式。例如：

原告××××，住址××××。

法定代表人×××，××（职务），联系电话××××-××××××××。

(4) 原告如有委托代理人，则应在原告项下写明其姓名、工作单位等基本信息。

(5) 如有其他当事人，则应在被告项下写明，参照原告基本信息写法。

四、起诉状的写法

(一) "诉讼请求"的写法

(1) 刑事自诉案件"案由和诉讼请求"应写成"被告人×××犯××罪，请求人民法院依法惩处其犯罪行为"。

(2) 民事案件"诉讼请求"应写明请求人民法院解决的民事权益争议的具体问题。

(3) 行政案件"诉讼请求"应写成"要求撤销×××（行政机关名称）××××年×月×日（ ）×字第×号《关于×××的决定》，请你院依法审理"等。

(4) 诉讼请求要明确、具体，不能含糊、笼统；要合理合法，切实可行。

(二) "事实和理由"的写法

(1) 刑事案件要写明：被告人犯罪的时间、地点、侵害的客体、动机、目的、情节、手段及造成的后果。有附带民事诉讼内容的，在写明被告人的犯罪事实之后写清（具体写法有自然顺序法、突出主罪法、突出主犯法、综合归纳法、先总后分法等）。理由应阐明被告人构成的罪名和法律依据。

(2) 民事案件和行政案件要写明：当事人之间法律关系发生的时间、地点和内容，产生纠纷的原因、经过、情节和后果。

(三)"证据和证据来源,证人姓名和住所"的写法

证据包括:当事人的陈述、书证、物证、视听资料、电子数据、证人证言、鉴定意见、勘验笔录。

教学视频

教学音频

[例文分析]

【例文一】

刑事自诉状

自诉人:郑××,女,1973年2月1日生,汉族,××人,××市2501厂工人,住××市××路2100号。

被告人:吕××,男,27岁,汉族,××人,××市2501厂工人,住××市石小路100-15号。

案由和诉讼请求:

被告人×××犯侮辱罪、诽谤罪,要求依法追究其刑事责任。

事实与理由:

自诉人同被告人都是2501厂三车间的工人,平时在工作上有一些联系,关系一般。20××年2月,被告人写信向自诉人求爱,遭到自诉人婉言拒绝,被告人仍不死心,又连续两次写信向自诉人求爱。为了摆脱被告人的纠缠,自诉人找被告人谈话,给予严肃批评,并告知被告人说:"我已有男朋友了,请勿自作多情。"谁知被告人便怀恨在心,伺机报复。20××年10月2日,被告人从车间主任赵来福那里打听到自诉人与本市××厂工会干部秦××正在恋爱,便于10月6日上午,将一张侮辱自诉人人格的小字报贴在厂食堂门口醒目处,午饭时许多群众围观,轰动了全厂。被告人在小字报中捏造事实,无中生有地诽谤自诉人,胡说自诉人不讲道德,见异思迁,无情地割断了与被告人的恋爱关系。还造谣说自诉人与秦××建立恋爱关系是为了骗取钱财,才认识秦××几天就在××公园乱搞两性关系,当场被警察抓住,受到罚款处理。完全是胡编乱造,毫无事实根据。

10月6日下午,厂保卫科人员经过调查,很快掌握了可靠证据,证实了小字报是被告人自写自贴。于是,保卫人员对被告人进行了严厉的批评,被告人表示愿意在车间大会上向自诉人赔礼道歉。当日下午5时下班后,车间主任召开大会让被告人做检查,被告人态度忽然蛮横起来,当众胡说八道:"小字报说的是事实,绝对可靠!"并回过头来对自诉人破口大骂:"破鞋!破鞋!"又一次公然侮辱、诽谤自诉人,其气焰之嚣张,实令人难以容忍!

以上事实说明,被告人为了报复,利用张贴小字报和车间大会等形式对自诉人造谣生事,肆意侮辱、诽谤,败坏自诉人的名誉,其行为已触犯了《中华人民共和国刑法》第二百四十六条之规定,构成侮辱罪和诽谤罪。自诉人认为拒绝被告人求爱是行使公民的权利,行为正

当,无可非议,被告人因此怀恨在心,采取卑劣手段发泄私愤,足见其灵魂肮脏;被告人表面上愿意在会上做检查,向自诉人赔礼道歉,实际上借开会之机,又一次在大庭广众之下对自诉人进行侮辱诽谤,其行为十分恶劣。被告人的行为侮辱了自诉人人格,败坏了自诉人的名誉,在精神上给自诉人造成了很大的刺激,在不明真相的群众中造成了难以挽回的坏影响。故自诉人特提起诉讼,请依法追究被告人的刑事责任。

证据和证据来源,证人姓名和住址:
1. 被告人张贴的小字报影印件1份;
2. 厂保卫科调查材料复印件10份。

此致
××市××区人民法院

自诉人:郑××
20××年10月30日

(附:本诉状副本1份)

【分析】

这是一份刑事自诉状。编者略有改动。

【例文二】

民事起诉状

原告:隋×,女,19××年×月×日出生,汉族,××省××县人,现住××市××区××街道××号。

被告:刘××,男,19××年×月×日出生,汉族,××省××县人,暂住××市××区××街道××号。

诉讼请求:
1. 依法解除原、被告婚姻关系;
2. 判决婚生子由原告抚养,由被告每月按时支付抚养费;
3. 依法分割原告和被告的共同财产;
4. 请求法院依法确认原告对原告现租住房的承租权;
5. 请求判决诉讼费用由被告承担。

事实和理由:

原、被告经人介绍相识,于××××年×月×日领取结婚证。婚后,原、被告二人感情一般,经常因被告打牌赌博而发生争吵,原告多次规劝,被告并无悔改之意,双方感情日益恶化。被告不顾及家庭,对孩子的生活和学习不闻不问,孩子的成长和教育都是原告一人承担。今年孩子升学,所有事宜都是原告办理,被告问都不问,未尽到一个父亲的责任。××××年,原告曾向贵院提起过离婚诉讼,并从那时起和被告分居至今。

原告现租住的××市××区××街道××号房屋,原系原告父亲租住房产部门的公房,原告祖孙三代都在此居住。原告父亲考虑到原告没有住房,经房产部门同意,转由原告租住至今。因为此房是公房,只是由原告租住,原告亦无其他居住房,故此,特申请贵院依法确认并保护原告对该房的承租权。

原告认为,原、被告夫妻感情已完全破裂。特向贵院提起诉讼,请求贵院依法支持原告的诉讼请求。

证据和证据来源,证人姓名和住所:

1. ××市××区××号房地产管理所房屋租赁证1份；
2. ××市××区××号房地产管理所证明1份；
3. 银行定期储蓄存单2份；
4. 财产清单1份。

此致

××市××区人民法院

附：本诉状副本1份

具状人：隋×

××××年×月25日

【分析】

这是一份民事起诉状。编者略有改动。

【例文三】

行政起诉状

原告王××，男，××××年4月×日出生，汉族，××人，系××省××市××厂干部，现住××省××市××区××街××号。

被告××市土地管理局，地址：××省××市××区××街××号。

法定代表人赵××，局长，联系方式：×××××××××××。

诉讼请求：

一、撤销××市土地管理局的(××)行处字第××号行政处罚决定，根据事实和法律，正确裁决。

二、由被告承担本案的诉讼费用。

事实和理由：

××市土地管理局作出的(××)行处字第××号行政处罚决定(以下简称《决定》)是错误决定。这个《决定》不尊重客观事实，并且错误地援引了法律条款，因此应予撤销。理由如下：

一、《决定》认为，原告没办土地审批划拨手续就施工是违法的。触犯了《中华人民共和国土地管理法》(以下简称《土地管理法》)第十一条之规定，并将此作为处罚决定的主要理由。原告认为，这种认定是虚假的、不客观的。原告于××××年9月29日开始逐级向各级政府主管部门申请翻建住宅楼(见附件2)，面积为300平方米。××××年10月17日，××街道办事处已签批(见附件3)。××××年3月1日，××市城建规划处签发建房通知单(见附件4)。据此，原告动工翻建住宅楼，并于同年8月竣工。竣工后，由城规划处按建房通知单验收。验收合格后，于同月15日发放了第×号建筑许可证(见附件5)。

原告认为，上述审批手续合法。城建规划处代表政府行使权利，其审批是有效的、合法的。据查，原告建房期间以及建房之前的审批工作，都由城建规划处负责。这是政府赋予的权利，其他单位和部门无权干预。原告手持城建规划处的合法批文，并按建房通知单划定的范围施工建房，怎么会被认为"没有土地审批划拨手续"呢？违法又从何谈起呢？是城建规划处的批文违法，还是原告没按批文施工而违法？

二、《决定》本身自相矛盾，适用法律条款不当。《决定》第一自然段，清楚地说明了原告经××市城建规划处批准，翻建300平方米住宅，并且发给了第×号建筑许可证。而在第二自然段，又认为"没办土地审批划拨手续，多占地112.6平方米"。《决定》既然承认了城建规划处的×号批文,原告按该批文建房就是合法的,应当受到法律保护。如果否定城建规划处的批文,那么,否定的依据是什么?如果批文无效,应依《土地管理法》第四十八条规定,由城建规划处承担相应的民事责任,而不应当处罚原告。《决定》援引《土地管理法》第四十三条之规定也是不恰当的,此条款是针对全民所有制单位和集体所有制单位而言的,对个人建房并未作出具体规定。其次,土地管理法第53条明确规定:"当事人对行政处罚决定不服的,可在接到处罚通知之日起30日内,向人民法院起诉。"而土地管理局却擅自将诉讼时效改为15日。因此,原告认为,《决定》并非依法成立。

综上所述,原告认为,《决定》认定的事实与实际不符,其裁决结果与法律相悖。因此,请法院详查,依法撤销《决定》,尽快公正裁判。

此致
××省××市人民法院

起诉人:王××
××××年×月×日

附:
1. 本起诉状副本1份;
2. 建房申请书1份;
3. ××街道办事处的批文;
4. ××市城建规划处签发的建房通知单;
5. 第×号建筑许可证;
6. ××市土地管理局处罚决定书1份。

【分析】
这是一份行政起诉状。编者略有改动。

[实践训练]

一、改错题

1. 请修改下面的刑事自诉状。

刑事自诉状

自诉人雷×,女,1980年1月26日出生,汉族,住所地××省××市××××,电话139××××××××。

被告人陈×,女,1976年8月27日出生,汉族,住所地××省××市××××,电话158××××××××。

案由:诽谤罪。

诉讼请求:

一、请求法院依法惩处被告人诽谤自诉人的犯罪行为;

二、判决被告人公开向自诉人赔礼道歉、澄清事实,消除其言行造成的恶劣影响;

三、判决被告人赔偿自诉人因被告人的犯罪行为所造成损失10000元。

事实与理由：

自诉人与宋××（被告人前夫）20××年2月8日通过××网认识,交往2个月后确定恋爱关系才得知宋××离异9个月且有育有一女由被告人代管。自诉人同宋××交往6个月后,被告人以宋××"妻子"的身份介入了本人的生活,多次发短信息污蔑自诉人是"小三""贱女人"等等。

20××年3月自诉人同宋××恋爱关系的逐渐稳定,被告人变本加厉地发短信辱骂污蔑、恐吓自诉人。20××年10月随着自诉人同宋××婚期的临近,被告人以各种身份或通过他人,打电话到自诉人公司进行私人信息的了解,以应聘者的身份套取公司地址及查询自诉人私人信息,如自诉人在公司的职位,是否在××居住,QQ、微博等等。20××年1月1日被告人闯入自诉人的同事及好友空间,并发布公告污蔑、辱骂、诽谤自诉人。阅览过此公告的多达100多人全是自诉人的亲朋、好友、同事。

被告人单方面认为能同宋××复合,在与同宋××离婚之后,为了破坏自诉人同宋××恋爱、结婚,故意多次利用手机短信、网络捏造、散播谣言恶意中伤自诉人。被告人对自诉人反复多次通过多种途径辱骂、恐吓、骚扰。其疯狂的举动、下作到极点的行为,给自诉人的生活、工作、名誉、人格尊严造成严重的负面影响,给自诉人心灵造成了无法愈合的伤痛。

为此自诉人请求贵院根据《中华人民共和国刑法》第246条关于诽谤罪的规定、《中华人民共和国刑事诉讼法》第204、205条之规定对被告人进行惩处,维护自诉人的合法权益。

此致
××经济开发区人民法院

自诉人：×××
20××年×月×日

附证据：手机短信息及通话记录、QQ空间截图、证人证言等。

2. 请修改下面的民事起诉状。

民事起诉状

原告：王××,男,××年××月出生,北京市惠诚律师事务所执业律师,住××市××××,手机：136××××2655

被告：吕××,男,××省××市××县人民法院副院长,住该院

案由：名誉权纠纷

诉讼请求：

1. 判令被告向原告公开赔礼道歉,消除影响；
2. 判令被告赔偿原告精神损失费人民币一元。

事实与理由：

原告系执业律师,依法接受被告人家属陈×委托,并经被告人刘×（老勇,注：因该案另有一同名被告人,为便于区分,以其小名代指）同意,作为其辩护人,参与了由××省××市××县人民法院审理的刘××等三十六名被告人涉嫌黑社会性质组织犯罪等一案的一审审理。

在参与该案的过程中,原告严格依据《刑事诉讼法》《律师法》以及律师执业规范的要求,严谨勤勉履行辩护职责,维护被告人的合法权益。在办理该案之前亦未曾因执业活动不当而遭到当事人投诉或行业主管部门惩戒。

但是,在该案一审宣判后尚处于二审期间,该案一审合议庭成员、审判长、××县人民法

院副院长吕××（即本案被告），在其名为"脑残审判长"的新浪博客中以《断狱记》为名发表连载文章，对该案的庭审过程进行评点。因其文章涉及该案审理诸多幕后消息以及对多位辩护人的主观评论而引起舆论关注，造成较大影响。后其博客相关博文被加密。

更为甚者，在其《断狱记》第十九篇《拒绝裁定的审判长》中，被告对原告进行了毫无依据的污蔑诽谤。其原文为"从这一天起，张×大律师要到其他法院走穴，搞点外快，没有出庭，《双峰记》由王×大律师来写，王×大律师很谦虚，将张大律师比作曹雪芹，但称自己不如高鹗。许是王大律师相对年轻，收被告人不干净的银子尚不够多，心还没有完全染黑，记述相对比张大律师要公道，对我'眼花'的言论也没有做什么文章，更没有写毁灭国家之类的咒语。"被告将原告记述"相对公道"的原因归结为原告"收被告人不干净的银子尚不够多，心还没完全染黑"，是一种毫无依据的恶毒攻击，严重损害了原告的职业声誉和社会评价。

其一，原告所在律师事务所与委托人依法签订委托代理协议，收取费用，并指派原告依法提供法律服务，是完全合法的民事行为。刑事被告人家属支付的律师费和民事诉讼当事人交给人民法院的诉讼费在性质上并无不同，完全不存在"干不干净"的问题。而要认定一个公民的收入为非法的"脏钱"，需要严格的法律程序。被告作为具有刑事审判职责的法官，本应具有相当的法律素养和中立审判的公正立场，但其却对刑事被告人充满敌视和偏见，毫无依据地将不特定的刑事被告人的财产认定为"不干净"，已经构成对所有刑事被告人以及可能会成为刑事被告人的所有公民的侮辱和贬低。

其二，原告作为律师，因提供法律服务而收取费用，凭自己本事吃饭，天经地义堂堂正正。收取费用多少完全基于律师事务所与委托人两个民事主体之间自愿平等的合意，受市场规律的支配，实在是不需别人置喙的。被告没有任何事实依据的情况下，无端认定原告收"脏钱"在先，又认为原告因"年轻"而收钱没有同行多，字里行间又对原告业务能力及创收能力进行了贬损。

其三，最恶劣的是，被告作为代表国家行使审判权力的法官，以审判长的名义发表评论文章，却直接污称辩护人"心黑"，实在是恶劣之极。即便依其字面意思理解，原告"心还不够黑"，至少也是在说原告的心"一定程度上已经黑了"。被告此言论，对原告不仅诽谤，更是侮辱。

《中华人民共和国法官职业道德基本准则》第四十五条规定："法官发表文章或者接受媒体采访时，应当保持谨慎的态度，不得针对具体案件和当事人进行不适当的评论，避免因言语不当使公众对司法公正产生合理的怀疑。"《中华人民共和国法官行为规范》第八十三条也规定了"在写作、授课过程中，应当避免对具体案件和有关当事人进行评论，不披露或者使用在工作中获得的国家秘密、商业秘密、个人隐私及其他非公开信息"。但被告无视法官职业要求，没有在判决书中充分、认真、严谨地说理释法，反而在案外针对未审结案件进行大量带有强烈主观偏见的评论，不仅严重干扰了案件的二审审理，更令公众对法院独立行使审判权及审判人员的公正性产生怀疑。而其以在职司法人员的身份所发表的明显侮辱性言论，也造成一定范围内的公众对原告职业声誉的误解及负面评价，使原告的名誉遭受侵害。

基于以上理由，原告特依法诉至贵院，请贵院依法受理或指定其他法院公正审理该案，维护原告的合法权益。谢谢。

此致
××省××市中级人民法院

具状人：王×
20××年11月19日

附：证据目录

1. 原告身份证明
2. 双峰县法院刑事判决书，证明原告辩护人身份
3. 被告博客文章《断狱记》截图及文字稿

二、写作题

请根据下面的材料，拟写一份起诉状。

20××年7月8日15时许，何××（男，19××年×月×日出生，××市北湖区人，住××市北湖区鲁塘镇××村6组，系湘L××××号肇事车辆驾驶员，联系电话：138××××××××）驾驶张××（男，××市北湖区人，住××市北湖区鲁塘镇××村5组，系湘L×××号肇事车辆车主，联系电话：186××××××××）所有的湘L××××号重型自卸货车沿S322线由东向西行驶，行驶至开发区工业路段时，与由南向北横路的行人廖××（男，19××年×月×日出生，××市苏仙区人，住××市苏仙区××村×栋×单元×号，联系电话××××××××××）相撞，造成廖××受伤。事故发生后，廖××被送往中国人民解放军第××医院住院治疗，后因伤情严重转至××市第一人民医院继续住院治疗。廖××前后共住院68天，共花医疗费45497元，出院诊断为：1.右足毁损伤，2.全身多处软组织挫伤，3.头皮挫裂伤。经司法鉴定，廖××的伤情构成六级伤残。20××年7月19日，××市公安局交通警察支队二大队对该起事故依法作出×公交认字（20××）第A084号道路交通事故认定书，认定何××负事故的主要责任，廖××负事故的次要责任。张××为其所有的湘L××号货车在中国人民财产保险股份有限公司××市分公司（住所地××市飞虹路18号，联系电话××××-××××××××，法定代表人徐郴范系该公司总经理）处投保了交强险，保险限额为12.2万元，事故发生在该保险合同期限内。

拓展阅读

3.1 《中华人民共和国民法典·第三编 合同》

3.2 《中华人民共和国广告法》

第四编

其他文体

中文目录

第二十六章 学术论文

[知识讲授]

一、学术论文的定义、特点和作用

(一) 学术论文的定义

《科学技术报告、学位论文和学术论文的编写格式》(GB 7713—87)规定:"学术论文是某一学术课题在实验性、理论性或观测性上具有新的科学研究成果或创新见解和知识的科学记录;或是某种已知原理应用于实际中取得新进展的科学总结,用以提供学术会议上宣读、交流或讨论;或在学术刊物上发表;或作其他用途的书面文件。""学术论文应提供新的科技信息,其内容应有所发现、有所发明、有所创造、有所前进,而不是重复、模仿、抄袭前人的工作。"

简而言之,学术论文是指对一定学科领域里的问题或现象进行科学研究后提出独创性见解的文章,也称"科学论文""研究论文"。这个定义有三个要点:

第一,学术论文所表述的内容仅限于"一定学科领域"。若不是这一领域内的文章,就不能称之为学术论文。

第二,学术论文是对"科学研究"成果的记载、描述和总结。若离开了科学研究,就无所谓学术论文。

第三,并非所有关于科学研究的文章都是学术论文。只有那些体现了作者"独创性见解"的文章,才能称为学术论文。

(二) 学术论文的特点

与其他文章相比,学术论文具有如下特点:

1. **学术性**

所谓学术,是指较为专门、系统的学问。所谓学术性,就是指研究、探讨的内容具有专门性和系统性,即是以科学领域里某一专业性问题作为研究对象。当然,有的学术问题,仅凭一个专业的知识解决不了,就会由两个或几个专业的专家联手合作研究,运用各自的专业知识,解决一个学术问题,写出学术论文。例如,夏商周断代问题,单靠历史学家就解决不了,必须调集古文字学家、天文学家、考古学家等多学科专家共同研究,才能写出科学论著。

学术论文是作者运用其系统的专业知识,去论证或解决专业性很强的学术问题。有时,单纯从题目上还难以判断其是否为学术论文,必须从内容上加以辨别。如 2001 年是辛亥革命 90 周年纪念,我国主要报纸都发表社论,虽然它也谈历史问题,但主要着眼于现实,这就不是学术论文,而是议论文、政论文。如果某个历史学专家从历史学的角度研究辛亥革命的某个问题就是学术论文了。如《历史研究》2002年第1期发表的著名历史学家章开沅的文章《张汤交谊与辛亥革命》,分析立宪派的两位代表人物张謇与汤寿潜辛亥革命时期在各项革新事业中的贡献,这就是学术论文。

从语言表达来看,学术论文是运用专业术语和专业性图表符号表达内容的,它主要是写给同行看的,所以不在乎其他人是否看得懂,而是要把学术问题表达得简洁、准确、规范,因此,专业术语使用较多。

2. 科学性

所谓科学性,就是指研究、探讨的内容准确、思维严密、推理合乎逻辑。科学性是学术论文的特点,也是学术论文的生命和价值所在。开展学术研究,写作学术论文的目的,在于揭示事物发展的客观规律,探求客观真理,从而促进科学的繁荣和发展,这就决定了学术论文必须具有科学性。

要想使学术论文具有科学性,具体要做到以下三点。

首先是研究态度的科学性。这就是实事求是的态度。我们要以严肃的态度、严谨的学风、严密的方法开展学术研究。从事社会科学研究,就必须从大量的材料出发,通过分析材料得出结论。而不能先有结论,再找材料去论证。从事实验研究,就应对课题进行系统的、多方面的实验,从大量的实验数据中分析综合,得出正确的结论。态度的不端正主要表现为:有的人为了沽名钓誉、哗众取宠,故意歪曲事实,标新立异,甚至伪造事实,提出所谓新观点。如英国一位曾经名扬四海的研究者,深信理论无误而编造数据;苏联的一位女科学家为了使自己声名显赫而虚构"细胞起源"的假实验。也有的人为了达到某种私人目的,窥测方向,看风写文章,不管真实情况如何,专门看权威者的意向,完全以某一权威的是非为是非。这些都不是科学的态度。没有科学的态度,就不可能写出具有科学性的文章。

其次是研究方法的科学性。这就是要运用马克思主义的立场、观点,用辩证唯物主义和历史唯物主义的方法去进行科学探讨。科学性在思维方式上的重要表现就是逻辑性。我国著名语言学家、教育家王力在《谈谈写论文》中说:撰写论文,第一也是最重要的一点,就是要运用逻辑思维,如果没有科学头脑,就写不出科学论文,所谓科学头脑,也就是逻辑的头脑。研究方法的科学性,就是先用归纳法,再用演绎法。要从大量的具体材料去归纳,从个别到一般,以归纳为基础,再做分析,最后得出结论,而不能反过来。对结论还要多设疑问,反复思考论证,凡是先有结论,再找材料的研究,都是反科学的研究。

最后是内容的科学性。什么样的内容才符合科学性?这就是论点(观点)正确、概念明确、论据确凿充分、推理严密、语言准确。论点(观点)即学术研究的成果结论,这个结论应能反映客观事物的本质规律,揭示客观真理,符合客观实际,经得起实践验证,经得起推敲和逻辑推理。学术论文中概念的外延、内涵要有明确性、准确性和确定性,不能模糊不清,也不能随意更换概念。论据要确凿充分,不能使用孤证就轻率得出结论,更不能歪曲材料,伪造材料。推理严密就是论据和论点有机联系而无懈可击,假想推断要有严密的逻辑性,有些考证需要类比,同时,也要注意类比的可比性与可靠性。

3. 创新性

创新性被视为学术论文的特点之一,这是由科学发展的需要决定的。

科学研究是对新知识的探求。如果科学研究只作继承,没有创造,那么人类文明就不会前进。人类的历史就是不断发现、不断发明,也就是不断创新的历史。一篇论文如果没有创新之处,它就毫无价值。

学术论文的创新,主要表现在以下几个方面:

(1) 填补空白的新发现、新发明、新理论。

人类的科研活动,主要是发现活动和发明活动。发现是认识世界的科学成就。把原来存在却未被人们认识的事物揭示出来,就是发现。如居里夫人发现镭,考古学家发现恐龙化石等。科学发现为人类的知识宝库增添财富,使科学得到发展。发明是改造世界的科技成就,运用知识发明出对人类有用的新成果,成为直接的生产力,如蒸汽机、电子计算机等。新理论是一种自成系统的学说,它对人类的实践具有巨大的理论指导意义,如马克思的《资本论》、李四光的"新华夏构造体系"、习近平新时代中国特色社会主义思想等。

(2) 在继承基础上发展、完善、创新。

创新离不开科学继承。有不少研究成果,是在继承的基础上发展起来的。继承基础上的发展,也是一种创新。如电子计算机,经过一代又一代的继承、创新,不断发展,至今仍以日新月异的速度更新换代。

(3) 在众说纷纭中提出独立见解。

在开展科学研究的过程中,学术争鸣是不能避免的,参加学术争鸣切忌人云亦云,应对别人提出的观点和根据进行认真的思辨,并积极参与争鸣,大胆提出自己的独立见解和立论根据。对活跃思维、产生科学创见作出一点贡献,也是一种创造性。

(4) 推翻前人定论。

由于人们在探究物质世界客观规律过程中,总是不能一下子穷尽其本质,任何学派的理论、学说都不是尽善尽美的。研究者对研究对象的认识和研究者本人的知识结构,不可避免地存在着局限性。他们通过研究而得出来的结论,即使当时被认为是正确的,但随着历史发展、科学进步、研究手段的更新等,人们很可能会发现这些定论存在着问题。所以,对待前人的定论,我们提倡继承,但不迷信,若发现其错误,就需要用科学的勇气去批判它、推翻它。科学史上这类例子太多了,这也是一种创新。

(5) 对已有资料作出创造性综合。

之所以这也是一种创新,就在于作者在综合过程中发现问题和提出问题,引导人们去解决问题。当今世界,信息丰富,文字浩瀚,能对资料做分门别类的索引,已经备受欢迎,为科学研究作出了实实在在的贡献。而整理性论文,不仅提供了比索引更详细的资料,更可贵的是整理者在阅读大量的同类信息过程中,以他特有的专业眼光和专业思维,作出筛选归纳,使信息高度浓缩。整理者把散置在各篇文章中的学术精华较为系统地综合成既清晰又有条理的问题,明人眼目,这就是创造性综合。这种综合,与文摘有明显区别。这种综合需要专业特长,需要学术鉴赏水平,需要综合归纳能力,更需要发现具有学术价值问题的敏锐力。

我们应积极追求学术论文的创造性,为科学发展作出自己的贡献,我们应自觉抵制"人云亦云"或毫无新意的论文,也应自觉抵制为晋升职称而"急功近利""鹦鹉学舌"地去写那些重复别人说过的、改头换面的文章。将论文写作当作晋升职称的"敲门砖",这是学术的悲哀。但是我们也要看到,一篇学术论文的创造性是有限的。惊人发现、伟大发明、填补空白,这些创造绝非轻而易举,也不可能每篇学术论文都有这种创造性,但只要有自己的一得之见,在现有的研究成果的基础上增添一点新的东西,提供一点别人所不知的资料,丰富了别人的论点,从不同角度、不同方面对学术作出了贡献,就可看作是一种创造。

4. 理论性

学术论文与科普读物、实践报告、科技情报之间最大的区别就是它具有理论性的特征。

学术论文的理论性，包括论文作者思维的理论性、论文结论的理论性和论文表达的论证性。

（1）思维的理论性。

思维的理论性，即研究者对研究对象的思考，不是停留在零散的感性上，而是运用概念、判断、分析、归纳、推理等思辨的方法，深刻认识研究对象的本质和规律，经过高度概括和升华，使之成为理论。进行理论思维，把感性认识变成理性认识，实现认识上的飞跃，不是轻而易举可以做到的，这需要下苦功夫。有的人因时间紧迫，或因畏惧艰难，在理论思维上却步，以致把学术论文写成罗列现象，就事论事，从而使学术论文失去理论色彩，其价值也大打折扣。

（2）结论的理论性。

学术论文的结论，不是心血来潮的激动之词，不是天马行空般的幻想，也不是零散琐碎的感性偶得。学术论文的结论需要充分的事实归纳，通过理性思维，高度概括其本质和规律，使之升华为理论，理性思维水平越高，结论的理论价值就越高。

（3）表达的论证性。

学术论文除了作者思维的理论性和结论的理论性外，其表达也必须具有论证性，即还必须对结论展开富有逻辑的、精密的论证，以达到无懈可击、不容置疑的说服力。

（三）学术论文的作用

学术论文主要具有以下两个方面的作用：

1. 学术论文是用来探讨学术问题，进行科学研究的重要凭借

撰写学术论文，不仅仅是文字表达问题。一篇学术论文质量的高低，也不仅仅取决于行文阶段的工作做得如何。可以说，完整的学术论文写作过程同整个科学研究过程是相重合、相一致的。学术论文写作的过程，也就是科学研究的过程。学术论文题目的确定，是研究课题的选择；学术论文内容的形成，是研究成果的取得；而研究成果的取得是离不开课题研究的。可以说，课题研究是学术论文写作中的关键环节，也是科学研究的主要步骤。学术论文的执笔写作，不是研究成果的机械反映，而是研究成果的深化和整理，是科学研究的继续。正因为学术论文写作同科学研究是密不可分的，所以人们常把学术论文写作作为培养和考察一个人的科研能力的重要手段。

2. 学术论文是描述科学研究成果，传播学术信息的主要工具

要想使科学研究的社会效益得以实现，就必须凭借一定的外在形式将其反映出来。科学研究成果，特别是社会科学研究成果，大都是以文献的形式反映出来的；而在所有的学术文献中，学术论文又是反映研究成果的最简便、最实用的工具。

从社会发展的角度来说，撰写学术论文、记录科学研究成果的意义主要体现在知识积累和学术交流两个方面。

从作者个人的角度来说，通过撰写、发表学术论文，把科学研究成果公之于世，作者个人的劳动成果才能得到社会的承认，才能使科学研究的社会价值得以实现。同时，学术论文也是考察一个人的学术水平的依据。一个人的知识积累、思维能力等都能在学术论文中体现出来。学术论文最能体现作者的实际学术水平的高低。在现实生活中，人们也确实常把学术论文作为衡量一个人的专业水平高低的标尺。

在我国，学术论文的写作已成为高等院校培养方案或教学计划中的重要内容；另外，在专业技术职务的晋升、业务考核中，学术论文也都是重要的指标之一。

可见，无论是从社会发展角度还是从作者个人角度来说，都不能忽视学术论文的写作。

二、学术论文的种类

根据不同的标准，学术论文可分为不同的种类。

（一）根据学科性质进行划分

根据学科性质，学术论文可分为分哲学社会科学论文和自然科学论文。

1. 哲学社会科学论文

哲学社会科学论文是指哲学、社会学、文学、美学、政治学、语言学、历史学、法学、图书情报学等方面的学术论文。

2. 自然科学论文

自然科学论文是指数学、物理学、化学、生物学、建筑学、计算机、农学、医学等方面的学术论文。

（二）根据研究对象的作用进行划分

根据研究对象的作用，学术论文可分为基础理论研究论文和应用科技研究论文。

1. 基础理论研究论文

基础理论研究论文是指重在研究科学原理的学术论文。

2. 应用科技研究论文

应用科技研究论文是指重在研究科学能力的应用的学术论文。

（三）根据读者对象进行划分

根据读者对象，学术论文可分为交流性学术论文和普及性学术论文。

1. 交流性学术论文

交流性学术论文是指一般供专业研究者交流最新成果的学术论文。

2. 普及性学术论文

普及性学术论文是指一般面向大众普及某研究领域的成果所得的学术论文。

（四）根据内容性质和结构形式进行划分

根据内容性质和结构形式，学术论文可分为理论型学术论文、实验型学术论文、描述型学术论文和设计型学术论文。

1. 理论型学术论文

理论型学术论文的重点在于理论证明和分析。依研究对象不同，理论型学术论文又可分两种：一种以抽象的理论问题为研究对象，其研究方法重于理论推导和运算；另一种则以客观事物和现象的观测数据以及有关的文献数据为研究对象，其研究方法是对有关数据进行分析、综合、概括及抽象化，并通过归纳、演绎、模拟等过程，提出某种新的理论和见解。一般说来，理论型学术论文的正文结构灵活，没有固定格式，可将研究的对象或结果划分为若干有联系的层面,按一定逻辑逐层进行论述。

2. 实验型学术论文

实验型学术论文的重点在于设计实验以及对实验结果的观察和分析。它也可分两种:一种以介绍实验本身为目的的,重在说明实验装置、方法和内容;另一种是通过对实验结果的分析和讨论,从而认识客观规律。实验型学术论文的正文结构与理论型学术论文不同,主要是由实验报告的结构演化而来,并已形成一定约定俗成的格式,一般由"材料和方法""结果"和"讨论"三部分组成。此三部分仍可做适当调整,其重点内容则必须对实验做说明和分析。

3. 描述型学术论文

描述型学术论文的重点是对研究对象进行描述和说明,向读者介绍新发现的某种客观事物或现象,重在说明事物或现象。描述型学术论文通常由描述和讨论两大部分构成。如论述动物、微生物新物种,描述新发现的地质现象、新发明的仪器等的论文就属于描述型学术论文。

4. 设计型学术论文

设计型学术论文是指对新产品、新工程等最佳方案进行全面论述的书面技术文件,一般由设计说明和设计图纸组成。其内容有理论或实验,也有设计的描述说明(包括图纸)。建筑工程方面的学术论文属于这一类。

(五)根据高等学校教学目的进行划分

根据高等学校教学目的,学术论文可分为学年论文和毕业论文。

1. 学年论文

学年论文是指专科以上学生在某一学年撰写的学术论文。

2. 毕业论文

毕业论文是指专科以上学生在毕业前夕撰写的学术论文。

(六)根据高等学校学生获得的学位进行划分

根据高等学校学生获得的学位,学术论文可分为分学士论文、硕士论文和博士论文。

1. 学士论文

学士论文是本科学生在毕业前夕为申请学士学位而撰写的学术论文。《学位论文编写规则》(GB/T 7713.1—2006)规定:学士论文表明作者较好地掌握了本门学科的基础理论、专门知识和基础技能,并具有从事科学研究工作或承担专门技术工作的初步能力。

2. 硕士论文

硕士论文是硕士研究生在毕业前夕为申请硕士学位而撰写的学术论文。《学位论文编写规则》(GB/T 7713.1—2006)规定:硕士论文表明作者在本门学科上掌握了坚实的基础理论和系统的专门知识,对所研究课题有新的见解,并具有从事科学研究工作或独立承担专门技术工作的能力。

3. 博士论文

博士论文是博士研究生在毕业前夕为申请博士学位而撰写的学术论文。《学位论文编写规则》(GB/T 7713.1—2006)规定:博士论文表明作者在本门学科上掌握了坚实宽广的基础理论和系统深入的专门知识,在科学和专门技术上做出了创造性的成果,并具有独立从事科学研究工作的能力。

三、学术论文的格式

××××××(题名)
×××(责任者)

摘要:××。

关键词:×××;×××;×××。

　　××。(引言或绪论)

　　×××。(正文)

　　×××。(结论)

致　　谢

　　×××。

参考文献

　　××。

【说明】

(1) 本格式根据国家标准《科学技术报告、学位论文和学术论文的编写格式》(GB 7713—87)的规定制作。

(2) 本格式图适用于短篇学术论文。

① 题名。

题名是以最恰当、最简明的词语反映学术论文中最重要的特定内容的逻辑组合。

下列情况可以有副题名:题名语意未尽,用副题名补充说明学术论文中的特定内容;学术论文分册出版,或是一系列工作分几篇报道,或是分阶段的研究结果,用不同副题名区别其特定内容;其他有必要用副题名作为引申或说明者。

为了国际交流,学术论文可有外文(多用英文)题名。

中文题名一般不宜超过 20 字。外文题名一般不宜超过 10 个实词。

② 责任者。

责任者主要是指学术论文的作者。

必要时,可注明个人责任者的职务、职称、学位、所在单位名称及地址;如责任者系单位、团体或小组,应写明全称和地址。

个人作者,只限于那些对于选定研究课题和制订研究方案、直接参加全部或主要部分研究工作并作出主要贡献,以及参加撰写论文并能对内容负责的人,按其贡献大小排列名次。至于参加部分工作的合作者、按研究计划分工负责具体小项的工作者、某一项测试的承担者,以及接受委托进行分析检验和观察的辅助人员等,均不列入。这些人可以作为参加工作的人员——列入致谢部分,或排于脚注。如责任者有必要附注汉语拼音时,必须遵照国家规定,即姓在名前,名连成一词,不加连字符,不缩写。

为了国际交流,学术论文可将责任者译成外文(多用英文)。

③ 摘要。

摘要是学术论文的内容不加注释和评论的简短陈述。

摘要一般置于题名和责任者之后,正文之前。长篇学术论文(单行本)可以将摘要用另页置于题名页之后。

为了国际交流,学术论文应有外文(多用英文)。

中文摘要一般不宜超过200~300字,外文摘要不宜超过250个实词。如遇特殊需要(如评审、参加学术会议等),字数可以略多。

④ 关键词。

关键词是为了文献标引工作从学术论文中选取出来用以表示全文主题内容信息款目的单词或术语。关键词以显著的字符另起一行,排在摘要的左下方。每篇学术论文,选取3~8个词作为关键词。

为了国际交流,学术论文应有外文(多用英文)关键词。

⑤ 引言(或绪论)。

引言(或绪论)应简要说明研究工作的目的、范围、相关领域的前人工作和知识空白、理论基础和分析、研究设想、研究方法和实验设计、预期结果和意义等。

⑥ 正文。

正文是学术论文的核心部分,占主要篇幅,可以包括调查对象、实验和观测方法、仪器设备、材料原料、实验和观测结果、计算方法和编程原理、数据资料、经过加工整理的图表、形成的论点和导出的结论等。

由于研究工作涉及的学科、选题、研究方法、工作进程、结果表达方式等有很大的差异,因此对正文内容不能作统一的规定。

⑦ 结论。

结论是学术论文最终的、总体的观点的归纳总结,不是正文中各段的小结的简单重复。

如果不可能导出应有的结论,也可以没有结论而进行必要的讨论。可以在结论或讨论中提出建议、研究设想、仪器设备改进意见、尚待解决的问题等。

⑧ 致谢。

学术论文可以在正文后对下列方面表示感谢:国家科学基金、资助研究工作的奖学金基金、合同单位、资助或支持的企业、组织或个人,协助完成研究工作和提供便利条件的组织或个人,在研究工作中提出建议和提供帮助的人,给予转载和引用权的资料、图片、文献、研究思想和设想的所有者,其他应感谢的组织或个人。

(3) 长篇学术论文(单行本),除题名、责任者、摘要、关键词外,还需以下"前置部分":

① 封面。

封面是学术论文的外表面,提供应有的信息,并起保护作用。

学术论文如作为期刊、书或其他出版物的一部分,不需要封面;如作为预印本、抽印本等单行本时,可以有封面。

学术论文的封面包括下列内容:

A. 分类号：在左上角注明，便于信息交换和处理。一般应注明"中国图书资料分类法"的类号，同时应尽可能注明"国际十进分类法"的类号。

B. 密级：视学术论文的内容，按国家规定的保密条例，在右上角注明。如系公开发行，不注密级。

C. 题名和副题名或分册题名：用大号字标注于明显位置。

D. 卷、分册、篇的序号和名称：如系全一册，无需此项。

E. 版本：如草案、初稿、修订版等，如系初版，无需此项。

F. 责任者：包括论文的作者、学位论文的导师、评阅人、答辩委员会主席，以及学位授予单位等。

G. 申请学位级别：应按《中华人民共和国学位条例暂行实施办法》所规定的名称进行标注。

H. 专业名称：指学位论文作者主修专业的名称。

I. 工作完成日期：包括学位论文提交日期、学位论文答辩日期、学位授予日期、出版部门收到日期（必要时）。

J. 出版项：包括出版地及出版者名称，以及出版的年、月、日（必要时）。

② 题名页。

题名页是对学术论文进行著录的依据。

题名页置于封二和衬页之后，成为另页的右页。

学术论文如分装两册以上，每一分册均应各有其题名页，并应在题名页上注明分册名称和序号。

题名页除封面应有的内容并取得一致外，还应包括：单位名称和地址，在封面上未列出的责任者职务、职称、学位、单位名称和地址，参加部分工作的合作者姓名。

③ 变异本。

为了适应某种需要，学术论文除正式的全文正本以外，有时还要求有某种变异本，如节本、摘录本、为送请评审用的详细摘要本、为摘取所需内容的改写本等。

变异本的封面上必须标明"节本""摘录本"或"改写本"字样，其余应注明项目，参见封面的规定执行。

④ 序（或前言）。

学术论文的序（或前言），一般是作者或他人对本篇学术论文基本特征的简介，如说明研究工作缘起、背景、宗旨、目的、意义、编写体例，以及资助、支持、协作经过等。

这些内容也可以在正文引言中说明，即序（或前言）并非必要。

⑤ 目次页。

目次页由学术论文的篇、章、条、附录、题录等的序号、名称和页码组成，另页排在序（或前言）之后。

整套学术论文分卷编制时，每一分卷均应有全部论文内容的目次页。

⑥ 插图和附表清单。

学术论文中如插图和附表较多，可以分别列出清单，置于目次页之后。

插图清单应有序号、图题和页码。附表清单应有序号、标题和页码。

⑦ 符号、标志、缩略词、首字母缩写、计量单位、名词、术语等的注释说明汇集表。

这些项目应置于插图和附表清单之后。

(4) 长篇学术论文（单行本），可能还需"附录部分"。

下列内容可以作为附录编于学术论文后，也可以另编成册：为了整篇学术论文材料的完整,但编入正文又有损于编排的条理和逻辑性,这一类材料包括比正文更为详尽的信息、研究方法和技术更深入的叙述,建议可以阅读的参考文献题录,对了解正文内容有用的补充信息等;由于篇幅过大或取材于复制品而不便于编入正文的材料;不便于编入正文的罕见珍贵资料;对一般读者并非必要阅读,但对本专业同行有参考价值的资料;某些重要的原始数据、数学推导、计算程序、框图、结构图、注释、统计表、计算机打印输出件等。

每一附录均另页起。如果学术论文分装几册,凡属于某一册的附录应置于该册正文之后。附录与正文连续编页码。

（5）长篇学术论文（单行本）,必要时还需"结尾部分"。

结尾部分包括:为了将学术论文迅速存储入电子计算机而提供的有关输入数据,分类索引、著者索引、关键词索引等,封三和封底（包括版权页）。

四、学术论文的写法

（一）对选题的要求

学术论文对选题的具体要求为:在学术上有理论意义,或在实际工作中有现实意义;摸清自己要研究的课题以前是否有人研究过,研究的成果如何,结论是什么,有哪些地方需要补充或修订,是不是还有遗留的问题需要进一步研究,从大量文献资料中看出自己的研究课题所要达到的"终点",从而找到课题的"起点";结合自己的知识结构,扬长避短;"小题大做"。

（二）题名的写法

题名所用每一词语应有助于选定关键词、编制题录和索引,应该避免使用不常见的缩略词、首字母缩写字、字符、代号和公式等。

题名在整本学术论文中不同地方出现时,应完全相同;但眉题可以节略。

（三）摘要的写法

摘要应具有独立性和自明性,即读者不阅读论文的全文,通过阅读摘要就能获得必要的信息。摘要中有数据、结论,是一篇完整的短文,可以独立使用,可以引用,可以用于工艺推广。摘要的内容应包含与论文同等量的主要信息,供读者确定有无必要阅读全文,也供文摘等二次文献采用。摘要一般应说明研究工作目的、实验方法、结果和最终结论等,而重点是结果和结论。

除了实在无变通办法可用以外,摘要中不用图、表、化学结构式、非公知公用的符号和术语。

（四）关键词的写法

如有可能,尽量用《汉语主题词表》等词表提供的规范词。

（五）引言（或绪论）的写法

引言（或绪论）应言简意赅,不要与摘要雷同,不要成为摘要的注释。一般教科书中有的知识,在引言（或绪论）中不必赘述。

引言（或绪论）可以只用小段文字，但是，如果为了反映作者确已掌握了坚实的基础理论和系统的专门知识，具有开阔的科学视野，对研究方案做了充分论证，有关历史回顾和前人工作的综合评述，以及理论分析等，也可以单独成章，用足够的文字叙述。

（六）正文的写法

1. 层次划分和编排方法

正文是学术论文的主要组成部分，题序层次是文章结构的框架。一般来说，本科毕业论文目录按三级标题编写，目前通用的三级标题序次结构有以下三种。

第一种序次：第一章、第一节、一……

第二种序次：一、（一）、1……

第三种序次：1、1.1、1.1.1……

如果有前言或其他类似形式的章，可以不编序号，也可以编为"0"。

题序层次编排格式为：章条编号一律左顶格，编号后空一个字距，再写章条题名。题名下面的文字一般另起一行，也可在题名后，但要与题名空一个字距。如在条以下仍需分层，则通常用 a，b，…或 1），2），…编序，左空 2 个字距。

打印论文，论文题目用黑体一号字，居中放置，并且距下文双倍行距。第一级（章）题序和题名用黑体小二号字，第二级（条）题序和题名用黑体小三号字，第三级（条）题序和题名用黑体四号字，各级与上下文间均单倍行距。正文各层次内容用宋体小四号字（英文用新罗马体 12），单倍行距。

2. 图，表，数学、物理和化学式，计量单位，符号和缩略词

（1）图。

图包括曲线图、构造图、示意图、图解、框图、流程图、记录图、布置图、地图、照片、图版等。

图应具有自明性，即只看图、图题和图例，不阅读正文，就可理解图意。每一幅图应有简短确切的题名，连同图号置于图下。必要时，应将图上的符号、标记、代码，以及实验条件等，用最简练的文字横排于图题下方，作为图例说明。

曲线图的纵横坐标必须标注"量、标准规定符号、单位"。此三者只有在不必要标明（如无量纲等）的情况下方可省略。坐标上标注的量的符号和缩略词必须与正文中一致。

照片图要求主题和主要显示部分的轮廓鲜明，便于制版。如用放大缩小的复制品，必须清晰，反差适中。照片上应该有表示目的物尺寸的标度。

（2）表。

表的编排，一般是内容和测试项目由左至右横读，数据依序竖排。表应有自明性。每一个表应有简短、确切的题名，连同表号置于表上。必要时应将表中的符号、标记、代码，以及需要说明事项，以最简练的文字横排于表题下，作为表注，也可以附注于表下。表内附注的序号宜用小号阿拉伯数字并加圆括号置于被标注对象的右上角，不宜用星号"＊"，以免与数学上共轭和物质转移的符号相混。表的各栏均应标明"量或测试项目、标准规定符号、单位"。只有在不必要标注的情况下方可省略。表中的缩略词和符号，必须与正文中一致。表内同一栏的数字必须上下对齐。表内不宜用"同上""同左"和类似词，一律填入具体数字或文字。表内"空白"代表未测或无此项，"—"或"…"（因"—"可能与代表阴性反应相混）代表未发现，"0"代表实测结果确为零。

如数据已绘成曲线图，可不再列表。

(3) 数学、物理和化学式。

正文中的公式、算式或方程式等应编排序号。序号标注于该式所在行(当有续行时,应标注于最后一行)的最右边。较长的式,另行居中横排。如式必须转行时,只能在＋、－、×、÷、＜、＞处转行。上下式尽可能在等号"＝"处对齐。小数点用"."表示。大于999的整数和多于三位数的小数,一律用半个阿拉伯数字符的小间隔分开,不用千位撇。对于纯小数应将0列于小数点之前。

应注意区别各种字符,如拉丁文、希腊文、俄文、德文花体、草体,罗马数字和阿拉伯数字,字符的正斜体、黑白体、大小写、上下角标(特别是多层次,如"三踏步")、上下偏差等。

(4) 计量单位。

按《中华人民共和国法定计量单位》《中华人民共和国法定计量单位使用方法》的规定执行。

(5) 符号和缩略词。

按有关国家标准执行。如无标准可循,可采纳本学科或本专业的权威性机构或学术团体所公布的规定;也可以采用全国自然科学名词审定委员会编印的各学科词汇的用词。如不得不引用某些不是公知公用的且又不易为同行读者所理解的,或系作者自定的符号、记号、缩略词、首字母缩写字等时,均应在第一次出现时一一加以说明,给以明确的定义。

(七) 结论的写法

结论应该准确、完整、明确、精练。

(八) 注释的标注方法

注释应采用"顺序编码制",将阿拉伯数字置于圆圈内,在需注释的词语的右上角标引,并采用"脚注"方式。

(九) 参考文献著录规则

按《信息与文献 参考文献著录规则》(GB/T 7714—2015)的规定执行。

教学视频

教学音频

[例文分析]

【例文】

"辞采"考

魏成春

(温州大学人文学院　浙江温州　325035)

摘要:"辞采"一词最早见于东汉刘珍等人编撰的《东观汉记》。辞采有四种不同的写法,即辞采、辞彩、词采和词彩。中国古代,辞采的含义主要有三个:一是专指华丽的辞藻或文采,二是泛指文辞的色彩或语言,三是特指词汇的色彩。如今,辞采是指语言表达中某个片段的语言特色。它是一个既不同于文采、辞藻,又不同于语体、修辞和语言风格的概念。

关键词:辞采;辞彩;词采;词彩;考证

在汉语中,有一个词使用频率较高,却只被《辞源》收录而未被《辞海》《古代汉语词典》《现代汉语词典》《现代汉语规范词典》《当代汉语词典》《汉语大词典》《中华汉语词典》《中华现代汉语词典》等收录,那就是"辞采"。

一、辞采的出处

据初步考证,"辞采"一词最早见于东汉刘珍等编撰的《东观汉记》。其卷十九列传十四载:"陈忠为尚书令,数进忠言,辞采鸿丽,前后所奏悉上于官阁以为故事。"[1]从此,它便不断地变换着写法在我国古代文论以及现当代文论中频繁出现。

古代,以《四库全书》为例,通过上海人民出版社和迪志文化出版有限公司研发的"文渊阁四库全书电子版全文检索系统",即检索出辞采679个。除《四库全书》收录的文献之外,还有许多文献也出现过"辞采"一词。例如:隋代刘善经的《四声论》,明代屠隆的《论诗文》、顾起纶的《国雅品》,清代李渔的《闲情偶寄》、王夫之的《夕堂永日绪论》、吴乔的《围炉诗话》、毛先舒的《诗辨坻》、章学诚的《文史通义》、刘开的《与阮芸台宫保论文书》、潘德舆的《养一斋诗话》、黄图珌的《看山阁集闲笔》、吴梅的《顾曲麈谈》等。

现当代,陈望道的《修辞学发凡》、龚自知的《文章学初编》、王伯熙的《文风简论》、南京大学南京师范大学杭州大学等编写的《古人论写作》、詹锳的《〈文心雕龙〉的风格学》、王凯符吴庚振徐江等编著的《古代文章学概论》、赵则诚张连弟毕万忱等主编的《中国古代文学理论辞典》、蔺美璧主编的《文章学》等,也曾一次或多次使用过"辞采"一词。

特别应该指出的是,大型工具书《辞源》收录了"辞采"词条;清代李渔的《闲情偶寄》、清代黄图珌的《看山阁集闲笔》、龚自知的《文章学初编》、南京大学南京师范大学杭州大学等编写的《古人论写作》还曾分别将"辞采"单立成一个文论的条目或章节;杨振兰的《现代汉语词彩学》还将"词彩"用在了文献名称里。这说明,"辞采"作为一个专用术语已经得到了人们的格外注意。

二、辞采的写法

在古代汉语里,表示"言词"意思的"cí"有两个,一个是"辞",另一个是"词";表示"彩色"意思的"cǎi"也有两个,一个是"采",另一个是"彩"。先秦以前,人们在表达"言词"和"彩色"这两个意思的时候,一般只说"辞"和"采",不说"词"和"彩";两汉以后,人们才逐渐以"词"代"辞",以"彩"代"采"。于是"cí"和"cǎi"的组合,便形成了"cícǎi"的四种不同写法:辞采、辞彩、词采和词彩。以图示意:

在《四库全书》检索出的679个辞采中,写成"辞采"的有199个,写成"辞彩"的有76个,写成"词采"的有284个,写成"词彩"的有120个。

辞采的四种不同写法,有三种情况:一种是,同一时代,作者不同,写法不同。如同是南朝梁代,刘勰在《文心雕龙》里写成"辞采",萧统在《陶渊明集序》里写成"辞彩",沈约在《宋书》里写成"词采",钟嵘在《诗品》里写成"词彩"等。一种是,同一作者,在不同的文献里,写法不同。如南朝梁代的萧统,在《文选序》里写成"辞采",在《陶渊明集序》里写成"辞彩",而在《昭明太子集》里则写成"词采"等。一种是,同一作者,在同一文献里,写法不同。如南朝梁代的沈约,在《宋书》,五次写成"辞采",一次写成"词采",一次写成"词彩"等。

由于"辞"和"词"在"言词"这个意义上可以通用,"采"和"彩"在"彩色"这个意义上也可以通用,因此,"辞采""辞彩""词采"和"词彩"从本质上讲是没有什么不同的。换句话说,在运用"辞采"这个概念的时候,采用哪一种写法,是无关紧要的。但是,考虑到"辞采"的术语化问题,笔者把"cícǎi"一律写成"辞采"。

三、辞采的定义

过去,由于"辞采"一词的术语化程度很低,因此人们对它的理解就不完全一致,甚至同一个人对它的理解也不完全一致。大体说来,辞采的含义主要有三个:

1. 专指华丽的辞藻或文采

南北朝梁代的沈约在《宋书》中说:"瞻善于文章,辞采之美,与族叔混,族弟灵运相抗。"[2]169意思是说:谢瞻擅长写作,文采之美,与他的同族叔叔谢混和同族弟弟谢灵运不相上下。他在《宋书》中还说:"延之与陈郡谢灵运俱以词彩齐名。"[2]366意思是说:颜延之和谢灵运都是靠文采而享有同样的名望。隋代的刘善经在《四声论》中说:"及太和任运,志在辞彩,上之化下,风俗俄移。"[3]意思是说:到了太和年间,人们写文章都专注华丽的辞藻,上层影响下层,风气一下就变了。唐代的皎然在《诗式》中说:"曩者,尝与诸公论康乐为文,真于情性,尚于作用,不顾词彩,而风流自然。"[4]意思是说:过去,我曾经与朋友们一起评论康乐的创作,认为他的作品感情真挚,作用重大,不注重文采,却风流自然。明代的屠隆在《论诗文》中说:"至我明之诗,则不患其不雅,而患其太袭;不患其无辞采,而患其鲜自得也。"[5]意思是说:到了我们明代的诗歌,就不担忧它不高雅,而担忧它太因袭守旧;不担忧它没有文采,而担忧缺少得意之作。清代的潘德舆在《养一斋诗话》中说:"概以质实为病,则浅者尚词采,高者讲风神,皆诗道之外心,有识者之所笑也。"[6]意思是说:人们大都把质朴平实当作文病,于是浅薄的崇尚文采,高明一点的人讲究神韵,这些都是诗歌创作的外行,为有见识的人所耻笑。这里的"辞采",都是指华丽的辞藻或文采。

南京大学、南京师范大学、杭州大学等编写的《古人论写作》说:"'辞采'问题,历来是文章家争论不休的问题。有的重理轻文,有的则强调文采。其实,从内容和形式统一的观点看,讲究辞采,正是为了更好地表达情理。没有充实的内容,辞采也就无所附丽。"[7]王凯符、吴庚振、徐江等在《古代文章学概论》中说:"人们在写作中,十分讲究词采、声韵、对仗等等,而越来越忽视内容,离写作之'本'越来越厉害。"[8]赵则诚、张连弟、毕万忱在《中国古代文学理论辞典》中说:"文章是社会生活的记录,但有华、实之分,他(指明代王世贞)重视辞采,又反对过分追求辞藻。"[9]130这里的"辞采",也都是指华丽的辞藻或文采。

《辞源》对"辞采"的解释是"指文思、才藻"。[10]这与辞采的这层含义是基本一致的。

2. 泛指文辞的色彩或语言

南北朝梁代的刘勰在《文心雕龙》中说:"凡思绪初发,辞采苦杂,心非权衡,势必轻重。"[11]46意思是说:凡处在构思的初级阶段,都苦于语言庞杂,人的心不是天平,对语言的运用势必或轻或重有所偏差。他在《文心雕龙》中又说:"夫才童(童)学文,宜正体制;必以情志为神明,事义为骨髓,辞采为肌肤,宫商为声气。"[11]59意思是说:有才华的儿童练习作文,应该确立体制;一定要把感情当作文章的精神,把思想当作文章的骨髓,把语言当作文章的肌肉和皮肤,把韵律当作文章的声音和气脉。他在《文心雕龙》中还说:"蔚映十代,辞采九变。"[11]63意思是说:文学兴盛,互相影响,已经过去了十个朝代,这期间,语言经历了多次变化。南北朝梁代的萧统在《陶渊明集原序》中说:"其文章不群,辞采精拔,跌荡昭彰,独超众类。"[12]意思是说：陶渊明的文章不同凡响，语言精粹突出，跌宕起伏的特点十分明显，超过一般作家。明代的顾起纶在《国雅品》中说："浦合人长源：词彩秀润。"[13]意思是说：浦合人长源，语言秀丽温润。清代的李渔在《闲情偶寄》中说："曲文之词采，与诗文之词采非但不同，且要判然相反。何也？诗文之词采贵典雅而贱粗俗，宜蕴藉而忌分明。"[14]意思是说：曲文的语言与诗文的语言不但不同，而且要截然相反。为什么？因为诗文的语言，重视典雅而鄙视粗俗，应该含蓄而禁忌直露。清代的章学诚在《文史通义》中说："陈琳为袁绍草檄，声曹操之罪状，辞采未尝不壮烈也。"[15]意思是说：陈琳为袁绍起草檄文，声讨曹操的罪状，语言是慷慨激昂的。这里的"辞采"，都是指文辞的色彩或语言。

陈望道在《修辞学发凡》中说："人又往往以为文言可以做美文，口语只能做应用文。而所谓美文者，又大抵是指辞采美富而说。其实文言的辞采，口语大抵都是可以做到的。"[16]詹锳在《〈文心雕龙〉的风格学》中说："写章表奏议，可以运用种种不同的辞采，但必须以'典雅'的风格为'准的'，不能离格太远。"[17]蒯美璧在《文章学》中说："文色指的是什么呢？它并不是指那种呈现着赤、橙、黄、绿、青、蓝、紫状态的物理颜色，而是指遣词造句呈现出的一种特殊色泽，即词彩。"[18]117赵则诚、张连弟、毕万忱在《中国古代文学理论辞典》中说："司马相如的赋体制宏伟，铺陈写物，辞采华艳。"[10]302这里的"辞采"，也都是指文辞的色彩或语言。

3. 特指词汇的色彩

通常写成"词采"或"词彩"，而很少写成"辞采"或"辞彩"。这时，"词"特指词汇；"采"或"彩"取本义，特指"色彩"。蒯美璧在《文章学》中指出，"文色一般可分为两大类，即绚烂与平淡。或者说浓华与朴淡"；紧接着，在分析清代的刘咸炘在《文学述林》中提到的"次、声、色、势"四字时更加明确地指出，"'色'，即文章的词采，需有'浓淡'"[18]121。杨振兰的《现代汉语词彩学》共分九章：第一章"绪论"从整体上分析和论述了词的色彩意义的含义、特点、类型、作用、存在方式等基本理论问题，第二至第八章分别对词的"感情色彩""形象色彩""风格色彩""时代色彩""外来色彩""民族色彩"和"地方色彩"七种色彩义进行了分析和描写。[19]显然，这里的"词采"或"词彩"，都是特指词汇的色彩。

根据以上的分析，笔者为辞采做如下定义：辞采是指语言表达中某个片段的语言特色。常见的辞采有简练、丰腴、质朴、华丽、平实、奇妙、通俗、典雅、自然、精工、明快、含蓄、直率、委婉、庄重、幽默、豪放、婉约、疏放、谨严等。简言之，辞采就是文辞或语辞的色彩。在这里，"文辞"或"语辞"不是指语言表达中所用的词汇或句子，也不是指整个语言表达，而是指语言表达中的某个片段（段落、层次、语段、语篇）——"文辞"即书面语言表达中的某个片段，"语辞"即口头语言表达中的某个片段；"色彩"不取本义而取喻义，即指语言特色。

四、辞采与其他

为很好地理解辞采的含义，我们有必要将与辞采相关的几个概念提出来，分别和辞采做一下辨异。

1. 辞采与文采

根据《现代汉语词典》的解释，文采有两层含义：一是指华丽的色彩，一是指文艺方面的才华。[20]如果文采是指文艺方面的才华，那么这时辞采和文采就是并列的两个概念：一个针对语言而言，一个针对人而言。比如：你可以说"这个人很有文采"，却不能说"这个人很有辞采"。

2. 辞采与辞藻

辞藻是指文章的藻饰，如典故、成语、华丽的词语等；而辞采则是指文辞或语辞的色彩，如简练、丰腴、质朴、华丽等。这就是说，辞藻是一种词汇；而辞采则是运用一定词汇所显现出的语言特色（运用一定的辞藻，便可构成华丽、典雅等辞采）。

古时候,人们常把辞采等同于辞藻;如今,我们确定辞采和辞藻是截然不同的两个概念。

3. 辞采与语体

语体是根据一系列运用语言材料的特点而划分的语言表达体系。它包括"口头语体"和"书面语体"两大类。"书面语体"又包括"文学语体""科学语体""政论语体"和"公文语体"四种类型。每一种语体都有其特定的语言运用规律。"语体对使用语言的人是有制约性的"。[21]244

辞采与语体的联系:它们都是根据运用语言(书面语言和口头语言)材料的特点而划分的。

辞采与语体的区别:语体是由同一交际环境下的一系列语言材料构成的,如一切文学作品的语言构成了"文学语体"、一切公文的语言构成了"公文语体"等;而每一篇文章的每一个段落或层次的语言都可构成一种或数种辞采——一篇文章往往具有多种辞采;文章不同,辞采往往不同。

辞采与语体互相依赖、互相制约。一方面,运用不同的辞采,可构成不同的语体;另一方面,在一个特定的语体内,又必须运用相应的辞采。例如:运用简练、质朴、明快、庄重等辞采,可构成"公文语体";而在撰写公文时,就必须运用简练、质朴、明快、庄重等辞采,至于华丽、含蓄、幽默等辞采则不能运用。

4. 辞采与修辞

修辞是调整或修饰语言以便增强语言表达效果的一种方法,而辞采则是通过修辞所呈现出的语言特色。

辞采与修辞的联系:修辞是手段,而辞采是结果。修辞,是为了创造某种辞采(用以表现特定的内容)。运用不同的修辞手法,可创造出不同的辞采。比如:运用比喻等修辞手法,可创造出华丽的辞采;运用排比等修辞手法,可创造出豪放的辞采等。宋振华、吴士文、张国庆等在《现代汉语修辞学》中指出:"风格是语言实践的总的格调。它是建筑在语法、词汇和修辞的基础上的更高一级的概念。因为它是综合了语言的音和义、词汇和语法及修辞之后才形成的。"[21]9这就准确地揭示了辞采(语言风格的"分子")和修辞的关系。

辞采与修辞的区别:修辞针对的是句子,而辞采针对的则是句群(语段)。

5. 辞采与语言风格

语言风格是作者在其一系列文学作品中所体现出来的语言特色;而辞采则是指语言表达中某个片段的语言特色。

辞采与语言风格的联系:对文学作品来说,辞采是构成语言风格的基本单位。或者说,语言风格是由辞采构成的。一种或数种辞采,可构成一种语言风格。如果把语言风格比作"分子"的话,那么辞采就是构成这个"分子"的"原子"。例如,鲁迅的语言风格是"简练、含蓄、幽默、犀利",这是一个"分子";而"简练""含蓄""幽默""犀利"就是四种辞采,四个"原子"。

辞采与语言风格的区别:第一,语言风格只针对文学作品而言,而辞采则针对所有的语言表达(包括文学作品)而言。第二,语言风格是"复合体"——它是某作家一系列文学作品的语言个性特点的总和;而辞采则是"单一体"——任何语言表达的任何一个片段都会呈现出一种或数种辞采。

通过以上的辨异,可以看出:辞采是一个既不同于文采、辞藻,又不同于语体、修辞和语言风格的概念。辞采有其特定的内涵和外延。对"语言表达中某个片段的语言特色"的命名或称谓,辞采具有一定的不可替代性。

参考文献

[1] 刘珍,等.东观汉记[C]//文渊阁四库全书:第370册.上海:上海古籍出版社,

2003:193.

[2] 沈约.宋书[C]//文渊阁四库全书:第258册.上海:上海古籍出版社,2003.

[3] 刘善经.四声论[C]//郭绍虞.中国历代文论选:第1册.上海:上海古籍出版社,1979:226.

[4] 陶宗仪.说郭[C]//文渊阁四库全书:第880册.上海:上海古籍出版社,2003:399.

[5] 屠隆.论诗文[C]//郭绍虞.中国历代文论选:第3册.上海:上海古籍出版社,1980:148.

[6] 潘德舆.养一斋诗话[C]//郭绍虞.清诗话续编:下.上海:上海古籍出版社,1983:2006—2167.

[7] 南京大学,南京师范大学,杭州大学,等.古人论写作[M].长春:吉林人民出版社,1981:267.

[8] 王凯符,吴庚振,徐江,等.古代文章学概论[M].武汉:武汉大学出版社,1983:50.

[9] 赵则诚,张连弟,毕万忱.中国古代文学理论辞典[M].长春:吉林文史出版社,1985.

[10] 广东广西湖南河南辞源修订组,商务印书馆编辑部.辞源:下册[M].修订本.北京:商务印书馆,2004:3042.

[11] 刘勰.文心雕龙[C]//文渊阁四库全书:第1478册.上海:上海古籍出版社,2003.

[12] 萧统.陶渊明集原序[C]//文渊阁四库全书:第1063册.上海:上海古籍出版社,2003:469.

[13] 顾起纶.国雅品[C]//丁福保.历代诗话续编:下.北京:中华书局,1983:1090—1132.

[14] 李渔.闲情偶寄[C]//俞为民,孙蓉蓉.历代曲话汇编:新编中国古典戏曲论著集成(清代编):第1集.合肥:黄山书社,2008:279.

[15] 章学诚.文史通义[M]//叶瑛.文史通义校注:上.上海:上海古籍出版社,1994:185.

[16] 陈望道.修辞学发凡[M].上海:上海教育出版社,1979:18.

[17] 詹锳.《文心雕龙》的风格学[M].北京:人民文学出版社,1982:71.

[18] 蔺美璧.文章学[M].天津:南开大学出版社,1985.

[19] 杨振兰.现代汉语词彩学[M].济南:山东大学出版社,1996:1-306.

[20] 中国社会科学院语言研究所词典编辑室.现代汉语词典[M].5版.北京:商务印书馆,2005:1426.

[21] 宋振华,吴士文,张国庆,等.现代汉语修辞学[M].长春:吉林人民出版社,1984.

Textual Research of "CI CAI"

Wei Chengchun

(College of Humanities, Wen Zhou University, Wen Zhou, Zhe Jiang, 325035)

Abstract: the earliest record of the word "CI CAI" is in "DONG GUAN HAN JI", compiled by Liu Zhen of Eastern Han Dynasty. There are four ways to written "CI CAI" in Chinese:辞采、辞彩、词采 and 词彩. In ancient times, CI CAI has three meanings: firstly, it refers specifically to ornate rhetoric or aptitude for writing; secondly, it generally refers to diction flavour or language; thirdly, it specifically refers to vocabulary flavour. Nowadays, CI CAI refers to linguistic features that a fragment of expressing have. It is a concept, which is different from aptitude for writing、ornate rhetoric, and also different from the type of writing、rhetoric or language style.

Keywords：辞采；辞彩；词采；词彩；textual research

(选自《温州大学学报(社会科学版)》2012年第25卷第5期)

【分析】

本文标题、作者、摘要、关键词和参考文献处理得比较规范。正文第一自然段为绪论；中间部分为本论，阐释了四个问题：辞采的出处、辞采的写法、辞采的定义、辞采与其他；最后一个自然段为结论。

[实践训练]

一、改错题

1. 请修改毕业论文《建筑工程中墙体保温材料研究》的摘要。

随着全球环境污染和能源危机的加剧，人类对绿色地球环境的重视越来越强烈。建筑节能作为节能减排的一项重要内容，在建筑设计领域引起了高度重视，一些新型的建筑节能材料、技术应运而生，双层幕墙结构形式就是这一大背景下的产物。

双层幕墙主要是由一个单层玻璃层和一个双层中空密封玻璃层及它们所夹出的通风换气通道所组成，其基本特征是双层幕墙和空气流动、交换。双层幕墙的应用可以带来美轮美奂的建筑外形、舒适的室内环境及良好的节能效果，然而幕墙设计是个复杂的系统工作，需要综合考虑许多因素。要想准确地设计出适合当地气候特点的双层幕墙，需要对双层幕墙的特性有个全面的认识。由于双层幕墙特性影响因素多且复杂，目前国内对这方面的研究还只是处于起步阶段，仅有的几篇文献，也是以介绍性为主，这限制了双层幕墙在国内的大量应用。针对双层幕墙设计的这些问题，本文通过(1)双层幕墙的特点，特别是优缺点的分析对比；(2)双层幕墙的热工特性及节能设计；(3)双层幕墙的防火设计等三个方面的深入研究，提出了考虑多方面因素的综合幕墙设计方案。

本研究取得的主要成果有：

1. 在幕墙设计过程中，可以通过对幕墙节能特性的多种影响因素进行分析研究，保证设计出最优的幕墙系统，同时又可大大减少工作量。

2. 采用双层幕墙结构的建筑发生火灾，容易造成火灾沿双层幕墙之间的空气腔蔓延扩大，给建筑火灾的消防施救带来难度，需采取相应措施。

3. 采用双层幕墙结构的建筑内要设置完备的自动消防设施系统，主动提高双层幕墙建筑火灾安全度。

本文通过对双层幕墙节能性全面的研究，一方面为工程设计人员提供参考，另一方面也可以为相关标准的制定提供依据；同时为确保建筑双层幕墙设计安全和推动建筑双层幕墙运用具有积极作用。希望本文能对双层幕墙的设计、施工、管理和应用提供参考。

2. 请修改下面的文后参考文献表。

[1] 吴承明："经济史：历史观与方法论"，《中国经济史研究》2001年第三期。

[2] 李伯重："历史上的经济革命与经济史的研究方法"，《中国社会科学》2001年，第六期。

[3] 熊彼特：《经济分析史》，商务印书馆，1996年。

[4] 李屏南、马伯钧、唐未兵、吴家庆著:《什么是资本主义 怎样对待资本主义》,湖南教育出版社 2000 年版。

[5] 中共中央文献研究室编:《十三大以来重要文献选编(上下)》,人民出版社 1991 年版。

[6] (唐)吴兢著:《贞观政要》,内蒙古人民出版社 1998 年版。

[7] 道格拉斯·诺斯著、厉以平译:《西方世界的兴起》,华夏出版社,1999 年。

[8] 姜业庆:《指数基金规模逆势增长》,选自《中国经济时报》20××年 9 月 28 日第 3 版。

[9] 邱仡:《经济发展与人的全面发展关系研究》,选自《中国首次人的发展经济学研讨会论文集》2009 年。

[10] 刘国强:《建设适应外汇市场发展的自律机制》,来源 http://finance.ce.cn/bank12/scroll/201810/03/t20181003_30429998.shtml。

二、写作题

1. 请列出毕业论文《浅议"网络文学"》的写作提纲。
2. 根据所学专业,撰写一篇毕业论文。

第二十七章 消息

[知识讲授]

消息是新闻体裁之一。

新闻是新近发生的事实的报道。新闻具有两大特点：真实和新鲜。新闻的基本作用是传播信息，其派生作用是宣传、舆论监督、教育、服务、经济促进、娱乐等。新闻可分为新闻报道（如消息、通讯、新闻特写、新闻专访、新闻公报、调查报告等）、新闻评论（如社论、述评、编辑部文章、评论员文章、思想评论、理论文章等）、副刊体裁（如诗歌、小说、剧本、散文、杂文、小品、报告文学、回忆录、曲艺等）。

一、消息的定义

"消息"一词最早见于《易经》。《易经·丰卦》载："日中则昃，月盈则蚀，天地盈虚，与时消息。"这里的"消""息"二字是动词。"消"，即消失、消融；"息"，即繁殖、增长。"消息"即一消一长、互为更替。直到东汉，消息才有了作为名词"音讯"的含义。如蔡文姬的《悲愤诗》中有："有客从外来，闻之常欢喜。迎问其消息，辄复非乡里。"在唐诗中，消息还是指代音讯。如杜甫《述怀》诗中有："自寄一封书，今已十月后。反畏消息来，寸心亦何有。"到了宋明时代，消息和新闻颇为接近。如明代冯梦龙《醒世恒言》中有："……必定有人走漏消息，这狗奴才去报新闻。不然，何以晓得我们的隐事。"19 世纪初，消息作为新闻文体的称谓诞生于近代中文报刊。中国近代新闻史上第一篇消息作品为《察世俗每月统记传》第二期上的《月食》。五四新文化运动以后，消息日趋成熟，开始重视新闻要素的交代，基本上和其他新闻体裁有了明确的界限。

消息是指对新近发生的有社会意义并引起公众兴趣的事实的简短报道。它是新闻报道最基本、最重要的一种体裁，也是新闻媒介经常采用的主要报道形式。消息即狭义的新闻。

消息有"六要素"，在新闻学界被称作"五个 W 一个 H"或"六何"，即 when（何时）、where（何地）、who（何人）、what（何事）、why（何故）、how（何果）。

消息与通讯不同。这主要表现在以下几个方面。

从时效上看，消息要求更高，它应该比通讯来得更快。通讯的时效性往往不及消息，它发稿件较慢，因为对材料的要求比较严格，所以要求更详细、深刻、生动、典型，记者需要有一个采集选择和认识的过程。同时，通讯强调报道的完整性，有时还必须等新闻事件有一个较充分的展示过程或等事物发展有一个阶段性结果时，采写通讯的时机方成熟。

从内容上看，消息内容广泛，但只是高度概括的报道，不求细节反映。通讯报道的是有影响、有特点的人和事，可以搜集材料，选择更典型的事例，全面深入报道事物的来龙去脉，反映事物的本质，并允许细节描写。

从篇幅上看，消息一般篇幅较短，多为百字或数百字，内容简明扼要，文字干净利落。通讯的文字篇幅稍为长一点，发稿时间也可以稍缓一些。

从表达方式上看，消息多用叙述，语言简洁明快。通讯虽以叙述为主，但可以灵活运用描写及抒情、议论，并可使用比喻、拟人、排比、反问等修辞手法，提高语言表现力。

从语言上看，消息写作主题采用第三人称叙事，即以局外人的姿态出现，让"他""他们"以及被报道主人公的名称、身份运行在字里行间，极少让"我"出现在报道之中。通讯则不然，出于详尽深入需要，第一、第二、第三人称各显所长，"我""你""他"在描写、议论、叙述、抒情中各取所需。消息较少有议论、描写，极少有抒情；通讯常常融描写、议论、抒情于一体，通常借助文学手法表现主题。

二、消息的种类

根据不同的标准，消息可分为不同的种类。

（一）根据报道的内容进行划分

根据报道的内容不同，消息可分为政治消息、经济消息、军事消息、文化消息、社会消息等。

（二）根据报道的地域进行划分

根据报道的地域不同，消息可分为国际消息、国内消息、地方消息等。

（三）根据报道的对象进行划分

根据报道的对象不同，消息可分为人物消息、事件消息、会议消息等。

（四）根据报道的详略进行划分

根据报道的详略不同，消息可分为长消息、短消息（简讯）。

（五）根据报道的角度进行划分

根据报道的角度不同，消息可分为动态消息、综合消息、经验性消息、述评消息。下面我们就这种分类方法进行展开介绍。

1. 动态消息

这种消息常常迅速、及时地报道国内、国外正在发生或新近发生的重大事件，也称"纯新闻"。其中，简讯内容更加单一，文字更加精简，只有几行文字。

动态消息的特点是：能给人以动态感，强调反映事物的最新动态；讲究"时间"要素，特别注重时效；一事一报。

2. 综合消息

这种消息往往围绕一个主题思想，从不同侧面概括反映某个事件、问题的全局性情况，或综合报道不同地区、单位具有同类性质又各有特点的多件新闻事实，也称"综合新闻"。

综合消息的特点是：不受空间的限制，由多地、多件新闻事实组成；从不同的侧面表现共同的主题；报道面广，声势大。

3. 经验性消息

这种消息主要是对某一部门或某一单位的典型经验或成功做法进行集中报道，常用以带动全局、指导一般,也称"经验性新闻"。

经验性消息的特点是:突出最主要、最具有特色的经验,用事实阐述经验,适当地表现实际效果,力求写得亲切易懂、生动活泼。

4. 述评消息

述评消息除具有动态消息的一般特征外,还往往在叙述新闻事实的同时,由作者直接发出一些必要的议论,简明地表示作者的观点,也称"新闻述评"。述评消息以述为主,边述边评,夹叙夹议。述评消息具体又可分为形势述评、工作述评和思想述评三种。

述评消息的特点是:以报道事实为主,以评述事实为目的;述评结合,夹叙夹议;针对性强,富有思想性。

三、消息的格式

这里我们主要介绍动态消息的格式。

【说明】

(1)消息头是消息正文前对消息来源、发稿单位,以及时间、地点、类别的交代。消息头是"版权所有"的一种标志。它表明新闻来源,体现媒体的责任和品牌,便于读者阅读。

(2)导语是一篇消息的第一自然段或第一句话。它往往用简明生动的文字,写出消息中最主要、最新鲜的事实,鲜明地提示消息的主题思想。

(3)主体是消息的主干部分,也是消息的展开部分。它紧接导语之后,对导语进行具体全面、深入的阐述,具体展开事实或进一步突出中心,从而写出导语所概括的内容,表现全篇消息的主题思想。主体可以解释、深化和拓展导语,对导语的内容加以补充。

(4)背景是事件的历史背景、周围环境及与其他方面的联系等。写消息有时要交代背景,目的在于帮助读者深刻理解新闻的内容和价值,也就是回答五个"W"中的 Why(为什么)。背景有说明性背景、注释性背景、对比性背景和提示性背景。背景的作用是:说明新闻事件的起因,显示或帮助读者理解新闻事件的重要性,突出消息的新闻价值,表明记者的观点。

(5)消息的结尾是一篇消息的最后一个自然段或最后一句话,有时可省略。

四、消息的写法

(一)标题的写法

消息的标题写法比较多,下面我们分别从形式角度和修辞角度加以介绍。

1. 形式角度

从形式角度看,标题的写法主要有以下几种。

(1) 由引题、正题、副题、提要题构成标题。例如:

决胜全面建成小康社会　夺取新时代中国特色社会主义伟大胜利

中国共产党第十九次全国代表大会在京开幕

习近平代表第十八届中央委员会向大会作报告

习近平指出,经过长期努力,中国特色社会主义进入了新时代,这是我国发展新的历史方位。这标志着我国社会主要矛盾已经转化为人民日益增长的美好生活需要和不平衡不充分的发展之间的矛盾

习近平说,新时代中国特色社会主义思想明确坚持和发展中国特色社会主义,总任务是实现社会主义现代化和中华民族伟大复兴,在全面建成小康社会的基础上,分两步走在本世纪中叶建成富强民主文明和谐美丽的社会主义现代化强国

李克强主持大会　2338名代表和特邀代表出席

(2) 由引题、正题、副题构成标题。例如:

习近平出席2014年国际工程科技大会并发表主旨演讲

工程科技是人类实现梦想的翅膀

中国4200多万人的工程科技人才队伍是中国开创未来最可宝贵的资源

(3) 由引题、正题构成标题。例如:

赵乐际在中央人才工作协调小组第40次会议上强调

在全社会大兴识才爱才敬才用才之风

(4) 由正题、副题构成标题。例如:

世纪的钟声敲响了

南京静海寺"警世钟"正式落成

(5) 由正题构成标题。例如:

高铁穿大漠　天山不再远

2. 修辞角度

从修辞角度看,标题的写法主要有以下几种。

(1) 运用比喻法拟写标题。例如:

郑州货站街信箱"十月怀胎"竟无人过问

(2) 运用借代法拟写标题。例如:

寿光菜篮子"挎"入国际市场

此例中,"菜篮子"代蔬菜的生产及消费。

(3) 运用拟人法拟写标题。例如:

征地造房为啥等煞人

一道公文背着39颗印章旅行

希望有关部门舍繁就简,多办实事,加快住宅建设步伐

(4) 运用对偶法拟写标题。例如：

温暖挂在招牌上　冷饭摆在顾客前

(5) 运用排比法拟写标题。例如：

资源互享,优势互补,人才互用,经济互利
衡阳城南区生产要素动态组合效益大增

(6) 运用设问法拟写标题。例如：

公平秤能否真姓"公"？
要看校秤员是不是胳膊朝"理"弯

(7) 运用呼告法拟写标题。例如：

与火神搏斗的人们,辛苦了！

(8) 运用回文法拟写标题。例如：

人才开创事业　事业造就人才

(9) 运用仿词法拟写标题。例如：

此饼只应中秋有　平时哪得几回尝

此例仿的是杜甫《赠花卿》中的两句："此曲只应天上有,人间能得几回闻。"
(10) 运用两种以上修辞方法拟写标题。例如：

化肥,化肥,你在哪里？
农民：空等几天无半两；贩子：运了一车又一车；干部：送了一包又一包

此例正题用了呼告法,副题用了排比法。

(二) 消息头的写法

消息头主要有以下三种写法。
(1) 用"本报"＋记者姓名,或者"本报"＋记者姓名＋日期的格式拟写消息头。例如：

本报讯(记者×××报道)
本报北京(记者×××报道)3月15日专讯
本报杭州(记者×××报道)3月18日专电

(2) 用媒体名称＋地点＋日期的格式拟写消息头。例如：

新华社纽约3月1日电
中新社北京3月2日供本报专电(特稿)

(3) 用间接媒体名称＋日期的格式拟写消息头。例如：

据美联社华盛顿3月8日电
据《温州日报》3月20日报道

(三) 导语的写法

1. 第一代导语的写法

第一代导语又称全要素导语。它要求把一个新闻事件的五要素——人物、时间、地点、事件经过和原因,一个不落地写进去,像晒衣服似的,一件件都挂在绳子上,所以也被称为"晒衣绳式导语"。

2. 第二代导语的写法

第二代导语又称部分要素导语。《纽约时报》总编辑在编辑部内贴出布告宣布:我们认为没有必要,也许永远没有必要,把传统的五个 W 写在一个句子或一个段落里了。这就是说,在导语里交代几个关键要素即可。

3. 第三代导语的写法

第三代导语又称丰富型导语。这种导语的特点是在保持新闻报道特色的前提下,更多地运用一些文学笔法,写法上可以不拘一格,把导语写得更引人入胜。

第三代导语包括叙述型、描写型和议论型三种。

(1) 叙述型导语。

叙述型导语往往直截了当、简明扼要地反映新闻中最重要、最新鲜的事实,突出新闻要旨,让读者对新闻事实有一个总体印象。叙述型导语具体又可以分为以下三种。

① 直叙式:开门见山,直接将最有新闻价值的事实叙述出来。例如:

上海地质学会8位年逾花甲的教授、高级工程师,自掏腰包筹资30多万元,在东海万顷碧波中的小洋岛上开发建立了本市第一个青少年科普夏令营基地。昨天,他们迎来了今年暑假第一批青少年——长宁区少科站的40多位学生。

② 概括式:把新闻的诸项内容加以概括,浓缩成一两句话。例如:

积压在仙居县百货公司两年的两千双女带鞋,和农民见面后,竟变成了畅销货。

③ 对比式:把新闻事实同一个与之有联系的相反的内容放在一起叙述,以突出新闻事实的意义。例如:

新中国成立前没有一公里公路,在狭窄险道上全靠牦牛、毛驴驮运或人背的西藏,今天已有一万五千八百公里的公路通车。

(2) 描写型导语。

描写型导语往往抓住新闻事件某一有意义的侧面或某一特定场景,做简洁、质朴、传神的描写,以通过造成现场感来感染和吸引读者。描写型导语具体又可分为以下两种。

① 见闻式:以描写远景见长,一般用于较大场面的描写。例如:

今天凌晨6时23分,中国首飞航天员杨利伟乘坐"神舟"五号载人飞船从太空归来,平稳着陆于内蒙古中部草原。

② 特写式:以描写近景见长,给人留下特写镜头般的印象。例如:

多么威武神气的猫头鹰!一对大眼睛正在扫射着什么,翅膀微微耸起,看来它准备振翼飞扑过去,抓住那狡猾的大田鼠。这只有棕榈树桩因材施艺而雕琢成的猫头鹰,最近飞越太平洋,在美国旧金山的"中国上海民间艺术展览会"上栖息。

(3) 议论型导语。

议论型导语往往从议论入手,或者把叙事和议论交织在一起,用夹叙夹议的方法对新闻事实进行简要评论。议论型导语具体又可分为以下三种。

① 评论式:将叙事和议论结合在一起,可先叙后评,也可先评后叙。例如:

用"无米之炊"形容我省部分县(市、区)科技创新开展之难毫不为过。近日公布的20××年××省地方财政科技拨款统计情况显示,全省有28个县(市、区)本级财政技术研究与开发费用为零,41个县(市、区)财政研发投入不超过50万元。

② 引语式:或引用新闻事件中主要人物的话语,或引用名言警句。例如:

中美双方学者都认为是"高水平的""富有成果的"史学讨论会,今天在这里圆满闭幕了。

③ 设问式:或边问边答,或开头提问暂不作答。例如:

长江究竟有多长?源头在哪里?经长江流域规划办公室组织查验的结果表明:长江的源头不在巴颜喀拉山南麓,而是在唐古拉山脉主峰各拉丹冬雪山西南侧的沱沱河;长江全长不止5800公里,而是6300公里,比美国的密西西比河还要长,仅次于南美洲的亚马孙河和非洲的尼罗河。

(四) 主体与背景的写法

主体与背景的写法很多,常见的有"倒金字塔"结构法、"金字塔"结构法、"菱形"结构法、横向结构法、悬念结构法和散文结构法等。

这里要求重点掌握"倒金字塔"结构法。关于"倒金字塔"结构,详见本书第二十一章。

(五) 结尾的写法

结尾的写法很多,常见的有自然收束法、卒章见义法、别开生面法、展示预告法、拾遗补缺法等。

采用"倒金字塔"结构法写作消息,也要有"结尾意识"。

教学视频

教学音频

[例文分析]

【例文】

习近平主持召开中央财经领导小组第十五次会议
听取关于中央财经领导小组工作报告 研究推动落实经济领域重点工作

央视网消息(新闻联播):中共中央总书记、国家主席、中央军委主席、中央财经领导小组组长习近平2月28日上午主持召开中央财经领导小组第十五次会议。习近平发表重要讲话强调,做好经济工作是我们党治国理政的重大任务,要坚持宏观和微观、国内和国外、战略和战术紧密结合,坚持问题导向,及时研究重大战略问题,及早部署关系全局、事关长远的问题,对经济社会发展进行指导,把谋划大事和制定具体政策紧密结合起来,加强责任分工,一锤一锤钉钉子,直到产生实际效果。

中共中央政治局常委、国务院总理、中央财经领导小组副组长李克强,中共中央政治局常委、中央书记处书记、中央财经领导小组成员刘云山,中共中央政治局常委、国务院副总理、中央财经领导小组成员张高丽出席会议。

会议审议了《关于党的十八大以来中央财经领导小组工作和2017年重点工作的报告》。会议认为,党的十八大以来,在以习近平同志为核心的党中央坚强领导下,中央财经领导小组把握经济社会发展大势,加强和改善党对经济工作的领导,召开14次会议,研究22项重大议题,提出400多项任务和措施,作出一系列关系当前和长远的重大决策,推动办成了一些具有深远历史意义的大事,有效引导了经济社会持续健康发展。

会议听取了国家发展改革委、人民银行、住房和城乡建设部、工业和信息化部关于深入推进去产能、防控金融风险、建立促进房地产市场平稳健康发展长效机制、振兴制造业等工作思路的汇报。

习近平强调,做好2017年经济工作,要坚持稳中求进工作总基调,把握好经济社会发展大局,确保经济平稳健康发展,努力提高经济运行质量和效益;确保供给侧结构性改革得到深化,经济结构调整取得有效进展。

习近平指出,深入推进去产能,要抓住处置"僵尸企业"这个"牛鼻子"。有关部门、地方政府、国有企业和金融机构要把思想和认识统一到党中央要求上来,坚定不移处置"僵尸企业"。要做好转岗就业、再就业培训等各项工作,发挥好社会保障和生活救助的托底作用,确保没有能力再就业人员基本生活。要区别不同情况,积极探讨有效的债务处置方式,有效防范道德风险。

习近平强调,防控金融风险,要加快建立监管协调机制,加强宏观审慎监管,强化统筹协调能力,防范和化解系统性风险。要及时弥补监管短板,做好制度监管漏洞排查工作,参照国际标准,提出明确要求。要坚决治理市场乱象,坚决打击违法行为。要通过体制机制改革创新,提高金融服务实体经济的能力和水平。

习近平指出,建立促进房地产市场平稳健康发展长效机制,要充分考虑到房地产市场特点,紧紧把握"房子是用来住的、不是用来炒的"的定位,深入研究短期和长期相结合的长效机制和基础性制度安排。要完善一揽子政策组合,引导投资行为,合理引导预期,保持房地产市场稳定。要调整和优化中长期供给体系,实现房地产市场动态均衡。

习近平强调,振兴制造业,要推动制造业从数量扩张向质量提高的战略性转变,让提高供给质量的理念深入到每个行业、每个企业心目中,使重视质量、创造质量成为社会风尚。

要树立放水养鱼意识,在降低垄断性行业价格和收费方面下更大功夫,尽一切努力把企业负担降下来。

习近平指出,中央财经领导小组会议定下来的事情,要抓好贯彻落实,明确责任、有效督查。历次小组会议确定的事项都要落实,各地区各部门要把自己应负的责任担起来,主动开展工作。要从制度上明确责任,强化监督问责,确保令行禁止。要注意评估反馈,建立有效的反馈和评估机制,及时了解政策实施存在的问题,提出改进建议。

中央财经领导小组成员出席,中央和国家有关部门负责同志列席会议。

【分析】

这是一则按"倒金字塔"结构写成的消息。第一自然段为导语,写明了习近平同志什么时候主持召开了什么会议,发表了什么讲话,并概述了讲话主要内容。这是这个新闻事件最核心的部分。主体(展开)部分,首先写明哪些重要领导参加了会议,接着写明会议的主要内容,然后具体写明习近平同志的讲话内容,最后写明哪些人出席了会议,哪些人列席了会议。

[实践训练]

一、改错题

请修改下面的消息。

一次"拒绝"感动一座商城
600家店铺为拾荒阿婆攒纸箱

26日下午4时,DC商业城三楼,一位戴着草帽的驼背阿婆,左手拎一只大塑料袋在过道里穿梭。她每到一家商铺,都有人递上折叠好的纸箱或者几个饮料瓶,不到半小时,塑料袋就鼓了起来。

"为了帮助阿婆,商城对她特别关照。"刘育峰说。六年前,刘育峰刚认识这位阿婆时,得知有商户要给她买饭被拒绝,为阿婆自食其力的精神所感动。出于管理和安全考虑,公司不允许外人进入商城拾荒,对阿婆却开了"绿灯"。公司多次要求保安和商户对阿婆要关爱照顾,还和大家"约法三章"——不准阻拦、不准驱赶、不准打骂。如今,整个商城600家店铺为阿婆攒纸箱已成为习惯,阿婆每天卖废品大概也有30元的收入。

刘育峰表示,商城的"绿灯",会一直为阿婆亮下去。

3158号商铺销售员符定强说,阿婆几乎每天都来商城,大家都帮她攒纸箱,每次都让她"满载而归"。令他感动的是,一些商户觉得阿婆很辛苦,要买饭给她,可她总是摆摆手,只肯收下废品。

"上午给了阿婆一捆纸箱,刚才又给了她一捆。"3150号商铺店长周培说。据他介绍,2010年他刚来店里工作,就见到了这位阿婆,当时看她这么大年纪还在捡废品,心里很同情,此后就和同事每天攒下纸箱,等待阿婆上门来拿。"阿婆从不乱拿东西,取走纸箱前都会和我们确认。"

虽然阿婆是"老熟人",可商户们不了解她的个人情况,连她姓啥都不知道。记者几经努力,阿婆也没有提供任何信息,只是说商场的人对她很好。据DC商业城管理有限公司总经理助理刘育峰介绍,通过和阿婆平时交谈得知,她姓陈,琼山区人,今年82岁,老伴在家没有劳动能力,一个40多岁的女儿长年患病,家里就靠她维持生计。

在 DC 商业城,商户们每天都会收集好自家的纸箱,等待一位拾荒阿婆上门来拿,这个习惯已经坚持了六年。

本报 12 月 27 日讯(记者宋亮亮)

二、写作题

请捕捉发生在学校及学校周边地区的新闻事件,写一则消息。

拓展阅读

4.1 科学技术报告、学位论文和学术论文的编写格式(GB 7713—87)

4.2 信息与文献 参考文献著录规则(GB/T 7714—2015)

参 考 文 献

[1] 李凯源.中国应用文发展史[M].北京：中国商业出版社,1990.
[2] 郑先海.行政机关规范性文件的制定[M].北京：中国税务出版社,2002.
[3] 陈德泉.普通高等学校本科毕业设计（论文）指导：文科卷[M].杭州：浙江摄影出版社,2006.
[4] 郭光华.新闻写作[M].2版.北京：中国传媒大学出版社,2014.
[5] 水延凯,江立华.社会调查教程[M].6版.北京：中国人民大学出版社,2014.
[6] 王大江,罗堰,高强,等.学术论文与申论写作[M].成都：西南交通大学出版社,2015.
[7] 桂维民,岳海翔.新编公文写作[M].西安：陕西人民出版社,2017.
[8] 魏成春.论"数称"[J].学术交流,2006(01).
[9] 魏成春.我国内地应建立一部统一的公文处理法规.//李诚.新世纪新形势下应用文使用及教学改革与创新[C].北京,中央文献出版社,2007.181-188.
[10] GB7713—87科学技术报告、学位论文和学术论文的编写格式[S].中华人民共和国国家质量监督检验检疫总局 中国国家标准化管理委员会,2006.
[11] GB/T7713.1—2006,学位论文编写规则[S].中华人民共和国国家质量监督检验检疫总局 中国国家标准化管理委员会,2006.
[12] GB/T9704—2012,党政机关公文格式[S].中华人民共和国国家质量监督检验检疫总局 中国国家标准化管理委员会,2012.
[13] GB/T7714—2015,信息与文献 参考文献著录规则[S].中华人民共和国国家质量监督检验检疫总局 中国国家标准化管理委员会,2015.

后 记

继《大学写作实用教程》(华中科技大学出版社 2008 年 2 月第 1 版,2018 年 1 月第 2 版)、《公文写作实用教程》(浙江大学出版社 2008 年 10 月第 1 版,2012 年 11 月第 2 版)先后出版发行之后,《应用写作实用教程》又将出版发行了。这三部教材是一个系列,就好像写作类教材中的"三剑客"。

三部教材的内容各有侧重。《大学写作实用教程》除"绪论"外,分"文学写作""公文写作""新闻写作"三编,适用于"大学写作"课程;《公文写作实用教程》除"公文概述""附录"外,只涉及公文写作之通用公文写作,分"法定公文"和"非法定公文"两编,适用于"公文写作"课程;《应用写作实用教程》除"绪论"外,分"通用公文——法定公文""通用公文——非法定公文""专用公文""其他文体"四编,既适用于"应用写作"课程,也适用于"大学写作""公文写作"课程。

三部教材一直秉承"实用"原则,其编写体例都是由"知识讲授""例文分析""实践训练"三个环节构成的,与课堂教学环节相匹配。《应用写作实用教程》与前两部教材的不同之处:第一,《应用写作实用教程》是一部新形态教材。它在"知识讲授"环节之后穿插了视频和音频,使教材由"平面"变成了"立体",由"一元"变成了"多元"。第二,《应用写作实用教程》的着眼点不仅仅局限于党政机关。在需要的情况下,它还兼顾人大机关、军队机关、检察机关、审判机关、工会机关等。第三,《应用写作实用教程》在每一编之后增加了"拓展阅读"。读者用手机扫描文献标题下方的二维码即可获取有关知识。

《应用写作实用教程》的编写,得到了浙江省高等教育学会和温州大学的立项支持;该教材的出版,得到了北京大学出版社的支持;中国写作学会副会长,中国写作学会公文写作专业委员会常务副会长兼秘书长,中国公文学研究所所长、研究员岳海翔先生在百忙之中为该教材写序。在此,一并表示衷心的感谢!

魏成春
2021 年 10 月